U0147930

新文京開發出版股份有限公司

NEW
WCDP

新世紀・新視野・新文京 — 精選教科書・考試用書・專業參考書

New Wun Ching Developmental Publishing Co., Ltd.

NEW WCDP

New Age · New Choice · The Best Selected Educational Publications — NEW WCDP

隨書附贈
範例資料光碟

第 **6** 版

統計學

馬秀蘭
吳德邦 ＞ 編著

以SPSS for Windows為例

6th Edition

推薦序 Recommendation

　　二十一世紀的時代，將是一個知識多元與科技整合的時代，隨著科學技術神速的進步，人類所面臨的問題，將遠超過以往的幾個世紀；因此，如何利用有效的知識來解決問題，將是重要的課題。無庸置疑，統計學將是多元文化中共通的知識，因為統計學是一門「藉蒐集資料、處理資料、陳述資料、分析資料以及推論分析結果，使能在不確定情況下，作成最佳決策或獲致一般性結論」的學科，面對未來不確定的問題，統計學的知識，恰好能幫助人類作成最佳決策，進而解決問題。

　　本書二位編者學養俱佳，自他們學成歸國之後，除了認真教學之外，並積極的投入基礎研究工作，連續十多年榮獲行政院國家科學委員會補助專案研究計畫；除此之外，更能於教學與研究之餘，融和他們多年的學習與教學的經驗，以「用 Excel 作為工具來教導統計學」的觀念，完成了《統計學-以 EXCEL 為例》，並歷經多次改版。本書《統計學－以 SPSS for Windows 為例》是其姊妹作，以 Excel 為基礎，延伸擴及到 SPSS for Windows 為例，內容更是實用。

　　本書對想學會統計概念的人來說，是一本極具參考價值的圖書。茲值此書編寫完成而付梓之際，爰特綴數語樂為之序。

劉湘川　謹識

前國立台中教育大學校長

六版序 Sixth Edition Preface

　　本書自出版以來，承許許多多任課教授（例如：遠東科技大學蔡教授）、學生（例如：醒吾科技大學的學生 Carrie）、學習者和讀者提供很多的寶貴意見，特別向他們表示由衷的感謝，並藉本版出版之際，將這些卓見納入書中，一一修正、增補。

　　本版除了修訂錯落字之外，卓增列一些補充資料，使本書內容更完整，若能依書本內容照表操課、按圖索驥、照章辦事，必能順利獲得所需的數據，完成所需的報告。

　　為節省 key in DATA 的時間，本書附有光碟（CD-ROM），每一章按照順序附一個資料匣（例如：CH_07 表示第七章），資料匣內是 SPSS 的資料檔案（檔名例如： 7-01.sav，檔名前面的 7 意指第七章，其餘類推）；僅有很少的習題（例如第十二章，資料太多）才有附資料檔案（習題檔案的檔名為：習題 12-05）；其他數據資料不多者，請大家自行 Key in，那也是一種技巧哦！

　　本書得以完成，要再次特別感謝我們的恩師，台中亞洲大學教授（前國立台中師範學院校長）劉湘川博士，時時的鼓勵與教誨，並特別於公務繁忙之際為本書賜序；同時，也要感謝國立台中教育大學數學教育研究所碩士班畢業生許淑貞同學，在文字校正方面的幫忙；另外，承蒙前南投縣民間鄉新民國小吳亞玲校長同意，使用其碩士論文部分內容暨辛辛苦苦蒐集來的資料和數據，作為本書範例，再特此申謝！

　　最後，特別感謝新文京開發出版股份有限公司全體人員之鼎力幫忙，得以在第五版售罄之際，同意重新排版、設計封面，使得本書有「煥然一新」的感覺，而不是把第五版當作六刷直接付印，此種不計成本之出版理念，深獲作者們讚賞，在此致上十二萬分的謝意。

　　俗話說得好：「雞蛋再密也是會有縫。」要不然皮蛋、鹹蛋怎麼來的？本書雖歷經多次改版修正，力求完美無誤，但疏漏之處在所難免，尚祈各方先進，繼續惠賜卓見，並不吝賜予指正，無任感荷。

馬秀蘭、吳德邦 謹識

序言 Preface

　　眾所周知，統計學是一門「藉蒐集資料、處理資料、陳述資料、分析資料以及推論分析結果，使能在不確定情況下，作成最佳決策或獲致一般性結論」的學科。我們日常生活中，處處受到統計的影響，也常常應用到統計概念而不自知。例如：我們購物前，常考慮「貨比三家不吃虧」，這就應用到統計概念—蒐集資料、作決策。越是工商業發達的社會越需要統計性的思考，因此，對統計概念迫切需求，今甚於昔。

　　背誦抽象符號和公式，幾乎是學過統計學的人，共同的痛苦經驗，尤其是用紙筆計算或是拿著電算器進行統計分析的困境；為了解決此一困境，於是乎專業化的統計軟體，隨著電腦的發展一一被開發出來，例如：BMDP、MINITAB、SAS、SPSS…。但是，對於初學者，使用這些專業統計軟體有下列二個限制：

1. 每一個軟體各有各的用法和語法，難學易忘，曠日廢時，雖然在圖形使用介面(GUI)的作業系統下，情況大有改善，但為了作一統計分析，亦常不得其門而入。

2. 這些軟體根據資料，直接就分析出結果報表，難以了解其分析的過程，不利統計概念的學習。電子試算表軟體(Microsoft EXCEL、Lotus 123、Works….)恰好能解決上述的限制，特別是 EXCEL（中文版）在國內已相當普及，同時，在 Windows（中文版）的圖形使用介面作業系統下，易學易用；故以 Excel 為基礎，延伸擴及到 Spss for Windows 的應用，可使學生學習更加順利，況且，必要時也可以透過實例演示，依統計公式一步一步的操作演練，進而獲得分析結果，易於掌握學習的過程。

　　本書之撰寫原則是本著以簡馭繁的精神，並且融和了筆者們多年的「學與教」的經驗，以統計學（概念）為主，以 Excel 擴及 Spss（運算工具）為輔，期使學習者能很快的學會統計概念。

　　本書得以順利完成，特別感謝新文京開發出版股份有限公司全體人員之鼎力幫忙，特別是業務部經理之極力邀稿，以及合作發展部副理細心的規劃，在此致上十二萬分的謝意。

　　本書成書費時良久，雖力求完美無缺，但疏漏之處在所難免，尚祈讀者先進，不吝賜予指正，無任感荷。

馬秀蘭、吳德邦 謹識

編者簡介 About The Authors

馬 秀 蘭

現任	嶺東科技大學教授
曾任	高中教師 國立台中教育大學、勤益科技大學兼任教授
學歷	美國北科羅拉多大學博士(Ph.D.) 美國北科羅拉多大學理學碩士(M.S.) 國立台灣師範大學理學學士(B.S.)
e-mail	hlma@hotmail.com.tw

著作　學術論文數百餘篇
　　　專書數十餘冊，包括：

- 統計學——以 SPSS for Windows 為例（第六版，新文京開發出版，2018）
- 如何撰寫文獻探討：給社會暨行為科學學生指南（譯作，心理出版社，2014 二刷）
- 統計學——以 Microsoft Excel 為例（第八版，新文京開發出版，2016）
- 小學數學教學資源手冊——推理與解題導向（心理出版社，2009）
- 中學數學教學資源手冊——推理與解題導向（心理出版社，2009）
- 微積分、工科微積分、商科微積分
- 二專數學（全）、五專數學（一二三四）、五專數學（全）

會員　International Group for the Psychology of Mathematics Education 會員
　　　台灣數學教育學會永久會員兼第一屆監事

榮譽　論文曾獲國科會研究成果獎助優等獎

自 1997 年 8 月至今，連續主持科技部（國科會）25
個專題研究計畫（擔任主持人）

榮獲 100、101 年度"教育部"教學卓越計畫獎勵特殊
優秀人才彈性薪資獎勵

榮獲 102、103、104、105、106、107 年度"科技部"
補助特殊優秀人才獎勵

編者簡介 About The Authors

吳 德 邦

現任　國立台中教育大學教育學系兼任教授

曾任　國小教師
師範學院助教、講師
教育大學副教授、教授

學歷　美國北科羅拉多大學博士(Ph.D.1994)
國立台中教育大學教育測驗統計研究所博士(Ph.D.)
國立臺灣師範大學理學碩士(M.S.)
國立臺灣師範大學理學學士(B.S.)
省立台中師範專科學校畢業

e-mail　wudb@hotmail.com

著作　中學數學教學資源手冊——推理與解題導向
（心理出版社，2009）
小學數學教學資源手冊——推理與解題導向
（心理出版社，2009）
統計學——以 Microsoft Excel 為例
（第八版，新文京開發出版，2016）
統計學——以 SPSS for Windows 為例
（第六版，新文京開發出版，2018）
專書數十餘冊
論文數百餘篇
民 82 年國民小學數學教科用書（全套）第一冊至第十
二冊

會員	美國 NCTM 會員

會員　　美國 NCTM 會員
　　　　美國 IEEE 會員
　　　　歐洲 WSEAS 會員
　　　　International Group for the Psychology of Mathematics Education 會員
　　　　台灣數學教育學會永久會員兼第一、二屆理事
　　　　科學教育學會永久會員

榮譽　　論文曾獲國科會研究成果獎助優等獎
　　　　榮獲國科會專題研究計畫補助，擔任計畫主持人
　　　　（自 1996~2013）
　　　　擔任碩士班研究生指導教授
　　　　擔任國內 TSCI、TSSCI 雜誌及國外 SCI、SSCI 雜誌審稿委員
　　　　擔任國內外國際研討會議程委員暨審稿委員

目録 Contents

Chapter 12　變異數分析

Chapter 13　抽樣調查的實際演練

Appendix　附　錄

※書末附隨堂測驗

緒　論

1-1

統計學概論

一、統計學意義

統計學(statistics)為藉蒐集、整理、陳述、分析資料與推論分析結果，使能在**不確定情況**(uncertainty)下作成最佳決策或獲致一般性結論的科學。

二、統計學分類

1. 統計學依其主要內容可分為三類：敘述統計學、推論統計學、及實驗設計及分析統計學。

(1) 敘述統計學(descriptive statistics)：主要內容是在蒐集、整理與陳列資料，並不由已知的資料推論到未知的部分。

(2) 推論統計學(inferential statistics)：又可稱為統計推論學(Statistical inference)或歸納統計學(Inductive statistics)一般科學研究，由於受到時間、金錢、人力、物力的限制，通常無法將研究對象全部加以測量或調查，只能由其中抽取部分樣本加以研究。故主要目的是根據所蒐集的部分群體（樣本）資料對全部群體（母群體）作推論。

推論統計學又因母群體條件不同而分為有母數統計學(Parametric statistics)及無母數統計學(Nonparametric statistics)。

① 有母數統計學：指所有母體為常態分配(Normal Distribution)的統計推論方法。

② 無母數統計學：指其他不是常態分配之母體的統計推論方法。

(3) **實驗設計**(Experimental design)：製造一種情境以驗證假設是否存在的研究。

2. 統計學的另一分類法是將之分為二類：數理統計學(Mathematical statistics)及應用統計學(Applied statistics)兩類。

(1) **數理統計學**：又稱理論統計學，利用數學理論闡明統計方法的原理，導證各種統計公式的來源，研究發展統計推論的方法而為統計學的理論基礎者，稱為數理統計學。簡言之，數理統計學主要在闡明各種統計方法的原理。

(2) **應用統計學**：凡闡明統計理論及統計方法在各種科學研究，專門學術及行政管理上之應用，以解決實際統計問題，是為應用統計學，如經濟統計、教育統計、政府統計、人口統計、生物統計、國際貿易進出口統計…等，皆為應用統計學。換言之，應用統計學主要在闡述統計方法在各種科學研究及專門學術領域上之應用。

三、統計學的發展

1. **古典統計學時代**：此時代大致是從十六世紀中葉至十九世紀初葉。其發展由德國的國勢學派，而至英國的政治算術學派。此時統計學僅在國情及社會現象，作文字或數字的描述，而慢慢演化為對數字資料加以初步比較與分析而已，尚未發展成一門獨立科學方法。

2. **近代統計學時代**：此時代大致是從十九世紀初葉至二十世紀初葉。由於數學上機率原理的發展、使得統計學逐漸成為一門獨立的科學方法。十九世紀中葉，比利時學者郭特萊(A. Quetelet)應用機率理論確定大數法則原理，奠定了統計學上大量觀察的理論基礎，亦即觀察之數據資料越多，所依樣分析之結果越正確，故該期亦可稱為大樣本時期。

3. **現代統計學時代**：二十世紀初葉以後，統計學之發展進入現代統計學時代。首先於一九〇八年，英國高賽德(W. S. Gosset)提出小樣本理論，首創 T 分配，為現代統計學之開端；接著英人費歇(R. A. Fisher)創立統計推論法、統計假設檢定法、實驗設計及變異數分析等，而開推論統計學之先河。因此該時期又可稱為推論統計時期或小樣本時期。

四、統計學的功能與應用

　　近半世紀，地球村的每一個角落，不分城鄉，由於遭逢生存環境的惡化，能源短缺的危機，人口爆增，糧食產量相對降低，雖然人口成長可以提供大量勞工，但卻發生嚴重的失業問題，經濟衰退，失業率節節上升，痛苦指數有升無降，這些層出不窮的社會問題，已使這個世界因各問題之間相互滲透的複雜性帶來了高度的困局，也讓地球村每一個成員面對變化莫測的未來，更加深對目前生活處境的危險性、不確定性。在面對這些煩雜的不確定性問題時，人們如何由雜亂無章的資料裏，如何整理出多頭事項變化的規律性及其間的相互關係？如何將搜集的不同問題予以分類、整理、簡化，進而發現其潛在的特性與未來演變的趨勢，已成為當前地球村的人們所積極追尋的首要課題。

　　欲想深入瞭解當前盤根錯結的政治、經濟、貿易、社會、文化、心理、醫藥、失業、生活品質以至環境等等的世界困局(world pro-blematique)唯有賴科學的統計方法，透過資料的搜集、整理、分析、陳述、評估、推論以至於預測，從不確定的狀態下建立科學的定律，獲得通盤性的結論，從而規劃出最佳的決策及處理該等事項的有效措施與方法。

　　由歷史的軌跡得知，地球村的成員就是困局的製造者，也因而受困於其產生的惡果，然人們面對各種變化，並表示人類應該是被動的順應或承受痛苦而沒有反應，也不表示人類必須生活在永遠的壓力下，而不嘗試去瞭解或克服這些史無前例的處境，因為以往的人類一直在確定的事物中生存，包括價值觀、職業、生活、信念等，然現在所面對的卻是一連串不斷的變化而不再是一種變化，這些分歧的變化已經影響了人類整個生存的方向。一個接一個的變化，使情況變得更困難，在面對世界的挑戰中，統計學的理論與方法就成了挑戰及克服千變萬化的自然現象，層出不窮的社會、經濟、政治等問題之有效工具，因此一個 e 時代的商管人確有必要對統計學的功能與應用有所瞭解，以便當你面對繁雜的不確定問題時，能熟練的利用統計理論方法去分析、評估、找出對策，使不確定性及風險獲得降低或避免。

1. 統計學的功能：

　　　謹以統計學的流程：搜集、整理、陳述、分析資料、推論與預測為基礎，簡要介紹說明。

(1) 資料搜集：在全部統計方法的過程中，資料的搜集是統計工作的開端。統計學提供抽樣調查方法與技術，同時配合不同的研究目的、需求、與研究對象全體（又稱母群體，population）的特性，在一定準確度(precision)或調查經費限制之下，以普查(census)的方式由母群體調查得到有關某種性質的全部資料，或以抽樣(sampling)的方式取得一代表性高的樣本(sample)，從而獲致統計方法過程中所需的各種資料與資訊。

(2) 整理分析：資料(data)（或稱數據）本身不等於資訊(information)，資料是資訊的原始粗略材料，需經過選擇過濾，利用統計學的整理規則，始能產生資訊，基本上將搜集所得到的（或樣本）資料，加以整理、分類、簡單化、系統合理化，使成為有用的統計資料或資訊。例如時間數列資料、空間數列資料、數量數列資料及屬性數列

資料等,並可利用統計表或統計圖陳述之;從而可由所搜集之資料本身求出其平均數、標準差、比率、偏態係數、峰度係數、樣本相關係數、迴歸係數暨簡單數學模型等以顯示資料的特徵、相互關係、未來發展趨勢、並可作為推論估計(Estimation)、假設檢定(Tests of hypotheses)等統計工作的基礎。

　　例如政府為設計經濟計畫,統籌全國資源分配,以及找出施政決策之依據,政府常透過登記或調查所獲之大量原始資料,經整理、歸類、分析、化繁複為簡要數據後,變成資訊以提供使用部門便於比較研究。

(3) 評估預測:現代統計學最重要的功能即在不確定情況下,能以樣本資訊推論母群體(全體)的特徵與性狀,由已知推論未知,以建立模型預測未來。經由客觀的觀察,詳盡的分析與合理的判斷,獲得一般性結論或作成最佳決策。

　　目前,社會現象、自然現象的分析研究,從個人及家庭的生活收支,投資理財計畫;儲蓄、購買、出售股票,期貨、基金、保險等,到企業的經營管理,投資設廠,行銷策略,進而擴大至整個社會、國家均可利用現成資訊,利用時間數列或模型藉以推測今後可能變動趨勢,供給個人家庭,企業、政府研訂各種長短期發展計畫之參考。

2. 統計學的應用:

(1) **使得資訊變得更有意義**:在這個資訊發達且動盪複雜的環境下,企業家在訂定各種經營決策時,往往需要許多的資訊,如中央銀行貨幣政策各種利率的變動,股票市場股價指數、貨幣供給量、匯率、失業率、貿易、躉售物價、消費者物價等等,而面對大量且複雜的資訊,應如何蒐集與整理相關的資訊呢?藉著統計方法的運用,或許能從中萃取精華且重要的資訊,進而據以判定決策。譬如將所蒐集的資料,編製成統計圖、統計表或計算出其統計量數,如此將使得資訊更為有意義。

(2) **處理不確定性的問題**：統計學本質上是一門「處理不確定性的科學」。在我們所面對的許多問題中，往往具有很大的不確定性。譬如說：經濟將持續景氣或開始衰退？物價水準會上升、持平或下跌？新產品上市成功的機會？競爭者是否會擴充其產能？參加競選的候選人欲知得票率？新處方對某種疾病的活癒率是否比舊處方有效？兩種測驗方法分數結果變動程度的比較？等等，這些都是不確定性的問題，但卻是一位企業家、政治家、醫生、教育家極為關切的事務。統計學在這方面提供了一個很有用的工具，譬如機率理論、期望報酬或損失、貝氏決策理論、模擬技巧等，或可用來處理不確定性的問題。

(3) **統計與工商企業**：統計在工商企業的應用上極為普遍，舉凡一切與經營有關的企業活動，莫不使用統計來幫助其決策。例如，在生產製造活動上，可依據統計方法來執行抽樣檢驗與品質管制，透過品質管制圖可找出產品發生變動的原因係屬於 "機會原因" 或屬 "可疑原因" 對症下藥，如此可達到以最低的成本獲致最高的品質。又如企業組織與管理上，可利用統計方法變異數分析(ANOVA)二因子變異分析對員工的訓練、績效的評鑑以及人力資源規劃等，進行統計分析以獲得有用的資訊，及找出是否有顯著差異作為管理當局的決策參考。至於其他的企業活動與統計有密切的關係，如行銷活動進行行銷研究、財務管理上執行財務預測、損益分析、投資決策等，以及會計部門使用統計抽樣調查以進行內部稽核等，工商管理者也可由時間數列中之循環變動去分析工業生產量、股票交易額、物價、工資以及種種企業活動週而復始之繁榮、衰退、蕭條、復甦之上下變動趨勢。這些都是統計方法應用的最佳範例。

(4) **統計與科學研究**：實驗工作為科學研究之主要途徑，其方法是蒐集可靠的相關資料，然後按其性質將之歸類，並加以比較分析，從而歸納出初步的原理，根據此原理作出假設，並作反覆的實驗，而構成科學上所謂的定律(law)。由此可知，科學方法之進行過程，在在需要利用統計方法以協助其研究。因此，統計實驗與科學研究有密切的關聯。我們甚至可以說，科學研究越趨複雜，則對統計的需要也就越為迫切。例如：變異數分析(ANOVA)已在科學實驗中得到實質上的功能： 在工業方面：可藉 ANOVA 法觀察不同的技術或方法所生產出來的產品是否有顯著差異； 在農業方可藉 ANOVA 法觀察不同的肥料，種子對於其收穫量是否有顯著差異； 在醫學、教育方面也可找出各種營養品的營養價值，教學方法教學效果有無顯著差異。

　　除了上述的一些統計方法之應用外，統計學的應用範圍尚包括人口統計、生物統計、農業統計、教育統計、心理統計、社會統計以及實驗設計…等，舉凡一切與人類活動有關者，幾乎皆離不開統計的應用範圍，不過統計方法的目的即在尋求群體中的通理通則，所以在使用時應充分瞭解統計方法的兩大特質：(1)統計方法適宜於處理群體性的資料，而非以個體為研究對象。(2)統計方法適宜於研究影響因素複雜而不能作嚴密控制實驗的現象，然因統計方法因包含平均、相關估計、檢定、選擇及機遇化的種種技術，故對於因素複雜，而不能從事嚴密控制實驗的一切現象亦能以種種不同的分析、檢定、推論過程，依據研究的目的逐步消除資料中其他因素的影響成分，最後仍可獲致研究者所設定的標的與結果。

1-2

變　數

一、變數的意義

變數(variable)，簡單而言，即指會變動的事物或稱為變項，或變因，例如人之年齡、血型、體重、物價、生產量等。

二、變數的分類

變數常見之分類方法如下：

1. **自變數與依變數：**

自變數(independent variable)是指研究可操縱或已知的變數；而依變數或應變數(dependent variable)是指被預測或未知的變數。例如，研究不同的環境對人性格的影響，則環境為自變數，性格則為依變數。

2. **連續變數與間斷變數：**

連續變數(continuous variable)可以有無數個不同之值，且任何兩個值之間都可以加以無限制的細分。例如百米賽跑，小李跑 11.3 秒，小王跑 11.35 秒；時間即為連續變數，它能進一步加以細分。我們測量連續變數所得到的數值應視為一段距離而非一點。

間斷變數(discrete variable)一般是由記點(counting)所得，例如競選班長，小李得 25 票，小王得 30 票；票數即為間斷變數，它不能加以無限制的細分，只能得到特殊的數值。間斷變數的每一個數值，係代表一個點，而不是一段距離。

三、統計分析所用的變數值尺度

統計分析上所用的變數值尺度有下列幾種：

1. 名義或類別變數(nominal variable)：

又稱名目尺度(Nominal Scale)。只用以區分或描述事物之間的差異性，例如將教育程度分為小學、中學與大學，性別分成男與女等。用來表示任何特徵的數字（例如男生以 0,1,2,3 的 0 表示，女生以 1 表示），它僅是一種代號，代表的並非絕對或相對的數量，不能將這些數值任意進行數學四則運算。

2. 次序變數(ordinal variable)：

又稱順序尺度(Ordinal Scale)、序列尺度。如果以某一特質之大小來區分類別，且類別之間具有等級(rank-order)的關係，則代表此特質大小的值，就稱為次序變數。例如將平時考試的排名分成第一名、第二名與第三名。只用以表示具有某屬性的個人或物體彼此之間的相對位置，但並無絕對差異，因此第一與第二，第二與第三之間的差數，並不相等。

3. 等距變數(interval variable)：

又稱區間尺度(Interval Scale)。如果類別彼此之間，不但具有次序關係，且類別之間也是以相等單位來測量，則此測量值就是等距變數。攝氏及華氏溫度是最常見的等距變數，溫度計上每度之間都是相等的。等距變數可讓我們比較所研究事物之間的差，但是它並沒有絕對零點，不能用來測量完全沒有的素質，因此不能用除法來表示攝氏 20 度就是攝氏 10 度的兩倍。

4. 比率或等比變數(ratio variable)：

又稱比例尺度(Ratio Scale)。比率變數除具有等距變數特性外，它並有真正的零點當原點，可以標示完全不存在的素質，例如體重

機上的零點，表示完全沒有重量。因此比率變數有真正的數量，可以做加、減、乘、除運算，例如 100 公斤體重是 50 公斤體重的兩倍。

1-3 次數分配及圖示法

　　將一群原始資料分成若干組，並計算各組中觀察值之個數，並將其列成一表格，稱為**次數分配**(frequency distribution)**表**，簡稱次數表。除了用次數分配表外，也可用圖示法，使人一目了然。

一、間斷資料的次數分配表及圖示法（即不連續資料）

1. **列舉式**：簡單的不連續資料可採用：按資料類別先後順序排列，並將次數列記上去即可。例如班上 50 位同學血型人數的次數分配表如表 1-1 所示：

表 1-1

血　　型	A	B	O	AB
人　　數	10	13	22	5

2. **分組式**：不連續資料較多時，列舉式不適宜表現時，可用之：利用列舉式次數分配表有一缺點，即當資料數量過多時，會導致表格冗長繁雜，為改善此點，可利用分組式次數分配表。例如甲公司 100 盒零件不良品件數分配表如表 1-2 所示：

表 1-2

不良品件數 x	0～2	3～5	6～8	9～11	12～14	15 以上	合計
盒　　　數 f	5	13	35	20	18	9	100

或可以劃記的方式表示（即每 5 個以 "卌" 或 "正" 代表），如表 1-3 所示：

表 1-3

分　組	劃　　　　　　記	次　數
0～2	卌	5
3～5	卌 卌 ⫼	13
6～8	卌 卌 卌 卌 卌 卌 卌	35
9～11	卌 卌 卌 卌	20
12～14	卌 卌 卌 ⫼	18
15 以上	卌 ⫼⫼	9

間斷資料也可用圖示法的長條圖表示，例如表 1-1 的資料可以圖 1-1 表示。

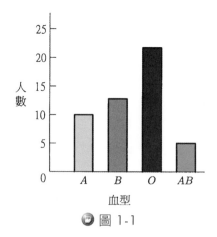

圖 1-1

二、連續資料的次數分配表

　　由於連續資料的分組較不明確，故將其次數分配表編製之原則及步驟分述如下：

1. **求全距**(range)：資料中之最大值減資料中之最小值，即稱為全距，通常以 R 表示之。

$$R = X_{\max} - X_{\min}$$

2. **定組數**(k)：組數為分組的數目，常以 k 表示，通常分為 4 至 20 組，但無一定標準，一般以 5～15 組為佳，可參考 H.A. Sturges 定組數之公式：

$$k = 1 + 3.322 \log N$$

式中 k 代表組數，N 代很觀測值個數即資料個數，查附錄 G 對數表。

　　一般亦可以司徒基(H. A. Sturges)於 1926 年發表的「The Choice of a Class Interval」一文中，所提出的一個近似公式來決定總次數(N)時的最適組數(k)，如表 1-4 所示，其中的 r 為正整數，使得 N 介在 $(2^{r-1}+1)$ 與 2^r 之間。

🔵 表 1-4

N	k
$2^{r-1}+1\sim 2^r$	r+1

例如 N=40 時，則 r=6，故取 k=7，即分為 7 組。

3. **定組距**(class interval)：組距為每一組之距離，即同一組之組上界減組下界，通常以 h 表示。組距、組數與全距有下列關係：

$$組距 = \frac{全距}{組數} \ , \ h = \frac{R}{k}$$

4. **定組界**(class boudaries)：即組限(class limit)每一組之界限，比較小者稱為組下界，較大者稱為組上界，為避免觀察值落在組界上之歸屬問題，可將組界之位數取比原資料位數多一位。如原始資料取至個位數，則其最低測量單位為 1，故取其一半 0.5。現在若最小一組為 20～24，則我們取真正下限為 19.5，真正上限為 24.5。若 $X_{(1)}$，$X_{(n)}$ 各代表資料中的最小及最大值，h，k 及 R 分別代表組距、組數及全距，則我們有：

$$最小一組之下界 = X_{(1)} - (h \times k - R) \times \frac{1}{2}$$
$$最大一組之上界 = X_{(n)} + (h \times k - R) \times \frac{1}{2}$$

以圖形表示如下：

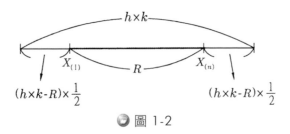

圖 1-2

5. **計算組中點**(class midpoint)：組中點＝（組上界＋組下界）/2，通常以 m_i 表示。其為各組的代表值。例如 20～24（或 19.5～24.5）的組中點為 22。

6. **劃記並求各組次數**(class frequency)：每組出現的次數，通常以 f 表示。每 5 個可以 "卌" 或 "正" 表示。

7. **計算累積次數及百分比**：累積次數係將各組次數依次累加，列出累加次數表即為累積次數分配(cumulative frequency distribution)表，一般而言，分為兩種：

(1) 以下累積(cumulated downward)：由上而下累加，即由低分組次數向高分組次數累加。

(2) 以上累積(cumulated upward)：由下而上累加，即由高分組次數向低分組次數累加。

例 1　表 1-5 為某科系 100 位學生每週上網之時數，試編製一次數分配表。

表 1-5

20	15	23	22	17	10	24	15	20	16	22	24	15	17	26	21	16	23	18	20
17	24	25	20	27	21	26	28	24	8	23	34	20	22	23	16	27	21	24	16
19	27	15	17	21	29	23	25	18	29	21	10	27	20	25	21	18	22	15	28
24	30	23	22	16	32	11	29	20	22	33	17	24	16	22	17	36	29	25	19
16	38	21	28	24	41	17	26	25	16	21	24	22	12	27	21	24	14	28	21

解　(1) 求全距：$X_{(n)} = 41$，$X_{(1)} = 8 \Rightarrow R = 41 - 8 = 33$

(2) 定組數(k)：$\because k = 1 + 3.322 \log 100$，$\therefore$ 取 $k = 8$

(3) 定組距：$h = \dfrac{R}{k} = \dfrac{33}{8} = 4.125$，取 $h = 5$

(4) 定組界：第一組組下界 $= X_{(1)} - (h \times k - R) \times \dfrac{1}{2}$

$$= 8 - (5 \times 8 - 33) \times \dfrac{1}{2} = 4.5$$

$$最後一組組上界 = X_{(n)} + (h \times k - R) \times \frac{1}{2}$$

$$= 41 + (5 \times 8 - 33) \times \frac{1}{2} = 44.5$$

(5) 計算組中點：組中點分別為 $7, 12, 17, \cdots, 42$。

(6) 劃記並求各組次數、累積次數及百分比：由上列資料可得次數分配表如表 1-6 所示：

表 1-6　每週上網時數之次數分配表

組　界	組中點	劃　　記	次　數	以下累積次數	以上次數	以下累積百分比
4.5～ 9.5	7	一	1	1	100	0.01
9.5～14.5	12	正	5	6	99	0.06
14.5～19.5	17	正正正正正	25	31	94	0.31
19.5～24.5	22	正正正正正正正正一	41	72	69	0.72
24.5～29.5	27	正正正正一	21	93	28	0.93
29.5～34.5	32	下	4	97	7	0.97
34.5～39.5	37	丅	2	99	3	0.99
39.5～44.5	42	一	1	100	1	1.00

三、連續資料的圖示法

上例亦可用圖示法的**直方圖**(histogram)、**次數多邊圖**(polygon)、**累積次數分配圖**來表示。

1. **直方圖**：直方圖中橫坐標表各組之組界或組中點，縱坐標表示各組次數，如圖 1-3 所示。

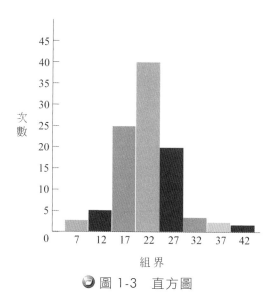

🔵 圖 1-3　直方圖

2. **次數多邊圖**(polygon)：如圖 1-4 所示，次數多邊係以各組之組中點為橫坐標，各組次數為縱坐標所繪製而成之次數分配圖；為使其成為一密閉曲線，須由第一組向前及最後一組向後各再延伸一組，組次為 0，最後將各點連接起來即得一次數多邊圖。

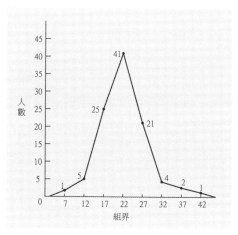

🔵 圖 1-4　次數多邊圖

3. **累積（加）次數分配圖（又稱肩形圖）：** 累積次數分配圖又名累積次數曲線圖，或肩形圖(ogive)，曲線之連接不在各組之中點，而是在各組之上界或下界上。以下累積次數分配圖是連接各組之上界，以上累積次數分配圖則是連接各組之下界。以例 1 為範例，可得圖 1-5 所示。

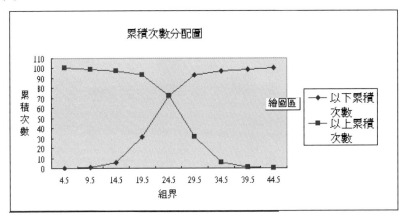

◉ 圖 1-5　累積次數分配圖

四、上機實作求次數分配

SPSS 計算次數分配用「次數分配表」功能，步驟如下：

從主選單中選取「分析」－「描述性統計」－「次數分配表」。（如圖 1-6）

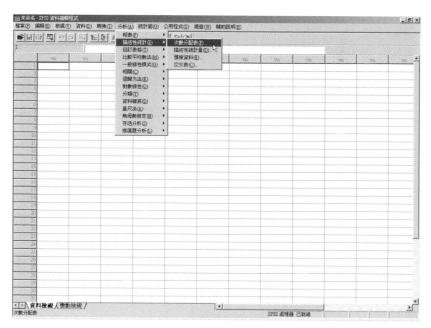

圖 1-6

例 2　表 1-7 為 50 位員工的性向測驗分數，試以組距 10 為例找出其次數分配。

表 1-7

60	70	72	62	78
72	85	72	73	91
71	61	85	82	82
82	81	74	79	90
66	88	82	86	83
89	94	86	76	75
81	79	93	76	80
68	81	64	87	80
95	75	84	90	92
88	97	86	68	67

解

● **步驟一**：在儲存格中輸入表 1-7 的 50 個數字（如圖 1-7）。

	var00001	var	var	var	var	var	var	var	var
1	60								
2	72								
3	71								
4	82								
5	66								
6	89								
7	81								
8	68								
9	95								
10	88								
11	70								
12	85								
13	61								
14	81								
15	88								
16	94								
17	79								
18	81								
19	75								
20	97								
21	72								
22	72								

● 圖 1-7

● **步驟二**：把游標移至視窗左下角處，點一下「變數檢視」，再點一下 var00001，把 var00001 改成 score。（如圖 1-8 和圖 1-9）

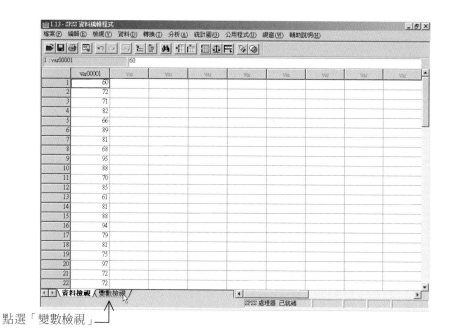

點選「變數檢視」

圖 1-8

圖 1-9

● **步驟三**：從主選單中選取「轉換」－「重新編碼」－「成不同變數」
（如圖 1-10）。

● 圖 1-10

● **步驟四**：將欲轉換的變數(score)移入「輸入變數→輸出變數」欄中
（如圖 1-11）。

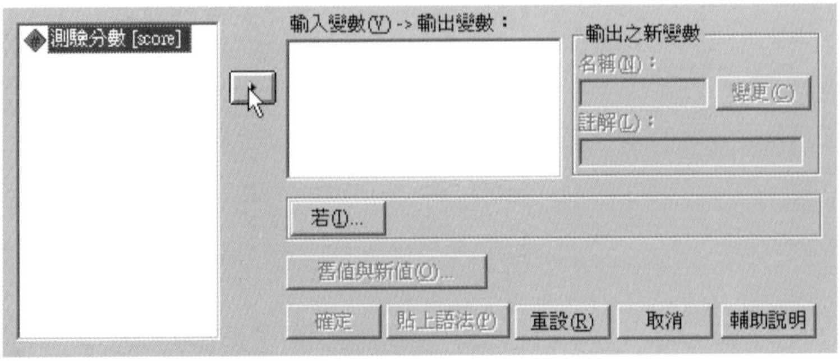

● 圖 1-11

● **步驟五**：將「輸出之新變數」之名稱改為 score1 後，按「變更」鍵，使得 score→score1（如圖 1-12）。

● 圖 1-12

● **步驟六**：選取「舊值與新值」（如圖 1-13）。

● 圖 1-13

● **步驟七**：選取「舊值」之「範圍」，輸入範圍從 51 到 60，並在「新值」之「數值」輸入 1 後按「新增」，使得「51thru60→1」（如圖 1-14、圖 1-15）。

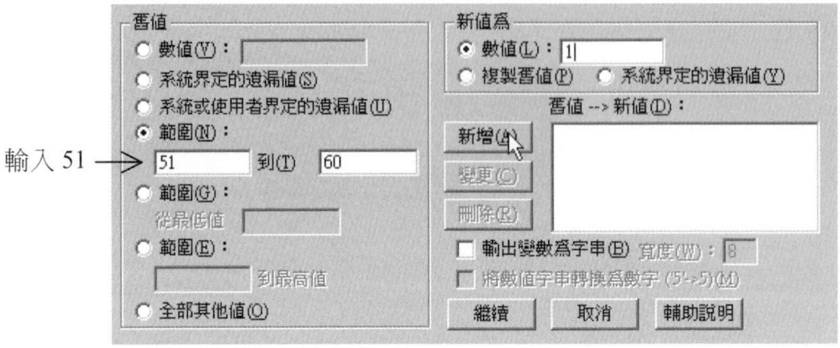

圖 1-14

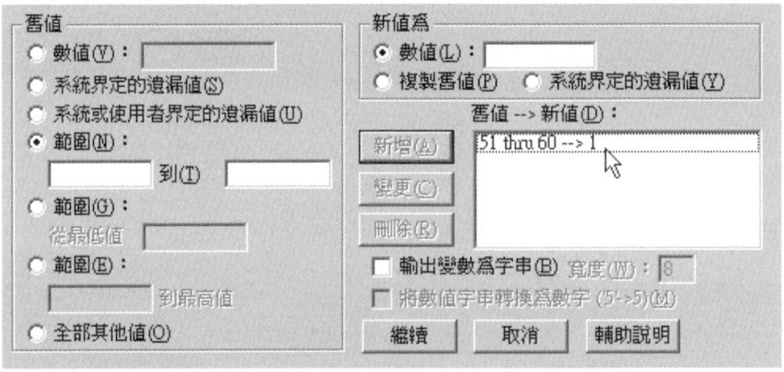

圖 1-15

● 步驟八：依此類推，使得「51thru60→1」、「61thru70→2」、「71thru80
→3」、「81thru90→4」、「91thru100→5」，再按「繼續」
（如圖 1-16）。

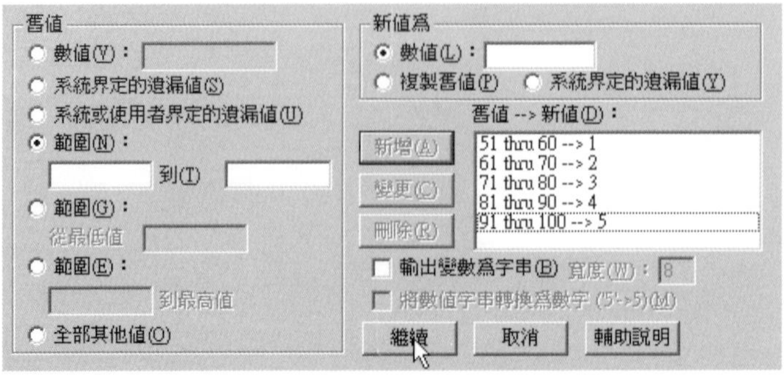

圖 1-16

● **步驟九**：按一下「確定」（如圖 1-17）。

● 圖 1-17

● **步驟十**：在變數欄中，得到一欄「score1」（如圖 1-18）。

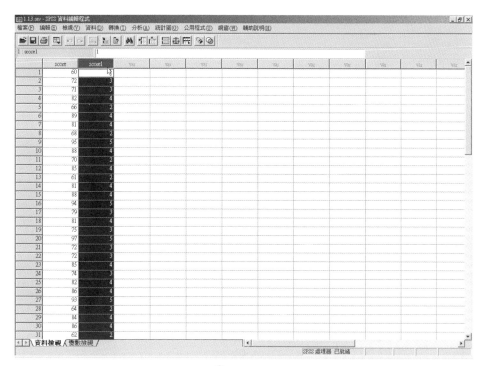

● 圖 1-18

● **步驟十一**：從主選單中選取「分析」—「描述性統計」—「次數分配表」（如圖 1-19）。

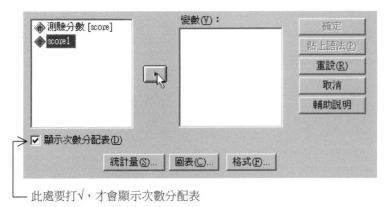

● 圖 1-19

● **步驟十二**：將新變數(score1)移入變數欄中（如圖 1-20）。

此處要打√，才會顯示次數分配表

● 圖 1-20

🔵 **步驟十三：**按一下「確定」（如圖 1-21）。

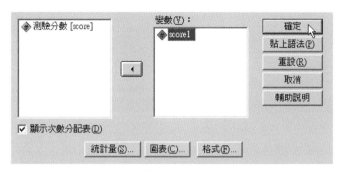

🔵 圖 1-21

由以上步驟，可在輸出視窗中得到，其表示分數在 51～60 分的有 1 人，分數在 61～70 分的有 8 人，分數在 71～80 分的有 15 人，分數在 81～90 分的有 20 人，分數在 91～100 分的有 6 人（如圖 1-22）。

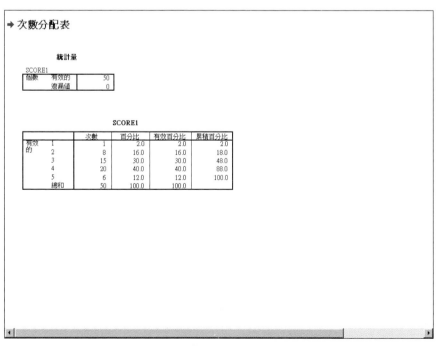

🔵 圖 1-22

SPSS 可以下列的方式作直方圖（這裡的直方圖是一般所說的長條圖）。

以例 2 為範例，步驟如下：

● **步驟一**：從主選單中選取「統計圖」－「條形圖」（如圖 1-23）。

● 圖 1-23

● **步驟二**：選擇「簡單」後按「定義」（如圖 1-24）。

● 圖 1-24

● **步驟三**：將 score1 移到「類別軸」（如圖 1-25）。

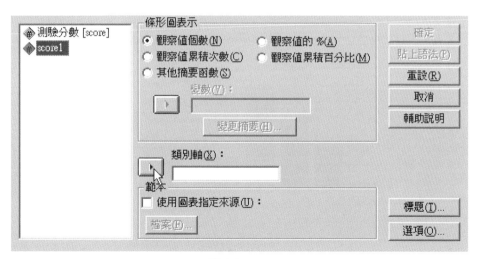

● 圖 1-25

● **步驟四**：選取「條形圖表示」之「觀察值個數」，再按「確定」（如圖 1-26）。

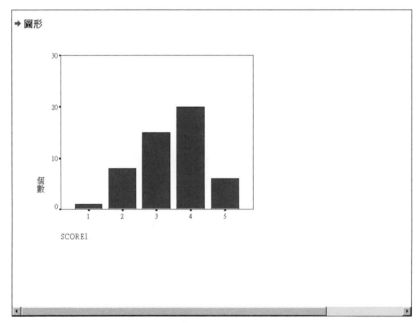

● 圖 1-26

由以上步驟,可在輸出視窗中得一直方圖(如圖 1-27)。

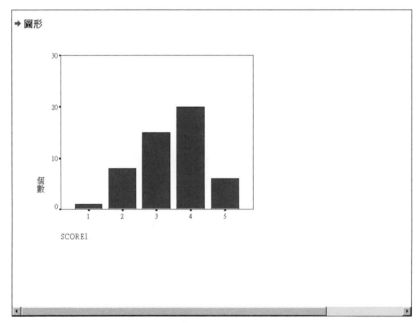

● 圖 1-27

習題一

1. 試分別寫出兩種連續變數及間斷變數。

2. 試分別寫出兩種名義、次序、等距及比率變數。

3. 試指出表 1-8 的(1)組距，(2)組中點，(3)組界，及(4)累積次數表。

表 1-8

體　　重	人　　數
80～87	16
88～95	37
96～103	50
104～111	29
112～119	17

4. 某棟大廈 31 戶住戶，去年夏季各戶的打電話次數如下所示：
   128　174　259　282　191　131　238　262　280　231
   159　174　232　216　260　256　187　115　152　178
   229　192　308　114　239　152　234　218　235　151
   237
   試建立一個有 6 組的次數分配表。

5. 試將題 4.的分配表，畫成(1)直方圖，(2)次數多邊圖，及(3)累積次
   數多邊圖。

Memo

集中量數

　　集中趨勢量數(Measures of central tendency)，簡稱集中量數，是全部資料中央位置的數值，故又名中心位置量數(measure of central location)，一般可以用它陳述一組統計資料之代表值。

　　集中量數之作用有下列三項：

1. 簡化作用－能用一數據，很清楚扼要地表示一事實現象之特性。

2. 比較作用－有了平均數就能比較一些不同的分配及不同的母體。

3. 代表作用－可以由樣本推論至母體，亦即有代表母體之作用。

　　集中量數常用的有下列幾項：

1. 算術平均數(Arithmetic Mean)。

2. 中位數(Median)

3. 分割量數，如：(1)四分位數(Quartiles)、(2)十分位數(Deciles)、(3)百分位數(Percentiles)。

4. 眾數(Mode)。

5. 幾何平均數(Geometric Mean)。

6. 調和平均數(Harmonic Mean)。

2-1

算術平均數

一、算術平均數的意義

算術平均數(Arithmetic Mean)常簡稱平均數(Mean)，是最常用的集中趨勢量數。設一群資料含 X_1、X_2、$X_3 \cdots X_n$ 等 N 個數，則可用 M 來代表此群數字資料的平均數，而一般較常用 $\bar{X}$ （讀做 X bar）來表示變數 X 的平均數。

二、算術平均數的算法

1. 未分組資料的平均數：

$$\bar{X} = M = \frac{1}{N}(X_1 + X_2 + X_3 + \cdots\cdots + X_n) = \frac{\sum X}{N}$$

 例 1　某班 10 名學生英文成績如下所示，試求其算術平均數。

50、56、64、65、70、74、78、80、83、92

解　$M = \dfrac{50 + 56 + 64 + 65 + 70 + 74 + 78 + 80 + 83 + 92}{10} = 71.2$

SPSS 計算中位數之步驟如下：

● **步驟一**：從主選單中選取「分析」－「描述性統計」－「次數分配表」（如圖 2-1）。

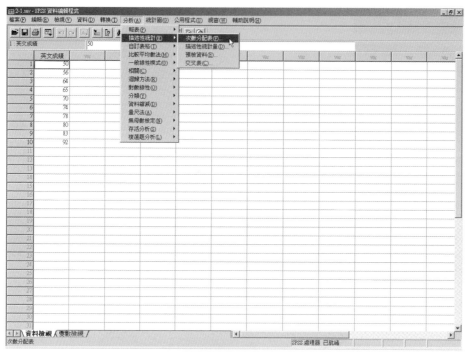

● 圖 2-1

● **步驟二**：將欲求算術平均數的變數（英文成績）移入變數欄（如圖 2-2）。

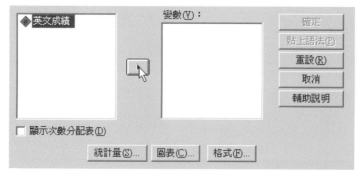

● 圖 2-2

步驟三：取消「顯示次數分配表」，選取「統計量」（如圖 2-3 ）。

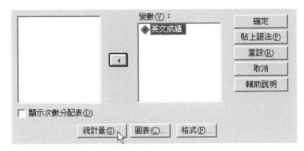

圖 2-3

步驟四：點選要計算的項目「平均數」後，按一下「繼續」（如圖 2-4 ）。

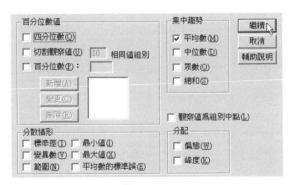

圖 2-4

步驟五：「確定」（如圖 2-5 ）。

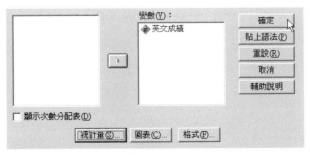

圖 2-5

由以上步驟，可在輸出視窗中得到其算術平均數為 71.2（如圖 2-6）。

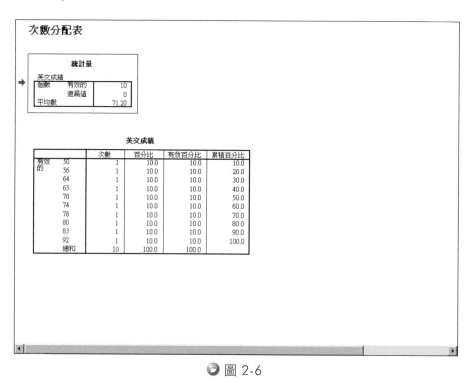

次數分配表

統計量

英文成績

個數	有效的	10
	遺漏值	0
平均數		71.20

英文成績

		次數	百分比	有效百分比	累積百分比
有效的	50	1	10.0	10.0	10.0
	56	1	10.0	10.0	20.0
	64	1	10.0	10.0	30.0
	65	1	10.0	10.0	40.0
	70	1	10.0	10.0	50.0
	74	1	10.0	10.0	60.0
	78	1	10.0	10.0	70.0
	80	1	10.0	10.0	80.0
	83	1	10.0	10.0	90.0
	92	1	10.0	10.0	100.0
	總和	10	100.0	100.0	

圖 2-6

2. 分組資料的平均數：

$$\bar{X} = AM + \left(\frac{\sum fd}{N} \right) \times i$$

其中 N：總次數，i：組距，X'：組中點，f：次數

AM：假設值，一般選次數最多那一組的組中點

$$d = \frac{X' - AM}{i}$$

例2 表 2-1 為某行業 48 位經理月薪之分配表（以仟元為單位）
，試求其平均數。

表 2-1

月　薪	人　數
95～99	3
90～94	6
85～89	8
80～84	12
75～79	7
70～74	6
65～69	5

解

月　薪	人　數(f)	組中點(X')	d	fd
95～99	3	97	3	9
90～94	6	92	2	12
85～89	8	87	1	8
80～84	12	82→AM	0	0
75～79	7	77	−1	−7
70～74	6	72	−2	−12
65～69	5	67	−3	−15
合　　計	48			∑fd=−5

$$\bar{X} = 82 + \left(\frac{-5}{48}\right) \times 5 = 81.5，故月薪平均數為 81,500 元$$

3. 加權算數平均數：

加權算數平均數之公式為：$\bar{X}_w = \dfrac{\sum fX}{N}$

例3　調查中部某地區，30 戶居民家中養小動物個數之分配表，如表 2-2 所示，試求居民家中養小動物的平均數。

表 2-2

動物數(X)	戶　數(f)	fX
0	3	0
1	4	4
2	5	10
3	5	15
4	6	24
5	3	15
6	1	6
7	2	14
8	1	8
合　計	30	$\sum fX=96$

解　該地區居民家中養小動物的平均數為

$$\bar{X}_w = \frac{\sum fX}{N} = \frac{96}{30} = 3.2$$

三、平均數的特性及限制

求平均數時，資料中的每一個數值都會被使用到，若沒有極端分數，它最能代表一組資料的集中趨勢；但相對的，它易被特大或特小的數值所影響。它適用於等距及比率變數。

平均數尚有下列特性，即 $\sum(X - \bar{X}) = 0$。

2-2

中位數

一、中位數的意義

一組數字資料按大小順序排列後，位置居於中間的數值即為中位數(Median)，一般以 Me 或 Md 來表示。

二、中位數的算法

1. 未分組資料的中位數：

(1) 若項數為奇數，則最中間項（即第 $\dfrac{n+1}{2}$ 項）的數值為中位數。

(2) 若項數為偶數，則以中間兩項（即第 $\dfrac{n}{2}$ 及第 $\dfrac{n}{2}+1$ 項）數值的平均數為中位數。

例 4 抽查甲店某個週日至週六的營業額分別為：$85, 32, 57, 60, 65, 65, 74$（千元），求一週營業額的中位數？至於週一至週六營業額的中位數又為多少？

解 (1) 營業額大小依次為 $32, 57, 60, 65, 65, 74, 85$，

中間項為 $\dfrac{7+1}{2}=4$，故中位數為第 4 項的 65（千元）。

(2) $32, 57, 60, 65, 65, 74$ 六個數字，中間兩項為第三 $\left(\dfrac{6}{2}\right)$ 及第四 $\left(\dfrac{6}{2}+1\right)$ 兩項，故中位數為 $\dfrac{60+65}{2}=62.5$（千元）。

SPSS 計算中位數之步驟如下：

◉ **步驟一**：從主選單中選取「分析」－「描述性統計」－「次數分配表」（如圖 2-7）。

圖 2-7

步驟二：將欲求中位數的變數(English)移入變數欄（如圖 2-8）。

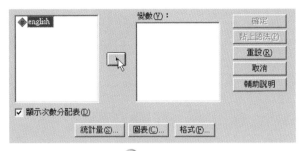

圖 2-8

步驟三：取消「顯示次數分配表」，選取「統計量」（如圖 2-9）。

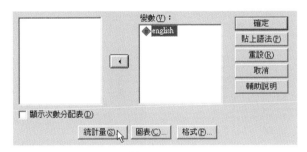

圖 2-9

步驟四：點選要計算的項目「集中趨勢」之「中位數」，再按一下
　　　　「繼續」（如圖 2-10）。

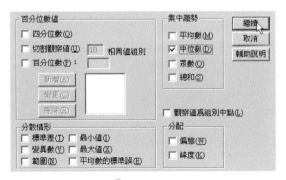

圖 2-10

● **步驟五：按一下「確定」（如圖 2-11）。**

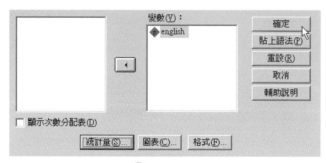

● 圖 2-11

由以上步驟，可在輸出視窗中得到其中位數是 65（如圖 2-12）。

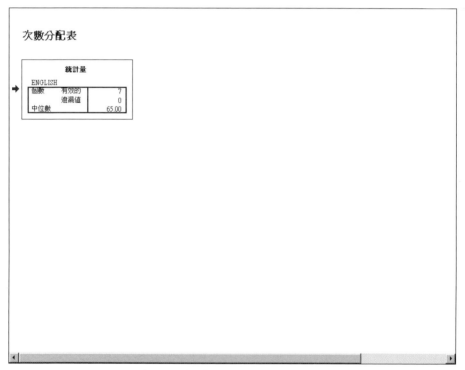

● 圖 2-12

2. 分組資料的中位數：

(1) 先計算以下累積次數；

(2) 再求中位數 Me 的位置，即 $O(Me) = \dfrac{N}{2}$；

(3) 由累積次數分配，決定 Me 應位在何組；

(4) 由 Me 所在組，代入下列公式，即可得中位數之值。

$$Me = L_i + \left(\frac{N}{2} - F' \right) \frac{h_i}{f_i}$$

其中 L_i ：中位數所在組的真正下限

$\quad\quad N$ ：總次數

$\quad\quad F'$ ：小於中位數所在組的各組次數和

$\quad\quad h_i$ ：中位數所在組的組距

$\quad\quad f_i$ ：中位數所在組的次數

習慣上用以下累積次數來求出第 $\dfrac{N}{2}$ 項所在的組，其即為中位數所在組。

例 5　表 2-3 為甲城市 60 家書局在 9 月份的書籍銷售量分配表，試求其中位數。

● 表 2-3

書籍銷售量	書局數
13～18	5
18～23	9
23～28	10
28～33	13
33～38	10
38～43	6
43～48	5
48～53	2

解

組 距	f	以下累積次數
13～18	5	5
18～23	9	14
23～28	10	24←F'
28～33	13	37←中位數組
33～38	10	47
38～43	6	53
43～48	5	58
48～53	2	60

由以下累積次數，可求出 $\dfrac{N}{2}=\dfrac{60}{2}=30$，故中位數所在組為 28～33 該組。

$$Me = 27.5 + (\frac{60}{2} - 24) \times \frac{5}{13} = 29.8$$

三、中位數的特性及限制

中位數不受極端數量存在的影響，其數值較為固定，且中位數與各量數之差數絕對值的總和最小，即 $\Sigma|X-Me|$ 為極小值。然而求中位數之前，必須先對所屬資料群中的數值做大小排列，如果此資料群含大量的資料，這種排列工作必然費時；並且只求中間數值，就忽略了其他數值的大小。一般中位數常用於次序變數。

2-3

其他分割量數

　　除了上述的中位數之外，其他常見的尚有四分位數、十分位數、百分位數，茲分別說明如後。

一、四分位數

1. 四分位數的意義

　　將資料由小至大排序，再分成四等分，位居第一個等分位置的數值稱為第一四分位數(first quartile)，記為 Q_1 又稱下四分位數；位居第二等分位置的數值，稱為第二四分位數(second quartile)，記為 Q_2，其實 Q_2 就是中位數 Me；而位居第三等分位置的數值，就稱為第三四分位數(third quartile)，記為 Q_3 又稱上四分位數。

2. 四分位數的算法

(1) 未分組資料的四分位數：

① 先找出 Q_i 的位置：$O(Q_i) = i \times \dfrac{n+1}{4}$ ；$i = 1$，2或3。

② 如果 $O(Q_i)$ 是整數，則位置所對應的數值即為 Q_i；若 $O(Q_i)$ 的值不是整數，則在〔$O(Q_i)$〕與〔$O(Q_i)$〕＋1 兩個位置所對應的數值之間，用線性插值法，來估計出 Q_i。

　　　　　　註： [·]是所謂的高斯符號，亦即[a]表示不大於 a 的最大整數。

例6 假設經過排序後的 11 個資料為

5, 7, 7, 8, 10, 12, 13, 15, 15, 18, 21

則試求 Q_1，Q_2 及 Q_3。

解 $O(Q_1) = \dfrac{11+1}{4} = 3$，即 Q_1 落在第 3 小的位置，$\therefore Q_1 = 7.5$；

同理，$O(Q_2) = \dfrac{2(11+1)}{4} = 6$ $\quad \therefore Q_2 = Me = 12$；

而 $O(Q_3) = \dfrac{3(11+1)}{4} = 9$ $\qquad \therefore Q_3 = 15$。

SPSS 計算四分位數之步驟如下：

步驟一：從主選單中選取「分析」-「描述性統計」-「次數分配表」（如圖 2-13）。

🔵 圖 2-13

● 步驟二：將欲求四分位數的變數(Var00001)移入變數欄（如圖 2-14）。

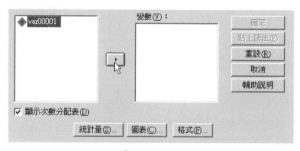

● 圖 2-14

● 步驟三：取消「顯示次數分配表」，選取「統計量」（如圖 2-15）。

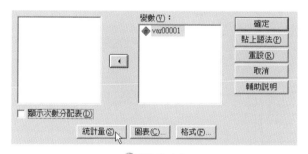

● 圖 2-15

● 步驟四：點選要計算的項目「四分位數」，按「繼續」（如圖 2-16）。

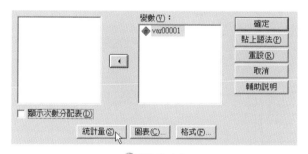

● 圖 2-16

● **步驟五**：按一下「確定」（如圖 2-17）。

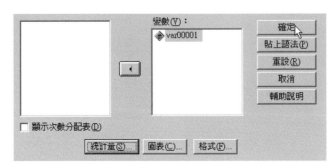

● 圖 2-17

由以上步驟，可在輸出視窗中得到其第一四分位數是 7，第二四分位數是 12，第三四分位數是 15（如圖 2-18）。

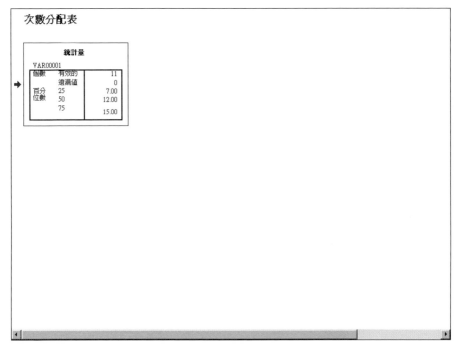

● 圖 2-18

例7 假設排序後的 10 個資料為

6, 6, 9, 12, 14, 16, 16, 18, 20, 25

試求 Q_1，Q_2 及 Q_3。

解 $O(Q_1) = \dfrac{10+1}{4} = 2.75$

即 Q_1 落在第 2 小的數值 6 與第 3 小的數值 9 兩者之間，且是在這兩數差距(即 9-6)的 0.75 位置，

$\therefore Q_1 = 6 + (0.75)(9-6) = 8.25$；同理，

$O(Q_2) = \dfrac{2(10+1)}{4} = 5.5 \quad \therefore Q_2 = Me = 14 + (0.5)(16-14) = 15$

$O(Q_3) = \dfrac{3(10+1)}{4} = 8.25 \quad \therefore Q_3 = 18 + (0.25)(20-18) = 18.5$

(2) 分組資料的四分位數：

① 先計算以下累積次數；

② 次求 Q_i 的位置：$O(Q_i) = i \times \dfrac{n}{4}$；$i = 1, 2, 3$；

③ 由累積次數分配，決定 Q_i 應位在何組；

④ 由 Q_i 所在組，代入下列公式，即可得 Q_i 之值。

$$Q_i = L_i + (i \times \frac{n}{4} - F_i) \times \frac{h_i}{f_i}$$

其中 L_i：Q_i 所在組真正下限

h_i：Q_i 所在組的組距

F_i：比 Q_i 所在組的下界還小的各組次數總和

f_i：Q_i 所在組的次數。

例8   表 2-4 為某校資管科 60 位學生統計成績之分組資料，試求其 Q_1，Q_2 及 Q_3。

◎ 表 2-4

組　界	人　數	以下累積次數
55～59	3	3
60～64	4	7
65～69	9	16
70～74	14	30
75～79	17	47
80～84	7	54
85～89	4	58
90～94	2	60

解

$O(Q_1) = \dfrac{60}{4} = 15$，故 Q_1 位在 65～69 該組中，

$$Q_1 = 64.5 + \left(1 \times \frac{60}{4} - 7\right) \times \frac{5}{9} = 68.94$$

$O(Q_2) = 2 \times \dfrac{60}{4} = 30$，故 Q_2 位在 70～74 該組中，

$$Q_2 = 69.5 + \left(2 \times \frac{60}{4} - 16\right) \times \frac{5}{14} = 74.5$$

同理 $Q_3 = 74.5 + \left(3 \times \dfrac{60}{4} - 30\right) \times \dfrac{5}{17} = 78.91$

二、百分位數

1. 百分位數的意義

百分位數是將順序資料均分成一百等分的數值。第 i 個百分位數記為 P_i（其中 $i = 1, 2, 3, \cdots\cdots$ 或 99），是指至少有 $i/100$ 的觀察值小於等於該數值，至少有 $(100-i)/100$ 的觀察值大於等於該數值。

2. 百分位數的算法

(1) 未分組資料的百分位數：

第 i 個百分位值 P_i，是指在一個已排列順序的資料集合中之第 $i \times \dfrac{n}{100}$ 項的值，其中 i 為百分位的號碼，n 是指樣本大小。

 例9　台中地區 12 家家俱公司的員工個數如下：

16, 38, 18, 20, 20, 18, 22, 34, 7, 58, 31, 19

試求第 62 個百分位數。

解　首先將資料由小到大排列，即

7, 16, 18, 18, 19, 20, 20, 22, 31, 34, 38, 58

第 62 個百分位之位置為 $i \times \dfrac{n}{100} = 62 \times \dfrac{12}{100} = 7.44$ 項

即 P_{62} 落在第 7 項的 20 與第 8 項的 22 之間，且是在 22 與 20 兩數差距的 0.44 位置

故 $P_{62} = 20 + (22 - 20) \times 0.44 = 20.88$

SPSS 計算百分位數之步驟如下：

● **步驟一：** 從主選單中選取「分析」－「描述性統計」－「次數分配
表」（如圖 2-19）。

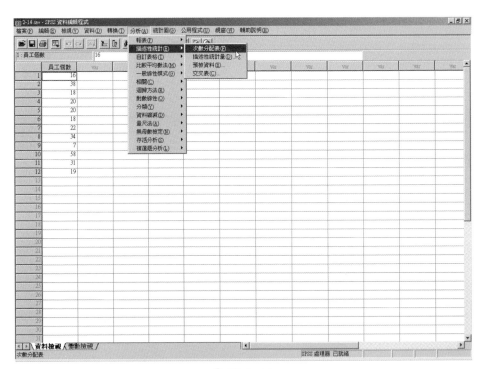

● 圖 2-19

步驟二：將欲求百分位數的變數（員工個數）移入變數欄（如圖 2-20）。

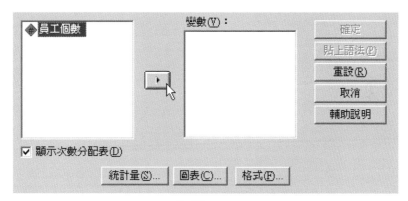

圖 2-20

步驟三：取消「顯示次數分配表」，選取「統計量」（如圖 2-21）。

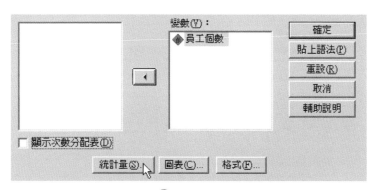

圖 2-21

● 步驟四：點選要計算的項目「百分位數」，輸入 62，按「新增」後再按「繼續」（如圖 2-22）。

輸入 62 ⟶

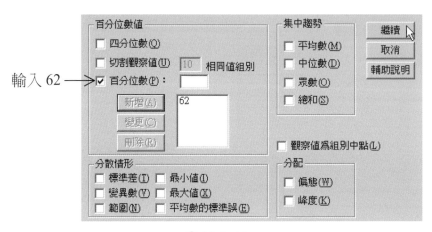

● 圖 2-22

● 步驟五：按一下「確定」（如圖 2-23）。

● 圖 2-23

由以上步驟，可在輸出視窗中得到其第 62 個百分位數為 22.54（如圖 2-24）。

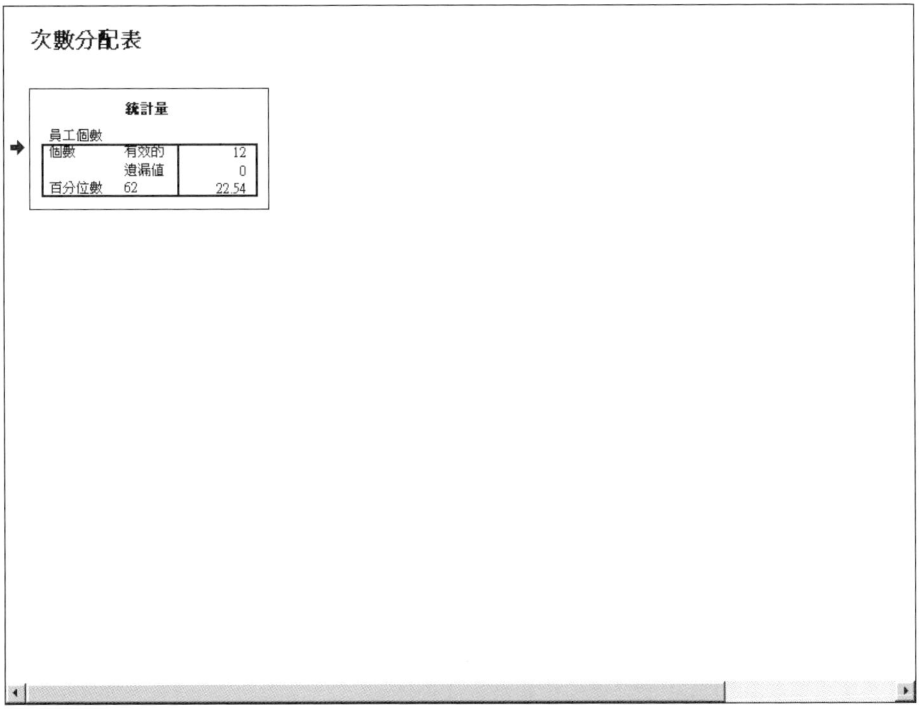

次數分配表

統計量			
員工個數			
個數	有效的		12
	遺漏值		0
百分位數	62		22.54

圖 2-24

(2) 分組資料的百分位數：

　　　　方法與求四分位數相同，即

$$P_i = L_i + \left(i \times \frac{n}{100} - F_i \right) \times \frac{h_i}{f_i} \qquad i = 1, 2, \cdots\cdots, 99$$

　　其中 P_i：第 i 個百分位數。

　　　　L_i：所在組之組真正下限。

　　　　f_i：P_i 所在組之次數。

　　　　h_i：P_i 所在組之組距。

　　　　F_i：P_i 前一組之累積次數。

例10　試以四分位數的例題（即表 2-4 所示）求 P_{30}。

解

組　界	次　數	以下累積次數
55～59	3	3
60～64	4	7
65～69	9	16
70～74	14	30
75～79	17	47
80～84	7	54
85～89	4	58
90～94	2	60

$30 \times \dfrac{60}{100} = 18$，故 P_{30} 位在 70～74 該組中，

$$P_{30} = 69.5 + \left(30 \times \frac{60}{100} - 16 \right) \times \frac{5}{14} = 70.21$$

* 　上述的 $P_{10}, P_{20}, \cdots\cdots, P_{100}$ 各位數即是**十分位數**。
　計算公式與百分位數相同。

2-4

 眾　數

一、眾數的意義

　　眾數(Mode)是指一組統計資料中次數出現最多的那一個數值，一般以 Mo 來表示。

二、眾數的算法

1. 未分組資料的眾數：

把資料歸類，找出出現次數最多的數值，即為眾數。

 例 11　某家公司七年來，每年的員工個數為 16,19,21,16,16,21, 26，試求該公司員工的眾數。

解　在這組資料中，16 出現 3 次最多，所以眾數為 16。

SPSS 計算眾數之步驟如下：

◉ **步驟一**：從主選單中選取「分析」－「描述性統計」－「次數分配 表」（如圖 2-25）。

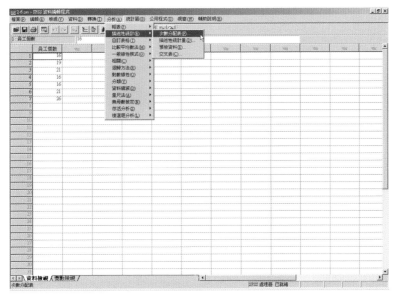

◉ 圖 2-25

◉ **步驟二：** 將欲求眾數的變數（員工個數）移入變數欄（如圖 2-26）。

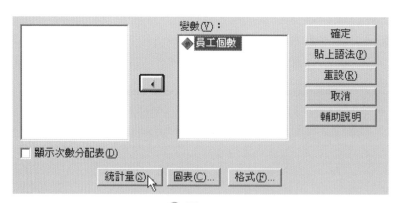

◉ 圖 2-26

◉ **步驟三：** 取消「顯示次數分配表」，選取「統計量」（如圖 2-27）。

◉ 圖 2-27

步驟四：點選要計算的項目「眾數」後，按一下「繼續」（如圖 2-28）。

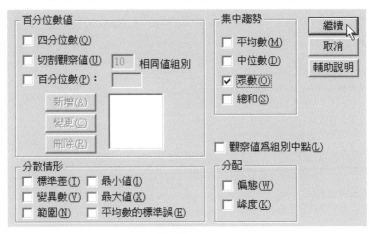

圖 2-28

步驟五：按一下「確定」（如圖 2-29）。

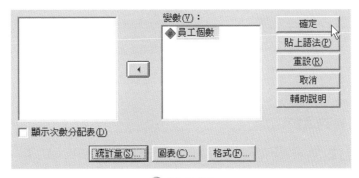

圖 2-29

由以上步驟，可在輸出視窗中得到其眾數為 16（如圖 2-30）。

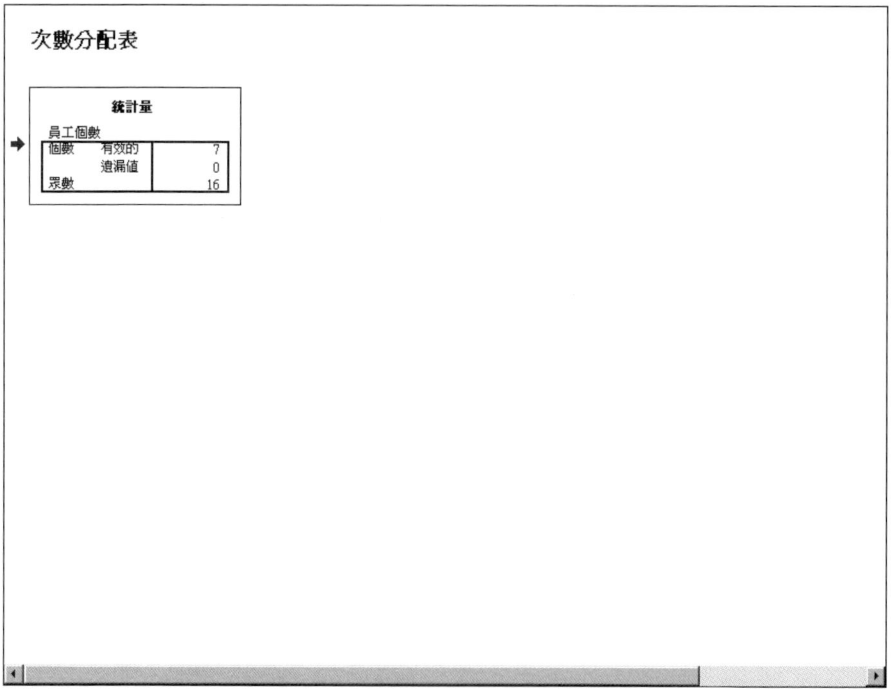

次數分配表

統計量		
員工個數		
個數	有效的	7
	遺漏值	0
眾數		16

圖 2-30

2. 分組資料的眾數：

(1) 皮爾生(K. Pearson)的經驗法：

$$Mo = M - 3(M - Me)$$

其中 Mo：眾數

M：算術平均數

Me：中位數

(2) 金氏(W. I. King)的插補法：

$$Mo = L + \frac{f_2}{f_1 + f_2} \times i$$

其中 L ：眾數組的下限。

f_1 ：組值小於眾數組之相鄰組的次數

f_2 ：組值大於眾數組之相鄰組的次數

i ：為眾數組的組距

(3) 克魯伯氏(E. Czuber)的比例法：

$$Mo = L + \frac{f_1 - f}{f_1 + f_2 - 2f} \times i$$

其中 f：為眾數組的次數

其餘符號同以上公式

例12　表 2-5 為 50 家服裝業 5 月份的平均營業額分配，試分別採用上述三種計算方法求算眾數。

◉ 表 2-5

營業額（萬元）	家　　　數
29.5～39.5	3
39.5～49.5	7
49.5～59.5	8
59.5～69.5	13←眾數組
69.5～79.5	9
79.5～89.5	6
89.5～99.5	4

解 利用 $M = AM + \left(\dfrac{\sum fd}{N} \right) i$，可求出 $M = 64.90$ 萬元，

$Me = L_i + \left(\dfrac{N}{2} - F' \right) \dfrac{h_i}{f_i}$，可求出 $Me = 64.88$ 萬元

(1) 皮爾生經驗法

   $Mo = 64.90 - 3(64.90 - 64.88) = 64.84$（萬元）

(2) 金氏插補法

   $Mo = 59.5 + (\dfrac{9}{8+9}) \times 10 = 64.79$（萬元）

(3) 克魯伯氏比例法

   $Mo = 59.5 + (\dfrac{8-13}{8+9-2\times13}) \times 10 = 65.06$（萬元）

三、眾數的特性及限制

　　眾數是數列中出現次數最多的數值，故計算簡便，且不受極端量數的影響。但是眾數易受抽樣變動影響及組距或組限變動影響，甚不穩定，並且當資料次數不多時，眾數就缺乏代表性。

　　眾數是類別變數最典型的統計方式，例如台中市女性人口多於男性，則女性即為台中市人口性別的眾數。

2-5
 幾何平均數

一、幾何平均數的定義

　　幾何平均數(Geometric Mean)為 n 個數值之乘積的 n 次方根。

二、幾何平均數的算法

1. 未分組資料的幾何平均數：

幾何平均數以 G 來表示，未分組樣本資料 $X_1, X_2, \cdots, X_n$ 之幾何平均數公式如下：

$$G = \sqrt[n]{X_1 \times X_2 \times \cdots \times X_n}$$

例13 試求 $1, 3, 9, 27, 81$ 五數之幾何平均數。

解 $G = \sqrt[5]{1 \times 3 \times 9 \times 27 \times 81} = 9$

SPSS 計算幾何平均數之步驟如下：

● **步驟一**：從主選單中選取「分析」－「報表」－「觀察值摘要」（如圖 2-31）。

圖 2-31

● 步驟二：將欲求幾何平均數的變數(Var00001)移入變數欄（如圖
2-32）。

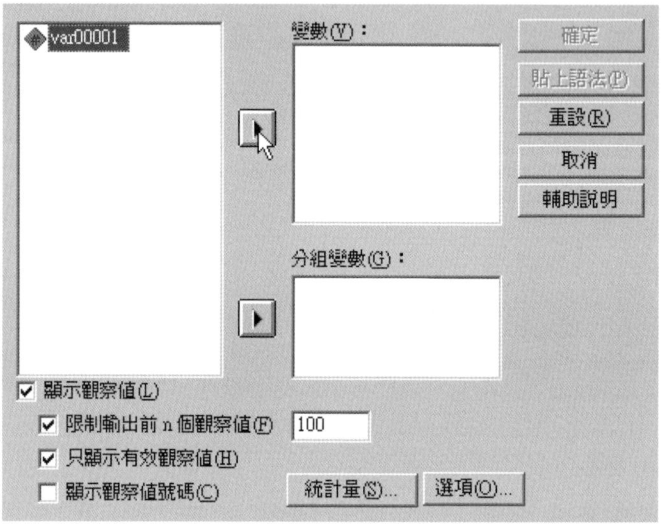

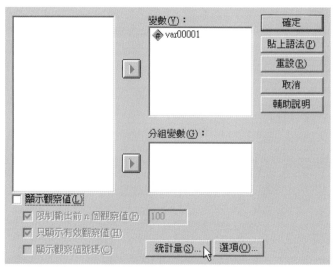

● 圖 2-32

● 步驟三：取消「顯示觀察值」，選取「統計量」（如圖 2-33）。

● 圖 2-33

◉ **步驟四**：在「摘要報表：統計分析」中，將欲計算的項目「幾何平
均數」移入格統計後按「繼續」（如圖 2-34）。

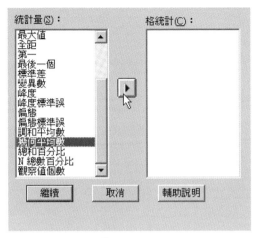

◉ 圖 2-34

◉ **步驟五**：按一下「確定」（如圖 2-35）。

◉ 圖 2-35

由以上步驟，可在輸出視窗中得到其幾何平均數為 9（如圖 2-36）。

摘要

觀察值處理摘要[a]

	觀察值					
	包括		排除		總和	
	個數	百分比	個數	百分比	個數	百分比
VAR00001	5	100.0%	0	.0%	5	100.0%

a. 限於前 100 個觀察值。

觀察值摘要[a]

	VAR00001
1	1
2	3
3	9
4	27
5	81
總和 個數	5
幾何平均數	9.00

a. 限於前 100 個觀察值。

◉ 圖 2-36

2. 已分組資料的幾何平均數：

在已分組資料中，若 X_1，X_2，……，X_k 為各組的組中點，且其對應次數為 f_1，f_2，……，f_k，$\sum f_i = n$，則已分組資料之幾何平均數公式如下：

$$G = \sqrt[n]{X_1^{f_1} \times X_2^{f_2} \times \cdots \times X_k^{f_k}}$$

3. 加權幾何平均數：

已知 k 個數值 X_1，X_2，……，X_k，及其對應的權數 W_1，W_2，……，W_k，且 $\sum W_i = n$，則加權幾何平均數公式如下：

$$G_W = \sqrt[n]{X_1^{W_1} \times X_2^{W_2} \times \cdots \times X_k^{W_k}}$$

三、幾何平均數的特性及限制

　　一數列的幾何平均數小於算術平均數，即 $G \leq M$ ，而當各數值均相同時，幾何平均數才會等於算術平均數。

　　未分組資料的各數值中，若有一數值為零，或已分組資料的某一組之組中點為零，則依公式所求的結果就為 0；然而 0 非各數值的代表值，故若有一數值為 0，則不宜採用幾何平均數。

2-6

 ## 調和平均數

一、調和平均數的定義

　　調和平均數(Harmonic Mean)亦稱為倒數平均數，乃各個數值倒數的平均數的倒數，以 H 表示之。

二、調和平均數的求法

1. 未分組資料的調和平均數：

　　一樣本數列的 n 個數值 X_1，X_2，……，X_n 之調和平均數公式如下：

$$H = \frac{1}{\frac{1}{n}\left(\frac{1}{X_1} + \frac{1}{X_2} + \cdots\cdots + \frac{1}{X_n}\right)} = \frac{n}{\sum_{i=1}^{n}\left(\frac{1}{X_i}\right)}$$

例14 試求樣本數列 2, 4, 5, 10 四數值之調和平均數。

解 $H = \dfrac{4}{\dfrac{1}{2} + \dfrac{1}{4} + \dfrac{1}{5} + \dfrac{1}{10}} = 3.81$

　　SPSS 計算調和平均數之步驟如下：

📄 **步驟一**：從主選單中選取「分析」－「報表」－「觀察值摘要」（如圖 2-37）。

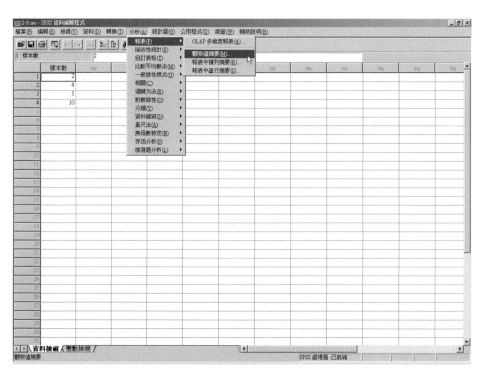

圖 2-37

🔘 **步驟二**：將欲求調和平均數的變數（樣本數）移入變數欄（如圖 2-38）。

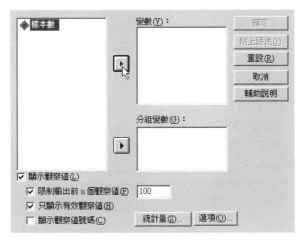

🔵 圖 2-38

🔘 **步驟三**：取消「顯示觀察值」，選取「統計量」（如圖 2-39）。

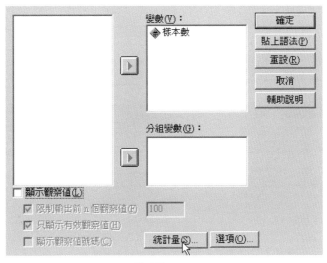

🔵 圖 2-39

● **步驟四**：在「摘要報表：統計分析」中，將欲計算的項目「調和平
　　　　　均數」移入格統計後按「繼續」（如圖 2-40）。

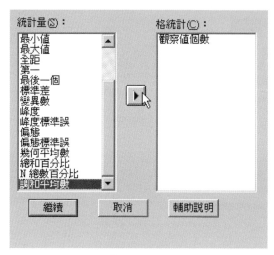

● 圖 2-40

● **步驟五**：按一下「確定」（如圖 2-41）。

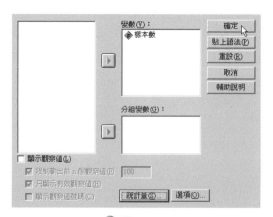

● 圖 2-41

由以上步驟，可在輸出視窗中得到其調和平均數為 3.81（如圖 2-42）。

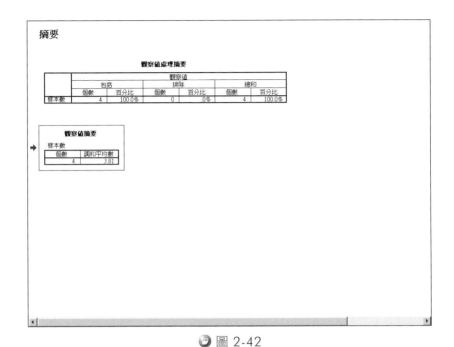

摘要

觀察值處理摘要

	觀察值					
	包括		排除		總和	
	個數	百分比	個數	百分比	個數	百分比
樣本數	4	100.0%	0	0%	4	100.0%

觀察值摘要

樣本數

個數	調和平均數
4	3.81

圖 2-42

2. 分組資料的調和平均數：

若分組資料各組的組中點為 X_1，X_2，……，X_n，且其對應次數為 f_1，f_2，……，f_n，$\sum f_i = n$，則分組後調和平均數公式為：

$$H = \frac{n}{\dfrac{f_1}{X_1} + \dfrac{f_2}{X_2} + \cdots\cdots + \dfrac{f_n}{X_n}} = \frac{n}{\displaystyle\sum_{i=1}^{n} \left(\frac{f_i}{X_i}\right)}$$

例15 試求表 2-6 所示分組資料的調和平均數。

表 2-6

組　　界	組中點	次　　數
10～20	15	2
20～30	25	8
30～40	35	15
40～50	45	12
50～60	55	8
60～70	65	5

解 $H = \dfrac{50}{\dfrac{2}{15}+\dfrac{8}{25}+\dfrac{15}{35}+\dfrac{12}{45}+\dfrac{8}{55}+\dfrac{5}{65}} = 36.5$

3. 加權調和平均數：

已知一數列 X_1，X_2，……，X_n，及其對應權數 W_1，W_2，……，W_n，且 $\sum W_i = n$，則加權調和平均數公式為：

$$H_w = \frac{n}{\displaystyle\sum_{i=1}^{n}(\frac{W_i}{X_i})}$$

三、調和平均數的特性

一數列的調和平均數小於幾何平均數，即 $H \leq G$，當各數值均相同時，調和平均數始等於幾何平均數。

2-7

各種集中量數之關係與比較

　　本章中已分別介紹了五個常用平均數：算術平均數 $M(\overline{X})$、中位數 M_d、眾數 Mo、幾何平均數 G、調和平均數 H，最後彙總作一重要關係或性質的比較，列述如下：

1. 一單峰對稱分配之 $\overline{X} = M_d = Mo$。

2. 單峰微偏分配之 $\overline{X} - Mo = 3(\overline{X} - M_d)$。又右偏分配之 $\overline{X} > M_d > Mo$，左偏分配之 $\overline{X} < M_d < Mo$。

3. 任何兩正數 a、b 之 $G = \sqrt{XH}$。

4. n 個不盡相同數值之 $\overline{X} > G > H$

5. 當數列成等差級數（算術級數）時，適合求算 $\overline{X}$；成等比級數（幾何級數）時，適合求算 G；成調和級數時，適合求算 H。

6. 算術平均數、幾何平均數、調和平均數之求算都符合數學運算定理，故可由各部分之平均數求算總量的平均數。

習題二

1. 一家公司某日 10 通電話的通話時間（以分計）如下：

    4, 11, 2, 1, 15, 2, 13, 16, 6, 7

    試求其平均數，中位數，眾數及第三四分位數。

2. 一家已成立五年之公司，其員工在職月數如表 2-7 所示：

    ● 表 2-7

在職月數	人　數
49～60	7
37～48	10
25～36	15
13～24	5
1～12	3

    試求平均數，中位數，Q_1 及 P_{70}。

3. 本校球隊中，甲、乙兩位是打小前鋒的選手，以下為兩位選手在打完十場比賽，每場比賽的個人得分：

	一	二	三	四	五	六	七	八	九	十
選手甲：	21	21	7	19	20	22	19	18	23	6
選手乙：	17	19	19	18	20	17	18	15	20	22

    (1) 下一場比賽應先讓那一位選手上場比賽？

    (2) 如果選手甲在第三與第十場是因為感冒之故，才使得得分降低，那麼下一場比賽應讓誰先上場？

4. 某家公司 10 位員工薪水的平均數為 35,400 元，中位數為 34,200
   元，眾數為 33,000 元。若這個月每人加薪 3,000 元，試問平均數，
   中位數及眾數各變為多少？若只有薪水最高的總經理加薪 5,000
   元，則變化又如何？

Memo

變異量數
（離勢量數）

　　一般調查或實驗所得到的數據，大多具有隨機變量的性質，若僅以上一章的集中趨勢量數來描述這些隨機變量是無法窺視一組數據的全貌，因為數據除了典型代表值（例如平均數）情況外，尚具有變異性的特點。例如資管甲班的統計平均 60 分，資管乙班的統計也是平均 60 分。然而我們不可認為此二班的統計成績完全一樣，因為甲班同學成績從 0 分到 100 分均有，而乙班同學成績最低是 50 分，最高是 75 分，這樣的情況表示甲班統計成績的變異較大。因此我們就須藉助變異量數來比較該兩班成績變異的情形。

　　對於數據變異性即離中趨勢進行度量的一組統計量，稱作**差異量數**或**變異量數**(Measure of variablility)，或離勢量數、分散量數(Measures of Dispersicn)及變異係數。

　　測定變異量數的方法有兩類：

1. 絕對變異量數的測定法：以原資料之單位為離差之單位。

(1) 全距：以 R 表示 ⎫
　　　　　　　　　　　⎬ 以兩數距離為計算根據
(2) 四分位差：以 $Q.D$ 表示 ⎭

(3) 平均差：以 $M.D$ 表示 ⎫
　　　　　　　　　　　　⎬ 以中心數（$\overline{X}$ 或 Me）為計算根據
(4) 標準差：以 S 表示 ⎭

(5) 變異數：以 S^2 表示

(6) 均互差：以 g 表示

2. 相對變異量數的測定法：通常以百分數表示。

(1) 全距相對差異量數。

(2) 四分位差相對差異量數。

(3) 平均差相對差異量數。

(4) 標準差相對差異量數，亦稱變異係數。

(5) 均互差相對差異量數。

3-1 全 距

一、全距的意義

全距（Range，縮寫為 R）是一組資料中最大值減最小值的差。

二、全距的特性及限制

全距表示一組數值的變動範圍，它是數據變異情況中最簡單、粗略的一種統計量數，因此易受極端值影響。為了改進此缺失，可以先刪除少數最大與最小的極端值，並以刪除後的資料重新計算全距，此種全距稱為裁剪全距。若將最大及最小的 25% 資料刪除後計算裁剪全距就等於是第三四分位數與第一四分位數的差，此種裁剪全距稱為內四分位距。

3-2 四分位差

一、四分位差的意義

之前我們已經學過四分位數，即將一組數值由小而大排列，然後分為四等分，若 N 為總數值個數，則四分位數如圖 3-1 所示：

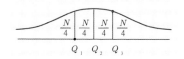

圖 3-1

四分位差的定義即為中間 50% 之數值中最高分（即 Q_3）（第三個四分位數）與最低分（即 Q_1）之差的一半，一般以 Q_D(Semi-interguartile Range)(Quartile deviation)表示，即

$$Q_D = \frac{Q_3 - Q_1}{2}$$

 例1 試求排序後的 10 個數值的四分位差。

$\{6, 6, 9, 12, 14, 16, 16, 18, 20, 25\}$

解 由前一章知 $Q_1 = 8.25$，$Q_3 = 18.5$

故 $Q_D = \dfrac{18.5 - 8.25}{2} = 5.125$

二、四分位差的特性及限制

四分位差不受極端數值所影響，但因只考慮中間的 50%，故仍是屬於一種粗略的變異量數。

3-3
平均差

一、平均差的意義

一數列中各量數與其中位數(Me)或算術平均數（M 或 $\bar{X}$）之差數絕對值總和的平均數，稱為平均差(Average Deviation)，簡稱 AD，或(Mean Deviation)簡稱 MD 此亦能反應每個數值的變異情形。

二、平均差的求法

1. 未分組資料的平均差：

$$AD = \frac{\sum |X - Me|}{N} \text{（以中位數為中心：稱離中差）}$$

或

$$AD = \frac{\sum |X - \bar{X}|}{N} \text{（以算術平均數為中心，稱離均差）}$$

 例2 試分別以中位數及平均數求下列資料的平均差。

$$65, 68, 70, 72, 73, 74, 75$$

解

表 3-1

X	$|X - Me|$ ，$Me = 72$	$|X - \bar{X}|$ ，$M = 71$
65	7	6
68	4	3
70	2	1
72	0	1
73	1	2
74	2	3
75	3	4
N = 7	$\sum |X - Me| = 19$	$\sum |X - \bar{X}| = 20$

由表 3-1 可知

$$AD = \frac{19}{7} = 2.71 \text{，或 } AD = \frac{20}{7} = 2.86$$

2. 分組資料的平均差（以中位數為代表）：

$$AD = \frac{1}{N} \sum_{i=1}^{K} f_i |X_i - Me|$$

其中 X_i：第 i 組之組中點

f_i ：第 i 組之次數

 例3　試求表 3-2 中 120 位同學一週零用金之平均差。

◎ 表 3-2

零用金分組(元)	次數 f_i	組中點 X_i	$|X_i - Me|$	$f_i|X_i - Me|$
0～200	6	100	447.6	2685.6
200～400	23	300	247.6	5694.8
400～600	42	500	47.6	1999.2
600～800	31	700	152.4	4724.4
800～1000	14	900	352.4	4933.6
1000～1200	4	1100	552.4	2209.6
Me=547.6				22247.2

解　$AD = \dfrac{1}{N} \sum_{i=1}^{K} f_i |X_i - Me|$

$\quad = \dfrac{1}{120}(22247.2)$

$\quad = 185.39$元

3-4

誤差平方和

一、誤差平方和的意義

　　數列中各個數值與其平均數($\bar{X}$)之差（即離差）的平方和，稱為誤差平方和(Deviation Square)或離差平方和，簡稱 DS。

二、誤差平方和的求法

$$DS = \sum \left(X - \bar{X} \right)^2$$

例 4　試求 $88, 74, 28, 98, 32$ 中五個資料的誤差平方和。

解

🔴 表 3-3

X	$X - \bar{X}$	$\left(X - \bar{X} \right)^2$
88	24	576
74	10	100
28	−36	1296
98	34	1156
32	−32	1024
$\bar{X} = 64$		$\sum \left| X - \bar{X} \right| = 4152$

　　由表 3-3 可知，

　　DS $= 4152$

3-5

標準差

一、標準差的意義

標準差(Standard Deviation)為資料中各個數值與其算術平均數之差數平方和的平均數之平方根。習慣上母群體標準差用 σ 表示，樣本標準差用 S（或 SD）表示。

二、標準差的求法

1. 未分組資料的母體標準差：

$$\sigma = \sqrt{\frac{\sum (X - \mu)^2}{N}}$$

其中 μ 為母體平均數，N 為母體總個數。

或因

$$\begin{aligned}
\sum (X - \mu)^2 &= \sum X^2 - 2\mu \sum X + \sum \mu^2 \\
&= \sum X^2 - 2 \frac{\sum X}{N} \times \sum X + N\mu^2 \\
&= \sum X^2 - 2 \frac{(\sum X)^2}{N} + N \left(\frac{\sum X}{N} \right)^2 \\
&= \sum X^2 - \frac{(\sum X)^2}{N}
\end{aligned}$$

因此

$$\sigma = \sqrt{\frac{\sum X^2 - \frac{\left(\sum X\right)^2}{N}}{N}} = \frac{\sqrt{N \sum X^2 - \left(\sum X\right)^2}}{N}$$

2. 未分組資料的樣本標準差：

$$S = \sqrt{\frac{\sum \left(X - \bar{X}\right)^2}{n-1}}$$

其中 $\bar{X}$ 為樣本平均數，n 為樣本個數。

$$或 \quad S = \sqrt{\frac{\sum X^2 - \frac{\left(\sum X\right)^2}{n}}{n-1}} = \sqrt{\frac{\sum X^2 - n\bar{X}^2}{n-1}}$$

3. 分組資料的標準差：

$$S = \sqrt{\frac{\sum fd^2}{N} - \left(\frac{\sum fd^2}{N}\right)} \times h$$

其中 N：總次數　　　　f：各組次數　　　h：組距

A：假定平均數，一般取次數最多那一組的組中點

X：各組之組中點　　　$d = \dfrac{X - A}{h}$

例 5 試求 $20, 30, 40, 50$ 表 3-4 中四數的標準差。

解

● 表 3-4

X	$X - \bar{X}$ $(\bar{X} = 35)$	$\left(X - \bar{X}\right)^2$	X^2
20	-15	225	400
30	-5	25	900
40	5	25	1600
50	15	225	2500
$\sum X = 140$		$\sum (X - \mu)^2 = 500$	$\sum X^2 = 5400$

由表 3-4 可知,

若為母體標準差,則 $\sigma = \sqrt{\dfrac{\sum(X - \mu)^2}{N}} = \sqrt{\dfrac{500}{4}} = 5\sqrt{5} = 11.18$

或 $\sigma = \dfrac{\sqrt{N\sum X^2 - (\sum X)^2}}{N} = \dfrac{\sqrt{4 \times 5400 - 140^2}}{4}$

$= 5\sqrt{5} = 11.18$

若為樣本標準差,則

$S = \sqrt{\dfrac{\sum(X - \bar{X})^2}{n-1}} = \sqrt{\dfrac{500}{3}}$

$= 12.91$

SPSS 計算樣本標準差採用不偏估計式（即自由度為 n-1），其步驟
如下：

● **步驟一：**從主選單中選取「分析」－「描述性統計」－「次數分配表」（如圖 3-2）。

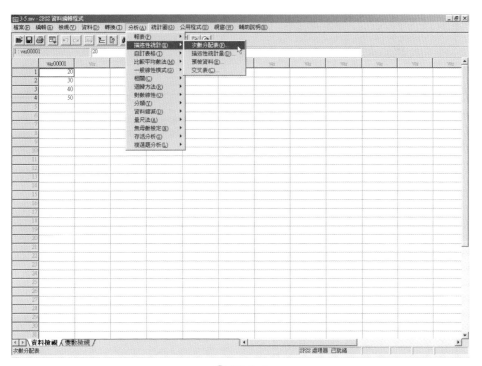

● 圖 3-2

● **步驟二：**將欲求標準差的變數(Var00001)移入變數欄（如圖 3-3）。

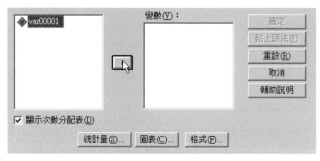

◉ 圖 3-3

◉ **步驟三**：取消「顯示次數分配表」，選取「統計量」（如圖 3-4）。

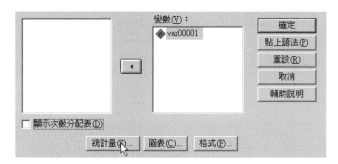

◉ 圖 3-4

◉ **步驟四**：點選要計算的項目「分散情形」之「標準差」後，按一下「繼續」（如圖 3-5）。

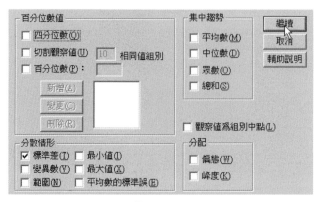

◉ 圖 3-5

步驟五：按一下「確定」（如圖 3-6）。

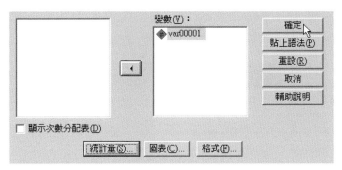

圖 3-6

由以上步驟，可在輸出視窗中得到其標準差為 12.91（如圖 3-7）。

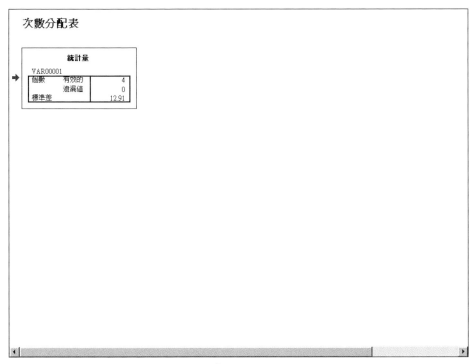

圖 3-7

例6 某位教師上學期給他授課學生的分數如表 3-5 所示,試求
其分數標準差。

● 表 3-5

成　績	人　數
50〜54	5
55〜59	7
60〜64	12
65〜69	16
70〜74	24
75〜79	60
80〜84	40
85〜89	20
90〜94	12
95〜	4

解

成　績	f	X	d $(A=77)$	fd	fd^2
50〜54	5	52	−5	−25	125
55〜59	7	57	−4	−28	112
60〜64	12	62	−3	−36	108
65〜69	16	67a	−2	−32	64
70〜74	24	72	−1	−24	24
75〜79	60	77	0	0	0
80〜84	40	82	1	40	40
85〜89	20	87	2	40	80
90〜94	12	92	3	36	108
95〜	4	97	4	16	64
總　計	200			−13	725

因此 $S = \sqrt{\dfrac{\sum fd^2}{N} - \left(\dfrac{\sum fd}{N}\right)^2} \times h$

$\quad = \sqrt{\dfrac{725}{200} - \left(\dfrac{-13}{200}\right)^2} \times 5$

$\quad = 1.903 \times 5$

$\quad = 9.515$

三、標準差的特性及應用

1. 以算術平均數為根據所求得之標準差，較以任何其他數為根據所求得者為小。即

$$S = \sqrt{\frac{1}{N}\sum\left(X - \bar{X}\right)^2} < \sqrt{\frac{1}{N}\sum\left(X - A\right)^2} \quad , \quad A \neq \bar{X}$$

2. 標準差恆大於零，即 $S > 0$，當 $S = 0$ 時，乃表示每一數值均相等。

3. 在一組數據中，若每一個數值均同時加一常數 C，則標準差不變；若每一個數值均同時乘一常數 C，則標準差變為原來的 C 倍。

4. 已知 k 組的項數為 N_k，平均數為 $\bar{X}_k$，標準差為 S_k，而 k 組全體總個數的平均數為 $\bar{X}$，則全體的標準差的平方為

$$S^2 = \frac{N_1 S_1^2 + N_2 S_2^2 + \cdots N_k S_k^2 + N_1\left(\bar{X}_1 - \bar{X}\right)^2 + \cdots + N_k(\bar{X}_k - \bar{X})}{N_1 + N_2 + \cdots + N_k}$$

5. 對於任何一組數據，根據切比雪夫定理(Chebyshev's Theorem)，至少有 $1-\dfrac{1}{h^2}$ 的數據落在平均數的 h 個標準差之內，其中 h 為大於 1 的實數，例如一組數據的平均數為 60，標準差為 5，則落在 $(60-2\times5)$ 與 $(60+2\times5)$ 之間，即 50 與 70 之間的數據，至少占有 75%（ 即 $1-\dfrac{1}{2^2}$ ）。

6. 在常態分配中，以 $\bar{X}$ 為中心，有下列關係存在：

(1) $\bar{X}\pm S$ 範圍內，可包括資料總次數的 68.26%；

(2) $\bar{X}\pm2S$ 範圍內，可包括資料總次數的 95.44%；

(3) $\bar{X}\pm3S$ 範圍內，可包括資料總次數的 99.74%；

由此可知當數據呈常態分配時，數據將以更大的百分數落在平均數兩個或三個標準差內。

例 7 某班學生 60 人分為甲、乙兩組，甲組 20 人之平均成績為 76 分，標準差為 8 分，乙組 40 人之平均成績為 70 分，標準差為 10 分，試求全班 60 人的成績標準差。

解

$$\bar{X}=\frac{N_1\bar{X}_1+N_2\bar{X}_2}{N_1+N_2}=\frac{20\times76+40\times70}{20+40}=72（分）$$

$$S^2=\frac{20\times8^2+40\times10^2+20(76-72)^2+40(70-72)^2}{20+40}$$

$$=\frac{5760}{60}=96$$

$$S=\sqrt{96}=9.80（分）$$

3-6 變異數

一、變異數的意義

變異數(variance)為標準差的平方。

二、變異數的求法

令母體的平均數為 μ，變異數為 σ^2，若母體總個數為 N，則

$$\sigma^2 = \frac{\sum (X - \mu)^2}{N}$$

或　$\sigma^2 = \frac{N\sum X^2 - (\sum X)^2}{N^2} = \frac{\sum X^2}{N} - \mu^2$

若面對的是樣本資料，樣本個數為 n，則

$$S^2 = \frac{\sum (X - \bar{X})^2}{n-1}$$

或　$S^2 = \frac{(n-1)\sum X^2 - \dfrac{(\sum X)^2}{n}}{(n-1)^2} = \frac{\sum X^2}{n-1} - \frac{n\bar{X}^2}{n-1}$

例8 計算以下樣本之樣本變異數：3、5、6、4、6、7、5。

解 算式： $\bar{X} = \dfrac{1}{n}\sum_{i=1}^{n} X_i = \dfrac{1}{7}(3+5+6+4+6+7+5) = 5.14$

$S^2 = \dfrac{1}{n}\sum_{i=1}^{n}(X_i - \bar{X})^2 = \dfrac{1}{7-1}\Big[(3-5.24)^2 + (5-5.14)^2 + \cdots$

$+ (7-5.14)^2 + (5-5.14)^2\Big] = 1.81$

SPSS 計算變異數之步驟如下：

● **步驟一**：從主選單中選取「分析」—「描述性統計」—「次數分配表」（如圖 3-8）。

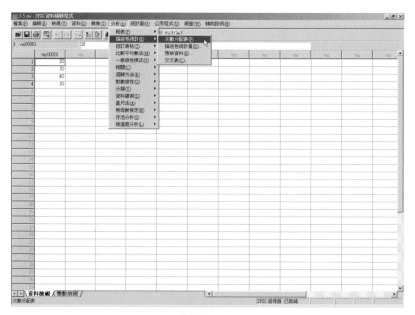

● 圖 3-8

● **步驟二**：將欲求變異數的變數（變異數）移入變數欄（如圖 3-9）。

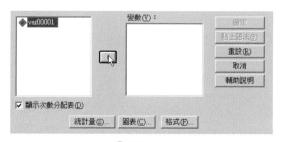

● 圖 3-9

🍩 **步驟三**：取消「顯示次數分配表」，選取「統計量」（如圖 3-10）。

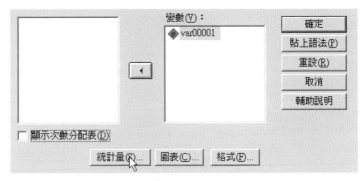

🍩 圖 3-10

🍩 **步驟四**：點選要計算的項目「分散情形」之「變異數」後，按一下「繼續」（如圖 3-11）。

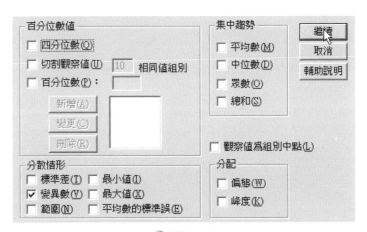

🍩 圖 3-11

◉ **步驟五：**按一下「確定」（如圖 3-12）。

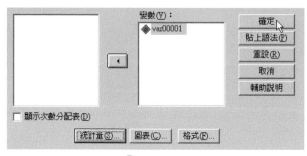

◉ 圖 3-12

由以上步驟，可在輸出視窗中得到其變異數為 1.81（如圖 3-13）。

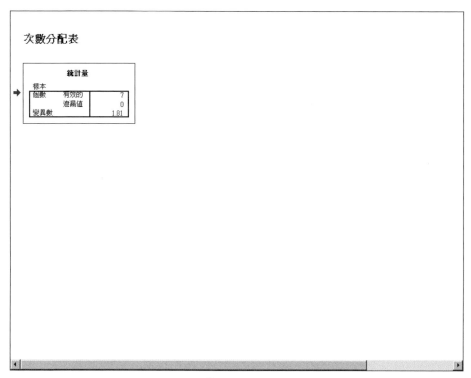

◉ 圖 3-13

三、標準差與變異數的優點及限制

　　標準差與變異數是表示一組數據離散程度的最佳指標。其值越小表示數據越集中，其值越大，表示數據分散程度越大。因此在本章開始，所述有關資管甲、乙兩班的統計成績之例子中，因為甲班同學成績分散程度較大，故其標準差（或變異數）較大。

　　標準差與變異數是統計中最常用的差異量數，原因是它反應靈敏，計算公式牽涉到每個數據，因此每個數據的變化，都會影響該二數值。

3-7
均互差

一、均互差的意義

　　一群數值中每兩個數值相差的絕對值之算術平均數稱為均互差，以符號 g 表示。

二、均互差的計算

1. 分組資料求均互差：

(1) 普通法：假設有 N 個數值 $X_1, X_2, \cdots\cdots, X_N$ 由小而大排列，則每兩個數值的相互差數的組合為 $_NC_2 = \dfrac{N(N-1)}{2}$ 種，則 N 個數值的均互差有 $\dfrac{N(N-1)}{2}$ 個，其互差的算術平均數即為所求的均互差 g。其公式：

$$g = \frac{\Sigma(X_K - X_i)}{\dfrac{N(N-1)}{2}} = \frac{2\Sigma(X_K - X_i)}{N(N-1)}$$

 **例 9**　　求 4, 6, 8, 12 的均互差？

解　此四數的相互差數

$$_4C_2 = \frac{4(4-1)}{2} = \frac{4 \times 3}{2} = 6 \text{（個）}$$

即　(6–4), (8–4), (12–4), (8–6), (12–6), (12–8)

$$g = \frac{(6-4)+(8-4)+(12-4)+(8-6)++(12-6)+(12-8)}{6}$$

$$= \frac{2+4+8+2+6+4}{6} = \frac{26}{6} = 4.33$$

(2) **簡捷法**：使用簡捷法求均互差應先將數值作由小而大的排列，而後代入下列公式，即可求得均互差 g。

$$g = \frac{(N+1)\Sigma X_i - 2S_a}{\dfrac{N(N-1)}{2}}$$

上列公式中：　　g　：表示均互差

　　　　　　　　N　：表示數值的個數

　　　　　　　　S_a　：表示 N 個數值由小而大累積數的總和

　　　　　　　　ΣX_i：表示 N 個數值的總和

例10　就下列數值用簡捷法求均互差？

82, 85, 94, 98, 104, 113

解

X_i	由小而大累積
82	82
85	167
94	261
98	359
104	463
113	576

如上表(1)先由小而大的順序排列，再求由小而大累數之總和 S_a。
(2)代入公式求 g。

則
$$g = \frac{(N+1)\Sigma X - 2S_a}{\dfrac{N(N-1)}{2}}$$

$$= \frac{(6+1)(576) - 2(1908)}{\dfrac{6(6-1)}{2}} = \frac{4032 - 3816}{15}$$

$$= 14.4$$

2. 分組資料求均互差：分組資料求均互差的簡捷法公式為

$$g = \frac{\displaystyle\sum_{i=1}^{K} F_i (N - F_i)}{\dfrac{N(N-1)}{2}} \times h$$

上列公式中：F_i：表示第 i 組的以下累積數

$\qquad$ N：表示總次數

$\qquad$ h：表示組距

例11 求下表資料的均互差？

成績（分）	人數(f)	F_i	$N-F_i$	$F_i(N-F_i)$
55～60	3	3	97	291
60～65	7	10	90	900
65～70	13	23	77	1771
70～75	19	42	58	2436
75～80	28	70	30	2100
80～85	15	85	15	1275
85～90	9	94	6	564
90～95	6	100	0	0
合　　計	100			9337

解 (1) 先求 F_i 以下累積數。

(2) 求 $N-F_i$。

(3) 求 $f_1'(N-F_i)$ 並求其總和為 9337。

(4) 代入公式：

$$g = \frac{\displaystyle\sum_{i=1}^{K} F_i(N-F_i)}{\dfrac{N(N-1)}{2}} \times h$$

$$= \frac{9337}{\dfrac{100(100-1)}{2}} \times 5 = \frac{9337}{4950} \times 5 = 9.43 \ （\text{分}）$$

三、均互差的性質

1. 均互差的計算以互差為標準，若數列中任一數值變動，即會影響均互差的結果，故感應極為靈敏。

2. 計算繁雜，受抽樣變動影響大。

3. 應用機會很少。

3-8 相對變異量數

一、相對變異量數的意義

　　前面所討論各種變異量數，如：全距、四分位差、平均差、標準差和均互差所計算的值，均和其原資料單位相同，稱為**絕對差異量數**(Measure of absolute variation)。在相同的單位或相同的性質作比較時，可用絕對變異量數。但在兩種資料的單位和性質皆不相同，或是單位雖然相同，但平均數彼此相差甚大時，欲作比較便須應用相對變異量數(Measure of relative variation)。

　　所謂相對變異量數是絕對差異量數與某種平均數或其他適當數值之比，又簡稱相對離差，常將其化成百分數，為無名數，以方便比較。

二、相對變異量數的種類

1. 全距的相對變異量數 $= \dfrac{\text{全距}}{\text{最大值}+\text{最小值}} \times 100\%$

2. 四分位差的相對變異量數 $= \dfrac{\dfrac{Q_3 - Q_1}{2}}{\dfrac{Q_3 + Q_1}{2}} = \dfrac{Q_3 - Q_1}{Q_3 + Q_1} \times 100\%$

3. 平均差的相對變異量數 $= \dfrac{MD}{M_e} \times 100\%$

4. 標準差的相對變異量數 $= \dfrac{S}{\overline{X}} \times 100\% = CV$

   此相對變異量數，皮爾生(K. Person)稱之為變異係數，為相對變異量數中應用最廣的一種。以 CV(Coefficient of Variation)表示。

5. 均互差的相對變異量數 $= \dfrac{g}{\overline{X}} \times 100\%$

三、相對變異量數的功用

相對變異量數為一種百分數無名數，故其功用是適合於：

1. 單位不同的若干種資料作比較。

2. 單位相同，但平均數差異很大的若干種資料相互比較。

例12 甲班學生 45 名，平均體重為 60 公斤，標準差 5 公斤，平均身高 160 公分，標準差為 6 公分，試比較 45 名學生的身高與體重差異大小。

解 本題係屬於性質和單位均不同的資料作比較。

體重的變異係數 $CV_1 = \dfrac{S}{\overline{X}} \times 100\% = \dfrac{5}{60} \times 100\% = 8.33\%$

身高的變異係數 $CV_2 = \dfrac{S}{\overline{X}} \times 100\% = \dfrac{6}{160} \times 100\% = 3.75\%$

$\therefore CV_1 > CV_2$

由以上的變異係數知，身高之差異較小，體重之差異較大，亦即身高較整齊。

例13　福華企業公司 52 名員工平均體重為 60 公斤，標準差為 5 公斤，其等所養育之三歲兒童體重之平均數為 10 公斤，標準差為 2 公斤，試比較兩者分配之差異情形何者較參差？

解　本題係屬單位相同，但平均數差異大的資料作比較。

$$CV_1 = \frac{S}{\bar{X}} \times 100\% = \frac{5}{60} \times 100\% = 8.33\%$$

$$CV_2 = \frac{S}{\bar{X}} \times 100\% = \frac{2}{10} \times 100\% = 20\%$$

$$\therefore CV_1 < CV_2$$

由以上的變異係數知，三歲兒童的變異係數較大，差異性亦較大，較參差不齊。

3-9
各種變異量數之關係與比較

一、各種變異量數之關係

1. 在單峰對稱或微偏分配中，同一資料所求之各種變異量數有下列關係：

$$MD \fallingdotseq 1.2QD \fallingdotseq 0.8S$$
$$QD \fallingdotseq 0.85MD \fallingdotseq 0.67S$$

2. 由同一資料所求得的四分位差、平均差、標準差和均互差有下列關係：

$$QD < MD < S < g$$

3. 在單峰對稱或微偏分配中，其平均數加減 3 個標準差或加減 3.75 個平均差或加減 4.5 個四分位差的範圍，占總數的 99%。

4. 在單峰對稱或微偏分配中，

$$\overline{X} \pm 1S \quad 約占總數的 68.27\%$$
$$\overline{X} \pm 2S \quad 約占總數的 95.45\%$$
$$\overline{X} \pm 3S \quad 約占總數的 99.73\%$$

二、優良的變異量數應具備之條件

一種優良的變異量數應具有之條件，與優良的平均數所具有條件完全相同，即：

1. 感應靈敏。

2. 嚴密確定。

3. 簡明易解。

4. 計算簡單。

5. 適合代數方法之演算。

6. 受所抽樣變動之影響甚微。

習題三

1. 隨機抽查台中某個街道路從 1 號到 30 號的人家中，每戶擁有汽車與機車的總個數如表 3-6 所示，試求該樣本的標準差及變異數。

表 3-6

1 號	3	11 號	5	21 號	2
2 號	4	12 號	4	22 號	3
3 號	2	13 號	4	23 號	2
4 號	3	14 號	2	24 號	5
5 號	5	15 號	2	25 號	2
6 號	2	16 號	3	26 號	4
7 號	3	17 號	5	27 號	1
8 號	2	18 號	2	28 號	4
9 號	1	19 號	3	29 號	3
10 號	3	20 號	1	30 號	3

2. 高速公路上隨機抽查駕駛人的年齡如表 3-7 所示，試其求標準差及變異數。

表 3-7

年　　齡	人　　數
10～19	38
20～29	110
30～39	122
40～49	91
50～59	71
60～69	82

3. 某家銀行 10 位信用卡樣本的帳戶餘額平均數為 157,800 元，標準差為 8,320 元。若本月份這些用戶

(1) 均提款 10,000 元，則平均數與標準差變化如何？

(2) 若每人存款增加至原來的兩倍金額，則平均數與標準差變化如何？

間斷機率分配

　　任何統計上實驗的變數皆是隨機變數，而任何一個隨機變數都有各自的機率，例如我們投擲一公正硬幣兩次，以 x 表示硬幣出現正面次數的隨機變數，由於發生的事件可能有（反，反），（正，反），（反，正），（正，正）四種，因此 x 可能為 0，1，或 2，而它們分別的機率為 $\frac{1}{4}$，$\frac{1}{2}$，及 $\frac{1}{4}$。由於這種數值發生的次數是可以數計算的（如 $x=0$，1 或 2），因此稱為**間斷隨機變數**(Discrete random variable)。

　　然而當我們測量的事件是時間或身高，例如張生跑百米的時間是 12 秒，或全班有 3 個人的身高是 160 公分；我們知道並非恰好是 12 秒或 160 公分，其可能是在某種精確度下得到的答案，比如是 11.999 秒，四捨五入為 12 秒，或 160.3 公分，四捨五入為 160 公分等。由於這種數值的產生無法用數的，只能用測量的，因此稱為**連續隨機變數**(Continuous random variable)。

　　在上述間斷隨機變數的例子中，我們有下列的表 4-1：

● 表 4-1

x	P(x)
0	$\frac{1}{4}$
1	$\frac{1}{2}$
2	$\frac{1}{4}$

　　這種由隨機變數及其相對應機率的組成，即稱為**機率分配**，機率分配，除了以上述的列表法表示外，也可以其他的方式來表現，例如直方圖(histogram)（如圖 4-1）或利用函數式來表示，例如 $P_r(X=x)=f(x)$。

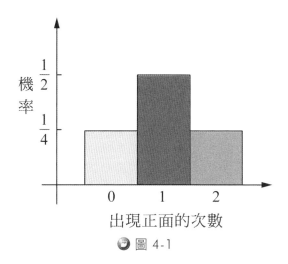

圖 4-1

由於隨機變數的所有數值將概括全部樣本空間的所有可能事件，且這些事件皆為互斥，因此機率分配必要滿足下列兩點：

(1) $0 \le P_r(x) \le 1$。

(2) $\sum P_r(x) = 1$，對所有可能的 x 值。

在上述投擲一枚公正硬幣兩次的例子中，因對每個可能的 x，$P_r(x) = \dfrac{1}{2}$ 或 $\dfrac{1}{4}$，且 $\sum P_r(x) = P_r(0) + P_r(1) + P_r(2) = \dfrac{1}{4} + \dfrac{1}{2} + \dfrac{1}{4} = 1$，故其為一機率分配。但是在表 4-2 中，$x$ 為某班同學家中的孩子數，則其非機率分配，因

$$\sum P_r(x) = 0.34 + 0.43 + 0.21 + 0.04 \ne 1$$

表 4-2

x	$P_r(x)$
1	0.34
2	0.43
3	0.21
4	0.04

通常若 X 為一間斷隨機變數，且對於其任何一個可能值 x 之機率定義為 $f(x)=P_r(X=x)$，則函數 $f(x)$ 稱為 X 的**機率密度函數**(probability density function)或**機率函數**。

本章將只介紹下列幾種間斷機率分配：白努力分配、二項分配、超幾何分配、波氏分配、以及負二項分配等五種。

4-1 白努力分配

一、白努力分配的意義

白努力分配(Bernoulli distribution)又稱為點二項分配(Point Binomial Distribution)，其為二項實驗僅試行一次的結果，即隨機變數服從二項分配 $B(1,p)$，因此一次試驗僅有兩種結果，一為「成功」，另一為「失敗」，成功的機率為 p，失敗的機率為 $(1-p)$，白努力實驗為獨立實驗。

二、白努力分配的公式

$$f(x) = P_r(X = x) = \binom{1}{x} p^x (1-p)^{1-x}$$
$$= p^x (1-p)^{1-x}$$

其中 $x=0$ 或 1，$0<p<1$，而 $f(x)$ 稱為 X 的機率密度函數。

三、白努力分配的期望值（平均數）與變異數

期望值：$E(X)=p$

變異數：$V(X)=pq$，其中 $q=1-p$

例 1 某電腦製造商製成的 CPU 良品率為 0.95。今隨機抽檢一個零件，試問其為良品的期望值為何？變異數及標準差又為何？

解 令 X 為白努力試驗的隨機變數，因良品機率 $p=0.95$，所以 X～Bernoulli(0.95)。

(1) 期望值 $\mu = E(X) = p = 0.95$

(2) 變異數 $\sigma^2 = p(1-p) = 0.95 \times 0.05 = 0.0475$

(3) 標準差 $\sigma = \sqrt{p(1-p)} = \sqrt{0.0475} = 0.218$

4-2

二項分配

一、二項分配的意義

二項分配 (Binomial distribution) 的隨機試驗稱為二項實驗 (binomial experiment)，它具有下列六個特性：

1. 重覆進行 n 次完全相同的試驗(trails)。

2. 每一次試驗之間皆互為獨立。

3. 每一次試驗皆僅有兩種可能的結果(outcome)：其一稱為「成功」，另一則為「失敗」。

4. 每一次試驗中，出現成功結果之機率固定為 p，出現失敗結果的機率固定為$(1-p)$。

5. 二項分配的隨機變數 X 是白努力隨機變數之和，二項分配是不連續機率分配的一種。

6. 若將白努力試驗重複試行 n 次，各次試驗相互獨立，此種試驗是白努力試驗的擴展，即為二項分配。

二、二項分配公式

$$f(x) = P_r(X = x) = \binom{n}{x} p^x (1-p)^{n-x}$$

$$= \frac{n!}{(n-x)!x!} p^x (1-p)^{n-x}$$

其中 $x = 0, 1, 2, \cdots, n$；$0 < p < 1$，而 $f(x)$ 稱為 X 的機率密度函數。

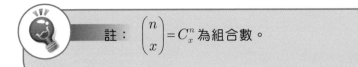

註：$\binom{n}{x} = C_x^n$ 為組合數。

三、二項分配的期望值（平均數）與變異數

若隨機變數 X 服從二項分配 $B(n,p)$，則隨機變數 X 的期望值（平均數）及變異數如下：

期望數：$E(X)=np$

變異數：$V(X)=npq$，其中 $q=1-p$

註： 期望值(expected value)是在探討一機率分配的集中趨勢

或母體的平均數，故期望值亦可以母體平均數 μ 表示。

由上述結果看來，二項分配的中心位置不但受 n 的影響，同時受 p 的影響，p 越大，平均數越大。當 $p=0.5$ 時 （q 亦為 0.5），二項分配的分散度最大，越遠離 0.5，則分散度越小。例如當 $p=0.8$，則 $q=0.2$，$V(X)=0.16n$；而當 $p=0.6$，則 $q=0.4$，$V(X)=0.24n$。

在上述投擲一枚公正硬幣兩次的例子中，其滿足 $B(2, \frac{1}{2})$，故我們有

$$E(X) = np = 2 \times \frac{1}{2} = 1$$

$$V(X) = npq = 2 \times \frac{1}{2} \times \frac{1}{2} = \frac{1}{2}$$

 例 2 試求投擲一公正骰子 5 次，恰出現兩次點數小於 3 的機率。而 5 次中至多出現兩次點數小於 3 的機率又為何？

解 $n = 5$ ，$p = \frac{1}{3}$

(1) $P_r(X = 2) = \binom{5}{2}\left(\frac{1}{3}\right)^2\left(\frac{2}{3}\right)^3 = \frac{80}{243} = 0.329$

$$= P_r(X=0) + P_r(X=1) + P_r(X=2)$$

$$= \binom{5}{0}\left(\frac{1}{3}\right)^{\circ}\left(\frac{2}{3}\right)^{5} + \binom{5}{1}\left(\frac{1}{3}\right)^{1}\left(\frac{2}{3}\right)^{4}$$

(2) $P_r(X \le 2)$

$$+ \binom{5}{2}\left(\frac{1}{3}\right)^{2}\left(\frac{2}{3}\right)^{3}$$

$$= \frac{32}{243} + \frac{80}{243} + \frac{80}{243} = \frac{192}{243} = 0.790$$

SPSS 計算二項分配

使用 CDF.BINOM 函數，它的意義為 $P_r(X<x)$。

格式如下：

使用「轉換」下「計算」的「函數－CDF.BINOM(q, n, p)」

其中，q 為成功次數，n 為試行次數，p 為成功機率。

在例 1 中的(1)$P_r(X=2)$為機率密度函數，(2)$P_r(X \le 2)$ 則為累積分配函數，因此先在表格中輸入 2 和 1（即成功次數），再按主選單中「轉換」下的「計算」（如圖 4-2），在「函數」內找出 CDF.BINOM (q, n, p)，移至「數值運算式」（如圖 4-3），把 var00001（次數）移至「數值運算式」，並改成 CDF.BINOM(var00001,5,1/3)（如圖 4-4）；並在「目標變數」訂變數 x（可自訂），再按「確定」鍵即可執行（如圖 4-5）。回到「資料檢視」可得結果為 0.79 和 0.46。（如圖 4-6）

🔵 圖 4-2

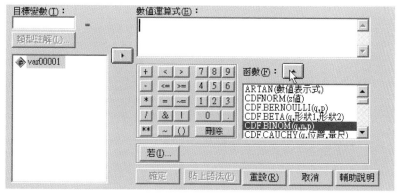

🔵 圖 4-3

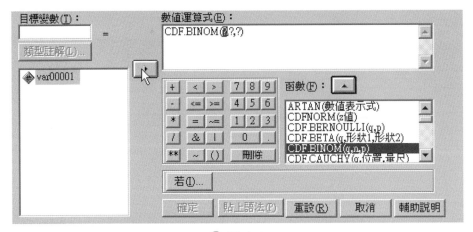

● 圖 4-4

目標變數可自訂

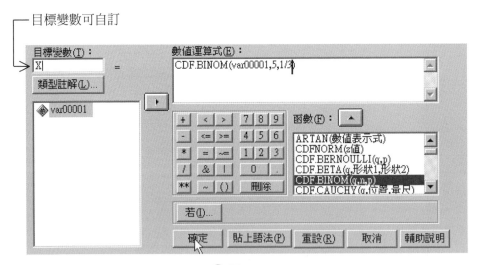

● 圖 4-5

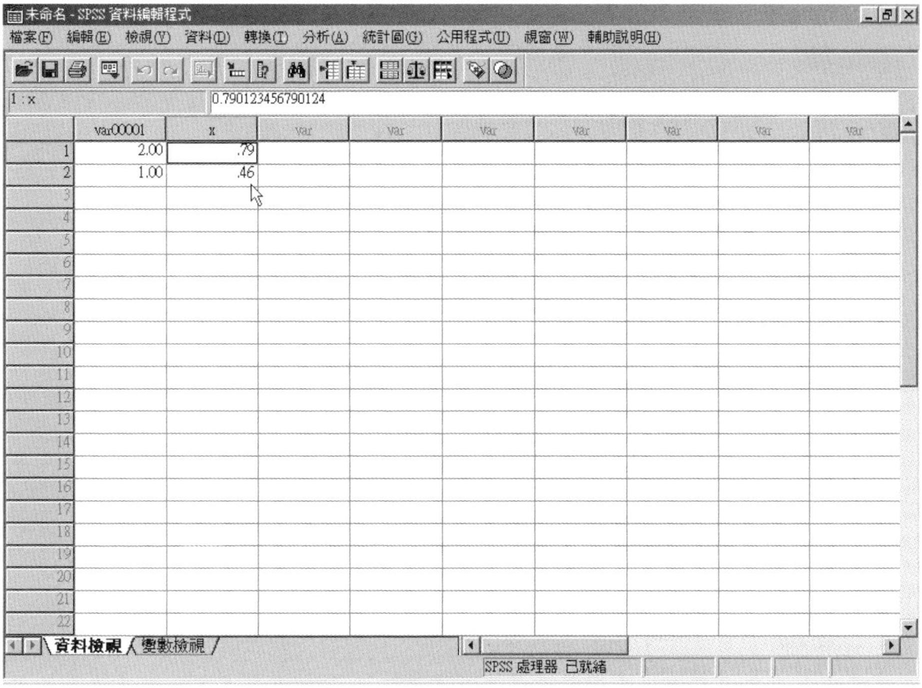

● 圖 4-6

$$P_r(X=2) = P_r(X \leqq 2) - P_r(X \leqq 1)$$
$$= \text{CDF.BINOM } (2 , 5 , 1/3)$$
$$- \text{CDF.BINOM } (1 , 5 , 1/3)$$

可得 0.33

$$P_r(X \leqq 2) = \text{CDF.BINOM } (2 , 5 , 1/3)$$

可得 0.79

例3 已知一隨機變數滿足 $B(13, 0.3)$，試求其平均數及變異數。

解 $n = 13$，$p = 0.3$

$E(X) = np = 13 \times 0.3 = 3.9$

$V(X) = npq = 13 \times 0.3 \times 0.7 = 2.73$

4-3

 超幾何分配

一、超幾何分配(Hypergeometric Distribution)的意義

超幾何分配是考慮在有限母體的情況下，樣本抽出後不放回的隨機試驗：

前所述二項實驗，須滿足每次試驗之間皆為獨立，且成功的機率固定為 p 的條件，例如從一副 52 張的撲克牌中抽出 4 張，其間每抽一張牌就 "放回去" ，則恰中 2 張紅心牌的機率是一項二項實驗，其中 $n=4$，$p = \dfrac{13}{52} = \dfrac{1}{4}$，$x=2$。

但是如果在抽牌的過程中，抽出後都 "不放回去" ，則在每一次抽牌後，紙牌就會少一張，且抽取紅心牌的機率每一次可能會不一樣，每一次抽中紅心的機率與上一次抽出的紙牌有關係；第一次抽中紅心的機率可能為 $\dfrac{13}{52}$ 或 $\dfrac{13}{51}$ 等，第二次抽中紅心的機率可能就變為 $\dfrac{12}{51}$ 或 $\dfrac{12}{50}$ 等等。因此這類問題就不再是二項實驗的過程，我們須用一般的機率原則來解決。首先在 52 張紙牌中抽出 4 張牌的所有可能情形的總數為 C_4^{52}；接下來，考慮在抽出 4 張紙牌中有 2 張是紅心，剩餘 2 張不是紅心的可能情形，其總數為 $C_2^{13} \times C_2^{39}$；因此後者情況個數占全體情況總數的多少，即為

$$\frac{C_2^{13} \times C_2^{39}}{C_4^{52}} = \frac{\binom{13}{2}\binom{39}{2}}{\binom{52}{4}}$$

二、超幾何分配公式

我們將此類問題一般化，即假設從一總個數為 N 的母體中，以不放回的方式抽出 n 個樣本來，若在 N 項中有 k 個成功次數及 $(N-k)$ 個失敗次數，則在樣本為 n 中，成功次數為 x 的機率為

$$f(x) = P_r(X = x) = \frac{\binom{k}{x}\binom{N-k}{n-x}}{\binom{N}{n}}$$

此即為超幾何分配(Hypergeometric distribution)的公式，其中 $f(x)$ 稱為 X 的機率密度函數。

三、超幾何分配的期望值（平均數）與變異數

若隨機變數 X 服從超幾何分配 $H(N：k,n)$，其中 N 為總個數，k 為成功總次數，n 為樣本數；則

期望值（平均數）：$E(X) = n \times \dfrac{k}{N}$

變異數：$V(X) = \dfrac{N-n}{N-1} \times n \times \dfrac{k}{N} \times \dfrac{N-k}{N}$

例 4 從 5 個男生，3 個女生的小組中，抽出 6 人來作實驗，試問其中 6 人中包括 4 個男生的機率為多少？平均數又為多少？

解 $X \sim H(8;5,6)$

$$P_r(X=4) = \frac{\binom{5}{4}\binom{3}{2}}{\binom{8}{6}} = \frac{15}{28} = 0.536$$

$$\mu = E(X) = 6 \times \frac{5}{8} = 3.75$$

在 SPSS 中，計算超幾何分配的機率

使用 CDF.HYPER 函數。

其格式如下：

$\quad$ = CDF.HYPER（q,總數,樣本數,成功數）

此 q 為量數

先在表格中輸入 4 和 3（量數），再按主選單中「轉換」下的「計算」（如圖 4-7），在「函數」內找出 CDF.HYPER (q ,總數,樣本數,成功數)，移至「數值運算式」（如圖 4-8），把 var00001 移至「數值運算式」，並改成 CDF. HYPER (var00001, 8,5,6)；並在「目標變數」訂變數 y（可自訂）（如圖 4-9），再按「確定」鍵即可執行。回到「資料檢視」可得結果為 0.893 和 0.357。（如圖 4-10）

圖 4-7

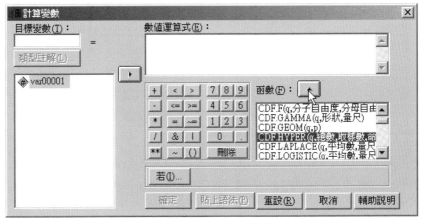

圖 4-8

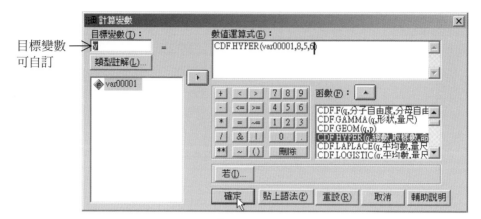

目標變數
可自訂

◎ 圖 4-9

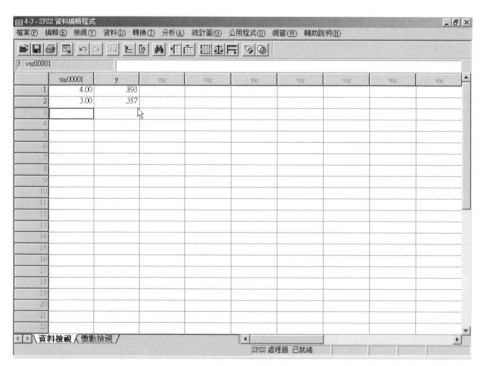

◎ 圖 4-10

$$
\begin{aligned}
P_r(X{=}4) &= P_r(X \leq 4) - P_r(X \leq 3)\\
&= \text{CDF. HYPER } (4,8,5,6) - \text{CDF. HYPER } (3,8,5,6)\\
&= 0.893 - 0.357\\
&= 0.536
\end{aligned}
$$

4-4

波氏分配或卜瓦松分配

一、波氏分配的意義

　　波氏分配(Poisson distribution)又稱卜瓦松分配或卜松分配。為一個事件分兩類，而其中一類發生機率微小的情況下重複獨立試行無限多次的機率模型，即波氏分配為二項分配在 p 為微小的情況下，當 n 趨近於∞時的極限值，即

$$
\lim_{n \to \infty} \binom{n}{x} p^x (1-p)^{n-x} = \frac{\mu^x}{x!} e^{-\mu}
$$

二、波氏分配之公式

　　波氏分配(Poisson distribution)主要應用在一段時間內或特定區域內，發生次數的較少事件。例如銀行櫃臺在一分鐘時間內的顧客人數，某十字路口一天內發生意外事故的次數，打字員在一整頁文件內發生錯誤的字數、工廠產品不良品個數、等候進入餐館的客戶人數、或空難墜機事件等都是波氏分配應用的例子。事實上，波氏機率分配的隨機變數所代表的發生次數是由波氏隨機過程(Poisson Process)所產生。

對波氏隨機過程特性的了解有助於波氏分配的正確應用，因此將波氏隨機過程的特性列出：

1. 在某一區段（或時段）內發生的次數與其他區段（或時段）發生的次數相互獨立。例如十字路口今天所發生的意外事故次數與明天發生事故的次數相互獨立。

2. 在任何相同長度的時段（或相同範圍的區段）內發生事件的機率都相同，因此發生事件的機率會隨著時段（或區段）的增加而增大。

3. 隨著時段（或區段）的縮減，在非常微小的時段（或區段）內發生事件的次數超過一次以上的機率會接近 0。

根據波氏隨機過程，可以定義波氏分配的隨機變數 X 的機率函數為

$$P(X=x)=\frac{\mu^x e^{-\mu}}{x!}$$

其中 $x=0, 1, 2, 3, \cdots$ 為發生次數的變數值，

μ 為一定時段（或區段）內發生次數的平均數，

$e=2.71828\cdots$ 為自然數。

設一間斷隨機變數 X 代表一段時間或特定區域之成功數，則機率分配為

$$f(x)=P_r(X=x)=\frac{\mu^x}{x!}e^{-\mu}=\frac{e^{-\mu}\mu^x}{x!}$$

其中 $x=0,1,2,3,\cdots$，$e=2.71828\cdots$，μ 為發生於一段時間內或特定區域中成功的平均數。而 $f(x)$ 稱為 X 的機率密度函數。

　　波氏分配於 1837 年由法國數學家 Poisson 所發現，以馬克勞霖級數 $e^x = 1 + x + \dfrac{x^2}{2!} + \dfrac{x^3}{3!} + \cdots$ 為理論而建立，故稱波氏分配，又稱卜松分配或卜瓦松分配。波氏分配一般以 $P(\mu)$ 符號表示之。

三、波氏分配的期望值（平均數）及變異數

　　若隨機變數 X 服從波氏分配 $P(\mu)$，則 X 的平均數及變異數如下：

　　　　期望值（平均數）：$E(X) = \mu$

　　　　變異數：$V(X) = \mu$

　　由上述結果看來，波氏分配的期望值（平均數）及變異數均等於 μ，此為該分配的一大特點。因此，波氏分配的中心位置及分散度均隨 μ 的大小而變化。

例 5　已知某生一學期缺席的平均次數為 3 次，試問該生一學期中缺席 5 次的機率及缺席超過 1 次的機率。

解　$\mu = 3$，$X = 5$

（1）故 $P_r(X = 5) = \dfrac{\mu^x}{x!} \times e^{-\mu}$

　　　　　　　$= \dfrac{3^5}{5!} \times e^{-3} = 0.101$

（2）$P_r(X \geq 2) = 1 - P_r(X = 0) - P_r(X = 1)$

　　　　　　　$= 1 - \dfrac{3^0}{0!} \times e^{-3} - \dfrac{3^1}{1!} \times e^{-3}$

　　　　　　　$= 0.801$

SPSS 計算波氏分配

使用 CDF.POISSON 函數，它的意義為 $P_r(X<x)$。

格式如下：

使用「轉換」下「計算」的「函數－CDF. POISSON (q，平均數)」

其中，q 為發生事件的次數。

先在表格中輸入 5、4 和 1（發生次數），再按主選單中「轉換」下的「計算」（如圖 4-11），在「函數」內找出 CDF. POISSON (q，平均數)，移至「數值運算式」（如圖 4-12），把 var00001（次數）移至「數值運算式」，並改成 CDF. POISSON (var00001，3)（如圖 4-13）；並在「目標變數」訂變數 y（可自訂），再按「確定」鍵即可執行（如圖 4-14）。回到「資料檢視」可得結果為 0.92、0.82 和 0.20。（如圖 4-15）

🔵 圖 4-11

● 圖 4-12

● 圖 4-13

目標變數
可自訂

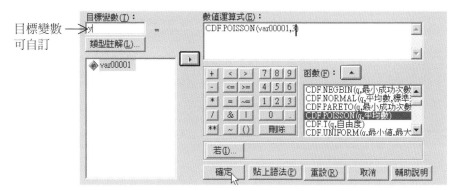

● 圖 4-14

圖 4-15

$$P_r(X=5) = P_r(X \leq 5) - P_r(X \leq 4)$$
$$= \text{CDF. POISSON } (5 , 3)$$
$$- \text{CDF. POISSON } (4, 3)$$
$$= 0.92 - 0.82$$
$$= 0.10$$
$$P_r(X \geq 2) = 1 - P_r(X \leq 1)$$
$$= 1 - \text{CDF. POISSON } (1, 3)$$
$$= 1 - 0.20$$
$$= 0.80$$

4-5

負二項分配

一、負二項分配(Negative Binomial Distribution)的意義

在前述二項分配的例 1 中，試問投擲一公正骰子 5 次，恰出現兩次點數小於 3 的機率為多少？題目只要求 5 次中總共有 2 次成功的情況，但不在乎第二次成功是發生在 5 次中的那一次，它可能是第 2,3,4 或 5 次中的那一次。然而若題目改為當第 5 次擲出，其恰為第二次點數小於 3 的機率為多少？則此類問題出現的情形只是原來題目出現情形中的其中幾種，即要求第 2 次成功一定要在第 5 次試行時發生，其作法如下：首先投擲 5 次的前 4 次，則 4 次中一定要發生一次成功，其所有可能發生情形的總數為 C_1^4；但全體仍共有 2 次的成功，及 3 次的失敗，故其機率為 $C_1^4 \left(\dfrac{1}{3}\right)^2 \left(\dfrac{2}{3}\right)^3$，此即為負二項分配(negative binomial distribution)的類型。

負二項實驗具有與二項實驗之相同性質，然其差異為重覆試行直至發生某一固定的成功次數，故在二次實驗中所求者為 n 次試行中 x 次成功的機率，而今所探討者為在試行 x 次中至第 k 次成功為止。例如一籃球員投籃之命中率為 60%，今所欲求者為第五次命中在第七投籃之機率，若投籃命中則表示成功，以 S 表示成功，F 表失敗，獲得所希望結果的可能次序為 $SFSSSFS$，其發生的機率為 $(0.6)(0.4)(0.6)\ (0.6)(0.6)(0.4)(0.6) = (0.6)^5(0.4)^2$，除最後一結果外可將 F 及 S 重新排列，仍含有五次成功，其可能次序的總數為將前 6 次分割為兩組，一組為含二次失敗，另一組含四次成功，其總數為

$\dbinom{6}{4}=15$，且各組為相互排斥，若 X 表第七投籃之結果，該次為第

五次命中，則

$$\Pr(X = 7) = \dbinom{6}{4}(0.6)^5(0.4)^2 = 0.1866$$

 定義：在負二項實驗中，產生 k 次成功的試行次數 X 稱為負
二項隨機變數。

　　負二項變數 X 的機率分配稱為負二項分配，以 $b^*(x;k,p)$ 表示，因
其值決定於所希望成功的次數及在某一試行成功的機率，為求 $b^*(x;k,p)$
的一般公式，設在第 x 次試行之前有 $k-1$ 次成功及 $x-k$ 次失敗，且按
某特殊次序排列，因每次試行皆獨立，故可將各種結果的機率相乘，
每次成功的機率為 p，失敗的機率為 $q=1-p$，故按一特定次序而最後
一次為成功的機率為 $p^{k-1}q^{x-k}p=p^kq^{x-k}$。在一項實驗中之最後一次為成
功，而其餘按 $k-1$ 次成功及 $x-k$ 次失敗的任何次序的樣本點總數等
於將 $x-1$ 個試行分割為兩組，$k-1$ 次成功為一組，另一組為 $x-k$ 次失
敗，共有 $\dbinom{x-1}{k-1}$ 次，且皆為相互排斥並含有等機率 p^kq^{x-k}，故得以 $\dbinom{x-1}{k-1}$
乘 p^kq^{x-k} 的一般公式。

 負二項分配：若重複獨立試行可得成功的機率 p 及失敗的機
率 $q=1-p$，則以隨機變數 X 表第 k 次成功發生
在第 X 次之試行，隨機變數 X 的機率分配為負
二項分配。

二、負二項分配公式

我們將此類問題一般化，即假設在 n 次獨立試驗中，每一次試驗皆只有兩種結果，一為成功，機率固定為 p，另一為失敗，機率固定為 $(1-p)$，則第 n 次試驗，恰為第 x 次成功的機率為

$$f(x) = P_r(X=x) = \binom{n-1}{x-1} \ p^x \left(1-p\right)^{n-x} = C_{x-1}^{n-1} \ p^x \left(1-p\right)^{n-x}$$

其中 $0 < p < 1$，$x = 1, 2, 3, \cdots, n$。

負二項分配為當 $x = k,\ k+1,\ k+2, \cdots$ 之 $b^*(x;k,p)$ 值相對應於 $p^k(1-q)^{-k}$ 的展開式各項而得名。

例6 已知一家公司抽中女性員工的機率為 0.7，試問抽出第 6 位員工，其恰為第 4 位女性的機率。

解 $n = 6, x = 4, p = 0.7, (1-p) = 0.3$

$$P_r(X=4) = C_{4-1}^{6-1} \quad 0.7^4 \times 0.3^2$$
$$= 0.216$$

在 SPSS 中，計算負二項分配

使用 CDF.NEGBIN 函數，其格式如下：

　　　 = CDF.NEGBIN（q,最小成功次數,機率）

其中 q 為總次數。

在例 6 中，先在表格中輸入 4 和 3（總次數），再按主選單中「轉換」下的「計算」（如圖 4-16），

圖 4-16

在「函數」內出 CDF.NEGBIN(q，最小成功次數,機率)，移至「數值運算式」，（如圖 4-17）把 var00001 移至「數值運算式」（如圖 4-18），並改成 CDF. NEGBIN (6,var00001 , 0.7)；並在「目標變數」訂變數 y（可自訂）（如圖 4-19），再按「確定」鍵即可執行。回到「資料檢視」可得結果為 0.9295 和 0.7443。（如圖 4-20）

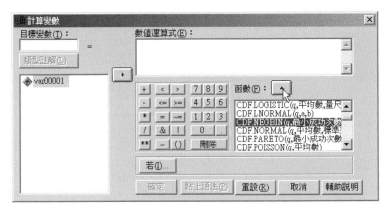

● 圖 4-17

● 圖 4-18

目標變數
可自訂

● 圖 4-19

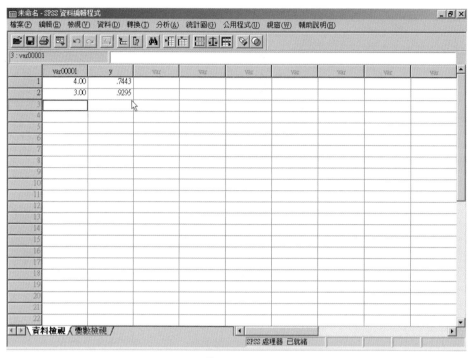

● 圖 4-20

$$P_r(X=4) = P_r(X \leq 4) - P_r(X \leq 3)$$

$$= \text{CDF. NEGBIN } (6,4,0.7)$$

$$- \text{CDF. NEGBIN } (6,3,0.7)$$

$$= 0.9295 - 0.7443$$

$$= 0.1852$$

習題四

1. 甲產牌電視零件的良品率為 70%，今隨機抽取 10 件為樣本，若 X 表示 10 件中的良品數，試求：

   (1) 其平均數及變異數。

   (2) 10 件中有 8 件是良品的機率。

   (3) 至少有 8 件是良品的機率。

2. 若晚會上摸彩中獎的機率為 1%，則張三抽中獎品的機率為多大？而他中獎的期望值及變異數為多少？

3. 已知三月份南部某經銷商 12 位的新車買主中，有 5 位為女性，現在欲從中抽出 5 位買主來作問卷，試問包括 2 位女性買主的機率為何？

4. 假設台灣地區一年中發生颱風經過的平均次數為 5 次，試求台灣地區 1 年中發生颱風經過 7 次的機率？

5. 若高速公路上抓到駕駛人超速的機率有 23%。試問在高速公路上，交通警察攔截第 10 部汽車，駕駛人恰是第 3 個超速的機率是多少？

6. 若一隨機分配滿足 B(15,0.5)，試求其平均數及變異數，並求其機率直方圖及其相對曲線圖。

7. 試說明波氏分配為一機率分配。

Memo

常態分配

5-1

 常態分配

一、常態分配的意義

常態分配(Normal distribution)的研究始於十八世紀。當時法國數學家棣美拂(De Moivre, 1667-1754)提出常態曲線之數學方程式；後來，德國數學家高斯(Carl Gauss, 1777-1855)研究重複測量的誤差，也導出同一方程式，故常態分配又名**高斯分配**(Gauss distribution)。

常態分配是統計學中最重要的連續機率分配，由於真實世界中有很多現象都屬於常態分配或近似常態分配，例如電視機的使用年限、考試的成績、人的身高體重等的隨機變數都是常態分配。而有些間斷機率分配與連續機率分配均以常態分配為其極限，故當樣本相當大時，可用常態近似法解決這些機率分配的問題。同時許多統計量的抽樣分配常呈常態分配，故在母數的推論與假設檢定上經常以常態分配為理論的基礎。

二、常態分配的公式與常態曲線

一個連續隨機變數 X 若屬常態分配，則稱它為常態隨機變數(Normal random variable)。常態隨機變數 X 之圖形，稱為**常態曲線**(Normal curve)，它可以下式表示之：

$$Y = N(x , \mu , \sigma) = f(x) = \frac{1}{\sigma\sqrt{2\pi}} e^{-\frac{1}{2}(\frac{X-\mu}{\sigma})^2}$$

其中 π=3.14159⋯　e=2.71828⋯

μ 為隨機變數 X 的平均數，σ 為 X 的標準差。

常態分配具有下列幾個特性：

1. 常態曲線是一個左右對稱於平均數 μ 的鐘形曲線，常態曲線的兩端
   會趨近正負無窮大而且不會和水平座標軸相交。且因

$$P_r[\mu - 1\sigma \le X \le (\mu + 1\sigma)] = 0.6826$$
$$P_r[\mu - 2\sigma \le X \le (\mu + 2\sigma)] = 0.9544$$
$$P_r[\mu - 3\sigma \le X \le (\mu + 3\sigma)] = 0.9974$$

由此可知 $(\mu \pm 3\sigma)$ 的範圍幾乎已完全包括了所有的 X 值，因此 $\mu \pm 3\sigma$
以外的面積可略而不計。如圖 5-1 所示。當 $X = \mu$ 時，$Y = \dfrac{1}{\sigma\sqrt{2\pi}}$，
其為曲線的極大值。

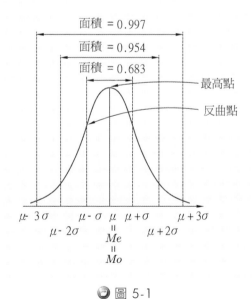

面積 = 0.997
面積 = 0.954
面積 = 0.683
最高點
反曲點

$\mu - 3\sigma$　　$\mu - \sigma$　μ　$\mu + \sigma$　　$\mu + 3\sigma$
$\mu - 2\sigma$　　$\begin{matrix} \| \\ Me \\ \| \\ Mo \end{matrix}$　　$\mu + 2\sigma$

◉ 圖 5-1

2. 以 μ 為中心，兩邊加減一個標準差之處（即 $\mu \pm \sigma$），即是常態曲線的
   兩個反曲點(inflection point)（又稱變向點）。

3. 由於常態變數 x 的變動範圍為 $-\infty < x < \infty$，且由上式知常態曲線左右兩尾與橫軸逐漸接近，但絕不會相交（亦即對於任一 x 值而言，$f(x)$ 值絕不為零）。

4. 常態分配既為一對稱分配，故其平均數 μ、中位數 Me、與眾數 (Mo) 三者合而為一，皆位於常態曲線之中心位置或者最高點數所對應至橫軸的位置上，$\mu = Me = Mo$。

5. 以 μ 為中心，兩邊加減一個標準差的區間，即 $\mu - \sigma$ 至 $\mu + \sigma$，其機率（面積）為 0.683，而區間 $[\mu - 2\sigma, \mu + 2\sigma]$ 之機率為 0.954，且區間 $[\mu - 3\sigma, \mu + 3\sigma]$ 之機率為 0.997。

6. 常態分配之偏態係數 $\beta_1 = 0$，峰態係數 $\beta_2 = 3$。

7. 常態分配的平均差約等於 $\frac{4}{5}S$，四分位差約等於標準差的 $\frac{2}{3}$。

在常態分配中，平均數、中位數及眾數三者相等，此點 y 值最大，然後向兩側下降，曲線的反曲點在 $\mu \pm \sigma$ 處。常態分配的參數是平均數 μ 和標準差 σ，一旦設定此二參數之值，我們就可找出常態曲線下任意區間的面積。因為設定一組不同的 μ 和 σ 值就有一不同的常態分配，μ 值決定了常態分配曲線在水平座標軸上的中心點，而 σ 值則決定了常態分配曲線的離散程度，圖 5-2 中的三條常態分配曲線具有相同的平均數及不同的標準差。

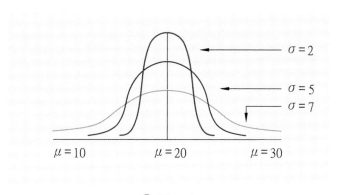

● 圖 5-2

但圖 5-3 中的三條常態分配曲線則具有不同的平均數及相同的標準差。

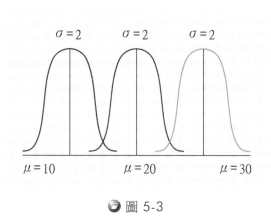

● 圖 5-3

三、常態分配的平均數（期望值）及變異數

在不確定狀態下來衡量變數值散布範圍大小。

1. $E(X) = \mu$

2. $V(X) = \sigma^2$

3. 曲線下之面積為 1，故亦為機率密度函數。

例 1 已知某公司績效成績為常態分配，$\mu=600$，$\sigma=100$，求低於 500 分之百分比有多少？

解 $X \sim N(\mu, \sigma^2)$

$X \sim N(600, 100^2)$

$$P_r \left(\frac{a-\mu}{\sigma} \le \frac{x-\mu}{\sigma} \right)$$

$$= P_r \left(\frac{500-600}{100} \le \frac{x-\mu}{\sigma} \right)$$

$$= P_r (-1 \le Z)$$

$$= 0.5 - 0.3413 \,(\text{註：查附錄 A 標準常態分配表})$$

$$= 0.1587$$

如圖 5-4 所示

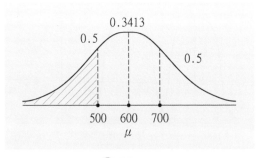

● 圖 5-4

　　SPSS 在計算常態分配使用的是 CDF.NORMAL，它的意義為 $\Pr(X<x)$。

　　其方法為：

使用「轉換」下「計算」的「函數－CDF.NORMAL（q,平均數,標準差）」

在例 1 中，先在表格中輸入 500（normal 值），再按主選單中「轉換」下的「計算」（如圖 5-5），在「函數」內找出 CDF.NORMAL （q,平均數,標準差），移至「數值運算式」（如圖 5-6），其中 q 為分配要計算的 X 值，把 var00001（normal 值）移至「數值運算式」，並改成 CDF.NORMAL (var00001,600,100)（如圖 5-7）；並在「目標變數」訂變數 x（可自訂），再按「確定」鍵即可執行（如圖 5-8）。回到「資料檢視」可得結果為 0.1587，即表示成績低於 500 分占總人數的 15.87%。（如圖 5-9）

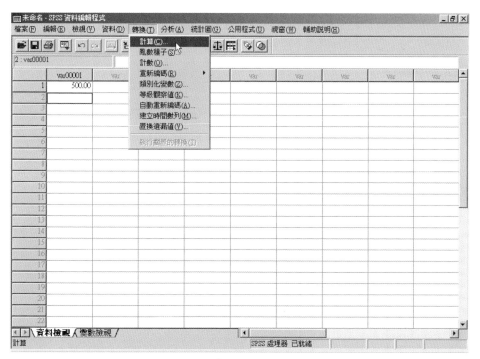

圖 5-5

● 圖 5-6

● 圖 5-7

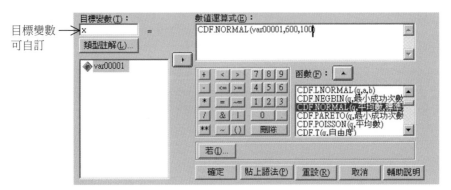

● 圖 5-8

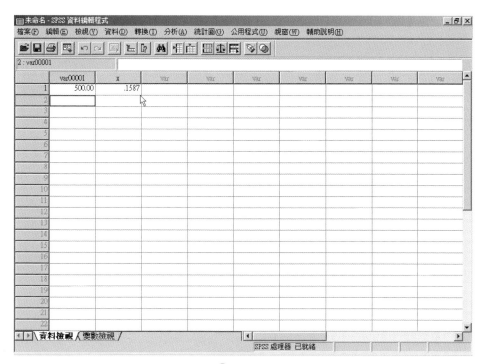

圖 5-9

5-2

標準常態分配

　　由於常態曲線的位置及分散度會隨著 μ 及 σ 而改變，為了改善這個不便，一般我們就把常態分配轉換成 $\mu=0$，$\sigma=1$ 的標準常態分配 (Standardized normal distribution)，其過程如下：

若一常態隨機變數 X 之平均數為 μ，標準差為 σ；則其標準常態隨機變數 Z 為：

$$Z = \frac{X - \mu}{\sigma}$$

經此過程，原始分數 X 就轉換為平均數為 0，標準差為 1 的 Z 分數，如圖 5-10 所示，則標準常態隨機變數之機率密度函數為：

$$N(Z \ ; \ 0 \ , \ 1) = f(z) = \frac{1}{\sqrt{2\pi}} e^{\frac{-z^2}{2}}$$

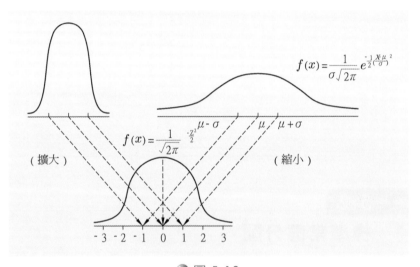

● 圖 5-10

我們已知在常態分配曲線下，平均數(μ)加減一個標準差(σ)的範圍內之面積約占全部的 68%，平均數(μ)加減兩個標準差(2σ)的範圍內之面積約占全部的 95%；但是比如在平均數 $\mu=10$，標準差為 2 的常態分配中，$P_r(6.76 \leq X \leq 13.24)$ 之機率值是多少呢？現在我們就可以利用其相對應的 z 值，加上標準常態分配表就可以得到答案。

在上個例中，因

$$Z = \frac{X-\mu}{\sigma} = \frac{10-10}{2} = 0 \quad , \quad Z = \frac{X-\mu}{\sigma} = \frac{6.76-10}{2} = -1.62$$

及 $Z = \dfrac{X-\mu}{\sigma} = \dfrac{13.24-10}{2} = 1.62$

　　則在附錄 A 的標準常態分配表中，先找出最左邊一行 1.6 所在的列，再找出最上面一列 0.02 所在的行，二者交集 0.4474，即為所求，如圖 5-11 斜線所示，即

$$P_r(10 \leq X \leq 13.24) = P_r(0 \leq Z \leq 1.62) = 0.4474$$

由於該曲線為左右對稱，故

$$P_r(6.76 \leq X \leq 10) = P_r(-1.62 \leq Z \leq 0) = 0.4474$$

即

$$P_r(6.76 \leq X \leq 13.24) = P_r(-1.62 \leq Z \leq 1.62) = 0.4474 \times 2 = 0.8948$$

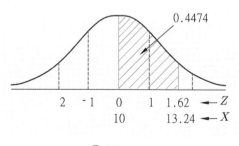

● 圖 5-11

同理，我們可以得到下列兩個較常用的機率：

$$P_r(-1.96 \leq Z \leq 1.96) = 0.475 \times 2 = 0.95$$
$$P_r(-2.576 \leq Z \leq 2.576) = 0.495 \times 2 = 0.99$$

其中 $Z=2.576$，曲線下的面積，我們是使用內插法求得的，即首先查出 $P_r(0 \leq Z \leq 2.58)=0.4951$ 及 $P_r(0 \leq Z \leq 2.57)=0.4949$，然後

$$\frac{2.58 - 2.57}{0.4951 - 0.4949} = \frac{2.576 - 2.57}{p}$$

可得 $p=0.00012$，因此 $P_r(0 \leq Z \leq 2.576)=0.4949+0.0001 \fallingdotseq 0.495$。

例2 假設高速公路車輛行駛之時速是以 $\mu=84.9$ 公里／小時，及 $\sigma=15.6$ 公里／小時的常態分配，原始資料如下：

100, 91, 89, 96, 62, 78, 104, 71, 79, 60, 88, 68, 99, 84, 71, 95, 76, 98, 103, 97, 64, 114, 66。

若警察想對開最快的前百分之一的駕駛人開罰單，則駕駛人能避免被開罰單的最高行駛時速為多少？

解 由圖 5-12 可知斜線區域面積為 0.49，即 $P_r(0 \leq Z \leq z')=0.49$，由標準常態分配表可知當 $Z=2.33$ 時，其相對應的面積為 0.4901，因此由 $Z=\dfrac{X-\mu}{\sigma}$，可得

$$2.33 = \frac{X - 84.9}{15.6}$$

故 $X=121.25$（公里／小時）

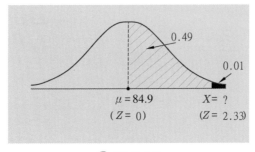

🔘 圖 5-12

在 SPSS 可用 IDF.NORMAL 函數得到 X 值

◉ **步驟一：** 在表格內填入機率值 0.01，從主選單中選取「轉換」－「計算」（如圖 5-13）。

◉ **步驟二：** 在函數內點選 IDF.NORMAL（p，平均數，標準差）移至數值運算式（如圖 5-14）。

◉ **步驟三：** 把變數 1 移至數值運算式，並修正為 1-var0001，第二個及第三個問號 "？" 分別填入 84.9 及 15.6；即為 IDF.NORMAL（1-var0001，84.9，15.6）。並在「目標變數」訂變數 X（可自訂），再按「確定」鍵（如圖 5-15）。

由以上步驟，在資料檢視中就會看結果為 121.19（如圖 5-16）。

◉ 圖 5-13

● 圖 5-14

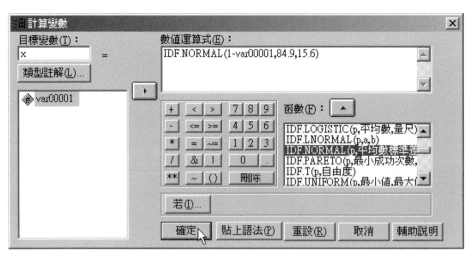

● 圖 5-15

● 圖 5-16

　　至於在 SPSS 中想將常態隨機變數 X 轉換成標準常態隨機變數 Z
的操作步驟如下：

● **步驟一**：從主選單中選取「分析」－「描述性統計」－「描述性統
　　　　　計量」（如圖 5-17）。

● **步驟二**：將 "時速" 移入「變數」中（如圖 5-18）。

● **步驟三**：點選左下角「將標準化的數值存成變數」，而後按「確定」
　　　　　（如圖 5-19）。

　　經由以上步驟，在資料檢視中就會看到一欄變數 "Z 時速"，即
為該群樣本之標準常態變數值（如圖 5-20）。

如 $X=100$ 之 Z 值為 0.96784；$X=62$ 之 Z 值為 -1.46990 等。

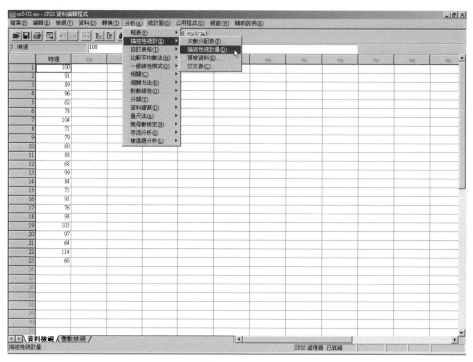

◉ 圖 5-17

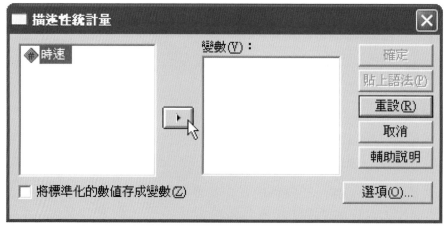

◉ 圖 5-18

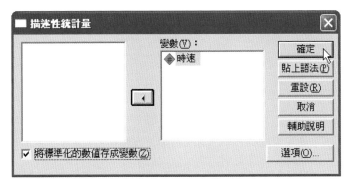

◉ 圖 5-19

◉ 圖 5-20

　　SPSS 計算標準常態累積分配的機率值是使用 CDFNORM 函數，它的意義為

$$P_r(Z \leq z) = 1 - P_r(Z > z)$$

其格式為

= CDFNORM（z 值）

按主選單中「轉換」下的「計算」（如圖 5-21），在「函數」內找出 CDFNORM（z 值），移至「數值運算式」（如圖 5-22），將 "Z 分數（時速）〔Z 時速〕" 移至（CDFNORM（？））中的 "？" 位置；並在「目標變數」訂變數 p（可自訂），再按「確定」鍵即可執行（如圖 5-23）。回到「資料檢視」可得機率值 p。（如圖 5-24）

其中 $P_r = (X<100) = P_r(Z \leq 0.96784) = 1 - P_r(Z>0.96784) = 0.83$

故　$P_r(Z>0.96784) = 1 - 0.83 = 0.17$

可得標準常態分配表中的

$$P_r(0 \leq Z \leq 0.96784) = 0.5 - 0.17 \doteqdot 0.33$$

即速度介在 84.9 至 100 的機率約有 0.33

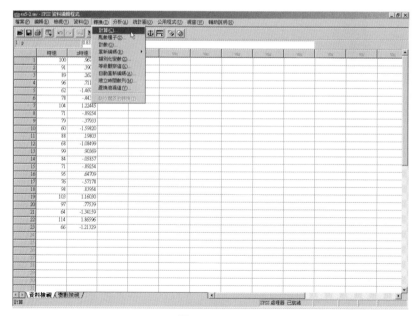

圖 5-21

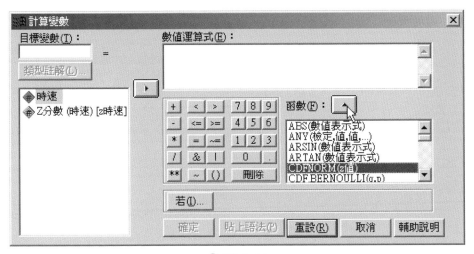

圖 5-22

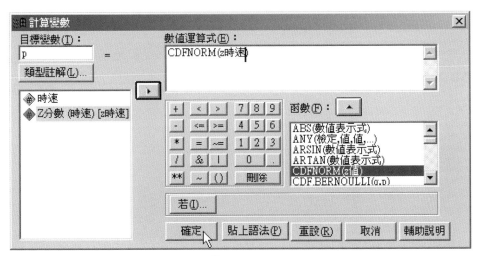

圖 5-23

圖 5-24

5-3 偏　態

一、偏態(Skewness)的意義

指資料次數分配圖之分布的形狀是偏向中心位置的右邊，或是偏向中心位置的左邊，或是以中心位置呈對稱形狀。而偏態係數(coefficient of skewness)是用來衡量資料分布形狀的測量數，由於不帶單位，故稱為偏態係數。

二、偏態係數的公式

測量偏態的量數為β_1（β讀作 beta），或用 SK 其為三級動差μ_3除以σ^3的無名數，即

$$母體偏態：\beta_1 = \frac{\mu_3}{\sigma^3} = \frac{\dfrac{1}{N}\sum f(X-\mu)^3}{\sigma^3}$$

$$樣本偏態：\beta_1 = \frac{\dfrac{1}{n-1}\sum f(X-\bar{X})^3}{S^3}$$

以下介紹三種偏態係數公式：

1. 包萊公式(A. L Bowley)：

$$SK_B = \frac{(Q_3 - Me) - (Me - Q_1)}{(Q_3 - Me) + (Me - Q_1)}$$

2. 皮爾生公式(K. Pearson)：

(1) 母體資料偏態：$SK_P = \dfrac{\mu - Mo}{\sigma}$

(2) 樣本資料偏態：$SK_P = \dfrac{\bar{x} - Mo}{s}$

3. 動差法：

$$\beta_1(SK) = \frac{\mu_3}{\sigma_3} = \frac{\mu_3}{\mu_2^{3/2}}$$

動差指的是觀測值與某一特定值間差異 r 次方的平均數，主要可分為概約動差和主要動差。

(1) 概約動差：以某一實數 A 為特定值，則 r 級概約動差為：

① 未分組資料：$\mu'_r = \dfrac{1}{n}\sum_{i=1}^{n}(x_i - A)^r$

② 已分組資料：$\mu'_r = \dfrac{1}{n}\sum_{i=1}^{k}f_i(x_i - A)^r$

$r = 1, 2, 3, \cdots$，若公式中 $A = 0$，則稱為 r 級原動差。

(2) 主要動差：以平均數為特定值，則 r 級主要動差為

① 未分組資料：$\mu_r = \dfrac{1}{n}\sum_{i=1}^{n}(x_i - \overline{x})^r$

② 已分組資料：$\mu_r = \dfrac{1}{n}\sum_{i=1}^{k}f_i(x_i - \overline{x})^r$

$r = 1, 2, 3, \cdots$

三、偏態係數的型態

1. $\beta_1 = 0$，表示對稱分配。

2. $\beta_1 > 0$，表示右偏或正偏分配，即當高峰偏向於變量較小之一方。

3. $\beta_1 < 0$，表示左偏或負偏分配，即當高峰偏向於變量較大之一方。如圖 5-25 所示。

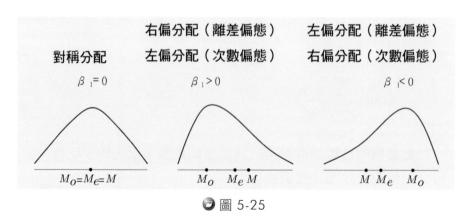

圖 5-25

例3 試就表 5-1 資料計算偏態係數，並說明偏態之型態。

表 5-1

X	f
8	3
9	4
10	4
11	4
12	3

解

X	f	$X-\mu$	$(X-\mu)^3$	$f(X-\mu)^3$	$(X-\mu)^2$	$f(X-\mu)^2$
8	3	−2	−8	−24	4	12
9	4	−1	−1	−4	1	4
10	4	0	0	0	0	0
11	4	1	1	4	1	4
12	3	2	8	24	4	12
$\mu=10$	18			0		32

$$\sigma = \sqrt{\frac{1}{N}\sum f(X-\mu)^2} = \sqrt{\frac{1}{18}\times 32} = \sqrt{1.78} = 1.33$$

$$\beta_1 = \frac{\frac{1}{N}\sum f(X-\mu)^3}{\sigma^3} = \frac{0}{1.33^3} = 0$$

故表 5-1 之資料為對稱分配。

SPSS 計算未分組資料之偏態係數(β_1)，使用「分析」下「報表」的「觀察值摘要」。

　　在例 4 中，將課本的 18 個值輸入到表格內，按主選單中「分析」下「報表」的「觀察值摘要」（如圖 5-26），把 var00001 移至「變數」格內（圖 5-27），再點選「統計量」（圖 5-28），把「偏態」移至「格統計」格內（圖 5-29）再按「繼續」鍵後，回到「觀察值摘要」畫面再按「確定」鍵。確定後，可由輸出視窗中看出，偏態數值為 0。（如圖 5-30）

● 圖 5-26

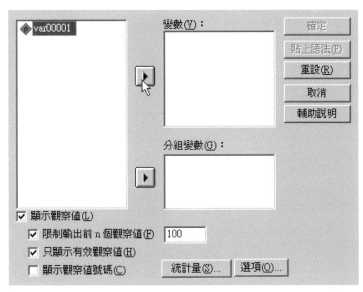

◎ 圖 5-27

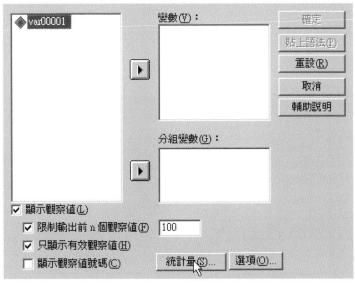

◎ 圖 5-28

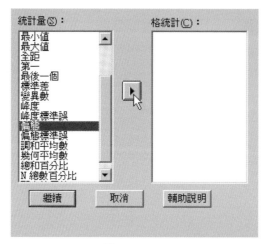

圖 5-29

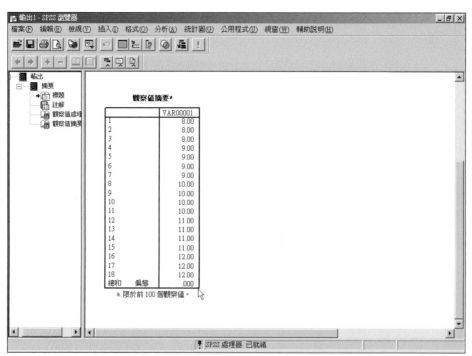

圖 5-30

5-4

峰　度

一、峰度(kurtosis)的意義

　　將許多不同的資料，描繪於圖上，我們可以發現這些次數分配圖，有的高峰較高狹，有的則較低闊，此種次數分配高峰的峻峭或低闊平坦之情形即稱之為峰度。而峰度係數(Coefficient of kurtosis)就是用來衡量資料分布的峰度高低情形，用來測度峰度之量數亦不帶單位，稱作峰度係數。

二、峰態係數的公式

　　測量峰度之量數為 β_2 係數或用 K 代表或係數 γ_2（ γ 讀作 gamma）其為四級動差除以 σ^4 的無名數，即

$$母體峰度：\beta_2 = \frac{\mu_4}{\sigma^4} = \frac{\frac{1}{N}\sum f(X-\mu)^4}{\sigma^4}$$

$$\gamma_2 = \beta_2 - 3$$

$$樣本峰度：\beta_2 = \frac{\frac{1}{n-1}\sum f(X-\bar{X})^4}{S^4}$$

$$\gamma_2 = \beta_2 - 3$$

三、峰度係數的型態

1. $\beta_2 > 3$ 或 $\gamma_2 > 0$，則次數分配之峰度為高狹峰(Lepto kuntgoisis)。

2. $\beta_2 = 3$ 或 $\gamma_2 = 0$，則次數分配之峰度為常態峰(Mesokuntosis)。

3. $\beta_2 < 3$ 或 $\gamma_2 < 0$，則次數分配之峰度為低闊峰(Playkurtosis)。
如圖 5-31 所示。

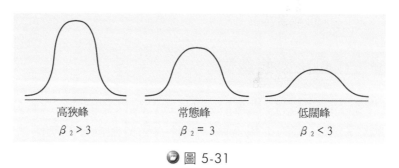

高狹峰	常態峰	低闊峰
$\beta_2 > 3$	$\beta_2 = 3$	$\beta_2 < 3$

◉ 圖 5-31

例 4　試就表 5-2 資料計算峰度係數，並說明峰度之形態。

◉ 表 5-2

X	f
8	3
9	4
10	4
11	4
12	3

解

X	f	$X-\mu$	$(X-\mu)^4$	$f(X-\mu)^4$	$(X-\mu)^2$	$f(X-\mu)^2$
8	3	−2	16	48	4	12
9	4	−1	1	4	1	4
10	4	0	0	0	0	0
11	4	1	1	4	1	4
12	3	2	16	48	4	12
$\mu=10$	18			104		32

因 $\sigma = \sqrt{\dfrac{1}{N}\sum f(X-\mu)^2}$

$\qquad = \sqrt{\dfrac{1}{18} \times 32} = \sqrt{1.78}$

$\qquad = 1.33$

故 $\beta_2 = \dfrac{\dfrac{1}{N}\sum f(X-\mu)^4}{\sigma^4}$

$\qquad = \dfrac{\dfrac{1}{18} \times 104}{(1.33)^4}$

$\qquad = \dfrac{5.78}{(1.33)^4} = 1.85$

$\gamma_2 = \beta_2 - 3 = 1.85 = -1.15$

因 $\beta_2 < 3$ 或 $\gamma_2 < 0$，故表 5-2 之資料為低闊峰分配。

SPSS 計算未分組資料之峰態係數(γ_2)，使用「分析」下「報表」的「觀察值摘要」。

在例 4 中，將課本的 18 個值輸入到表格內，按主選單中「分析」下「報表」的「觀察值摘要」（如圖 5-32），把 var00001 移至「變數」格內（如圖 5-33），再點選「統計量」（如圖 5-34），把「峰態」移至「格統計」格內再按「繼續」鍵後（如圖 5-35），回到「觀察值摘要」畫面再按「確定」鍵（如圖 5-36）。確定後，可由輸出視窗中看出，峰態數值為 -1.152。（如圖 5-37）

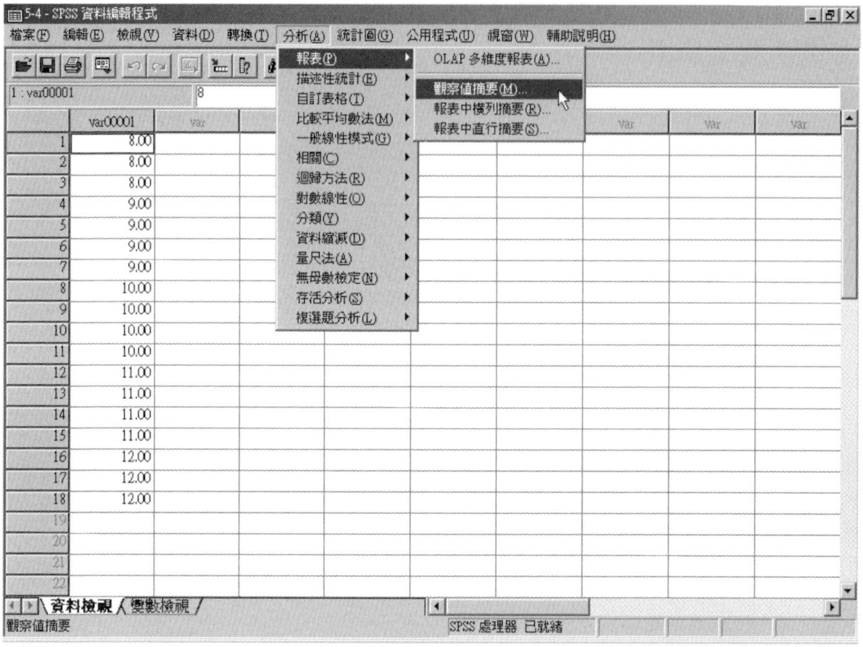
5-4 - SPSS 資料編輯程式
檔案(F) 編輯(E) 檢視(V) 資料(D) 轉換(T) 分析(A) 統計圖(G) 公用程式(U) 視窗(W) 輔助說明(H)
報表(P)
描述性統計(E)
自訂表格(T)
比較平均數法(M)
一般線性模式(G)
相關(C)
迴歸方法(R)
對數線性(O)
分類(Y)
資料縮減(D)
量尺法(A)
無母數檢定(N)
存活分析(S)
複選題分析(L)
OLAP 多維度報表(A)...
觀察值摘要(M)...
報表中橫列摘要(R)...
報表中直行摘要(S)...
1 : var00001
8
var00001
資料檢視
變數檢視
觀察值摘要
SPSS 處理器 已就緒

圖 5-32

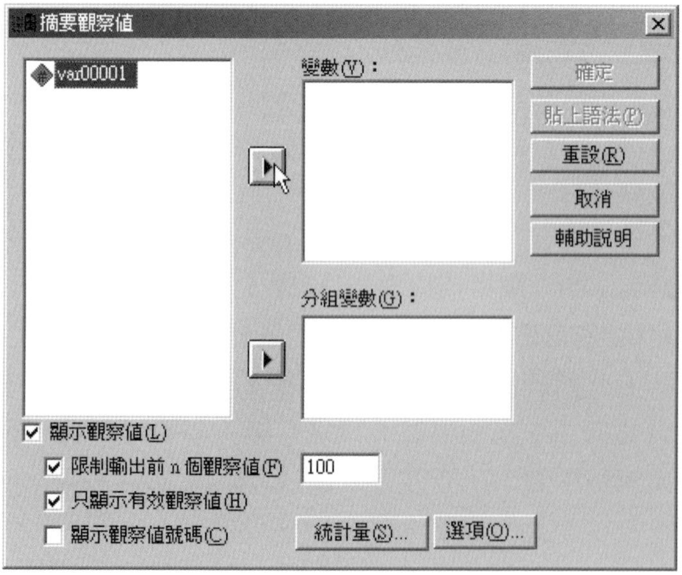
摘要觀察值
var00001
變數(V)：
分組變數(G)：
確定
貼上語法(P)
重設(R)
取消
輔助說明
顯示觀察值(L)
限制輸出前 n 個觀察值(F)
100
只顯示有效觀察值(H)
顯示觀察值號碼(C)
統計量(S)...
選項(O)...

圖 5-33

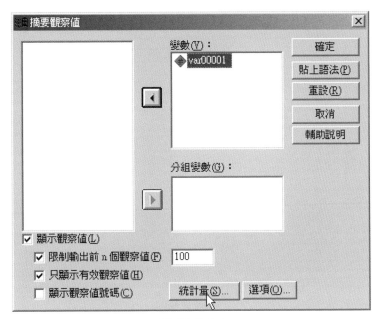

● 圖 5-34

● 圖 5-35

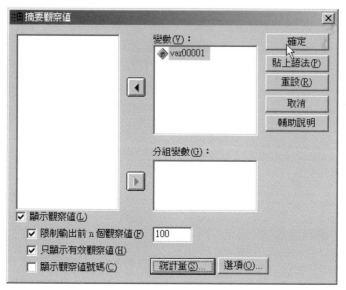

圖 5-36

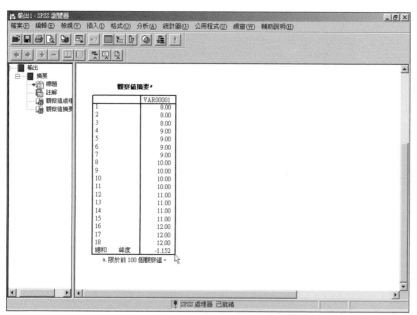

圖 5-37

習題五

1. 假設每日光臨可口餐廳的人數為一常態隨機變數，且已知平日的平均數為 40 人，標準差為 11 人。試求某日至少會有 50 人光顧此餐廳的機率。

2. 假設北市超級市場的每日平均營業額是以 12.3 萬元為平均數，1.4 萬元為標準差的常態分配，試計算營業金額在：(1)10.9 萬和 15.1 萬之間，及(2)少於 10 萬元的機率。

3. 假設某校期末考之統計成績是平均數 64 分及標準差 7 分的常態分配。現在若規定學生成績最差的 $\frac{1}{4}$ 要參加暑期輔導，試問成績多少分以下的同學必須參加？

4. 某段時間抽查高速公路上 10 輛汽車的車速如下（以公里計）：
   97, 92, 94, 88, 87, 83, 82, 87, 98, 72
   試問該資料為何種峰度及偏態的分配？

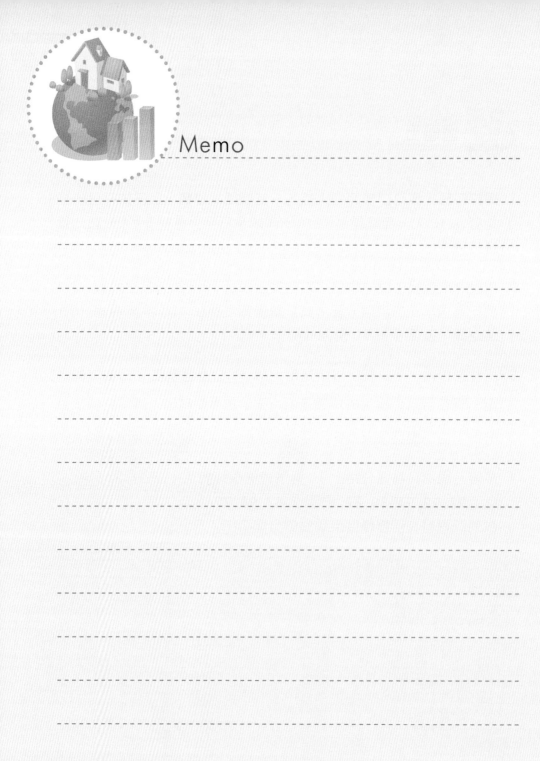

Memo

相關與迴歸分析

　　兩個各自獨立的變數，它們之間可能有所關聯，那麼它們關聯的程度大小為何呢？若這兩變數有高程度的相關，那麼如何找出能表示該種關係的公式呢？若二者關係的公式存在，當給定某一變數值，就能利用這公式去預測估計另一變數值，但此估計值的誤差又為何呢？以上所述的問題，就是任何相關與迴歸分析的步驟。例如打擊手的安打數與其出場打擊的次數，這兩個變數存在某種程度的關聯，我們可以藉此相關來預測每個打擊手上場的表現。

　　在統計推論中**相關分析**(Correlation analysis)與**迴歸分析**(Regression analysis)是重要主題之一。前者在探討各變數間關係的相關方向與強弱程度；後者則是探討研究之變數是自變數或因變數，再依樣本資料與相關理論，建立一數學模型（方程式），以供預測與估計之用。

6-1 相關分析

一、相關分析的意義

　　統計學上稱各種變量相互關係為相關(correlation)，例如我們知道單價與總數，價格與需求量，蟋蟀叫聲的頻率與溫度等現象，二者間均有密切的關係，這種兩變量間的相互關係，稱為**簡單相關**；若兩變量的關係可用直線方程式來表示的，稱為**直線相關**，若可用曲線方程式表示的，稱為**曲線相關**或**非直線相關**。

　　依兩種變量的變動趨向，直線相關又可分為**正相關**、**負相關**（或**反相關**）及**零相關**三種。當兩種變量同時增加或同時減少，即變動趨向一致時，稱為正相關，例如吸菸與肺癌，孩童的身高與體重等；當兩種變量一為增加另一為減少，或一為減少另一為增加，即變動趨向相反時，稱為負相關或反相關，例如短程賽跑中體重與速度，產品價格與需求量等；當兩種變量沒有特殊的關係，即其相關程度是零時，稱為零相關，例如血型與身高，體重與辦事能力等。

　　為了較容易看出兩個變量的相關情形，我們經常將兩個變量的變化數列描繪到座標圖中，此稱為**散布圖**(Scatter diagram)，其製作步驟如下：

(1) 指定兩條相互垂直的橫、縱軸為座標平面上的 x 軸及 y 軸，讓其各代表一種變量。

(2) 每一對的變量資料可看成座標平面上的一個點，然後將其描繪在座標平面上。

例1 研究某種昆蟲之叫聲頻率與氣溫的關係，得到的測量如表 6-1 所示，試求其散布圖。

● 表 6-1

溫　　度(°F)	45	46	48	50	52	53	54	56	58	60	61
叫聲頻率（次／秒）	37	40	46	55	57	62	70	73	81	83	89

解 讓 x, y 軸各表示溫度，頻率變量，然後將點(45,37)，(46,40)，(48,46)，…，(61,89)描在坐標平面上，如圖 6-1 所示。

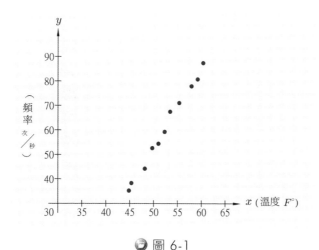

● 圖 6-1

在直線相關中,若散布圖中的各點,大概可作出一條左下到右上的直線,即斜率為正的直線,則此兩種變量為**正相關**,若各點大概可作出一條左上到右下的直線,即斜率為負的直線,則此兩種變量為**負相關**,因此例 1 中的某種昆蟲叫聲頻率與氣溫成正相關。至於兩變量間相關程度的高低,可由散布圖內各點散布範圍的廣狹情形來決定。

1. **完全相關:**

若各點完全散布於一曲線上或非垂直非水平的一直線上,則此兩變量間的相關程度達到最高,即為完全相關,如圖 6-2 及圖 6-3 所示。

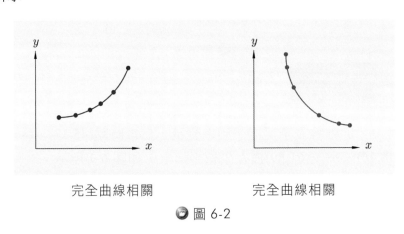

完全曲線相關　　　　　　　完全曲線相關

● 圖 6-2

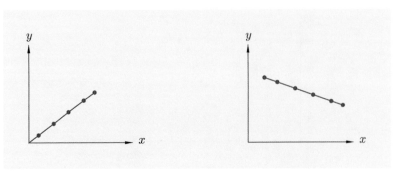

完全正相關　　　　　　　完全負相關

● 圖 6-3

2. 中度相關或低度相關：

若各點的散布趨勢像一條曲線或非垂直、非水平的直線，而當大多數的點散布於線兩旁的範圍越狹窄，則兩變量的相關程度就越高，如圖 6-4 所示為中度相關，圖 6-5 所示為低度相關。

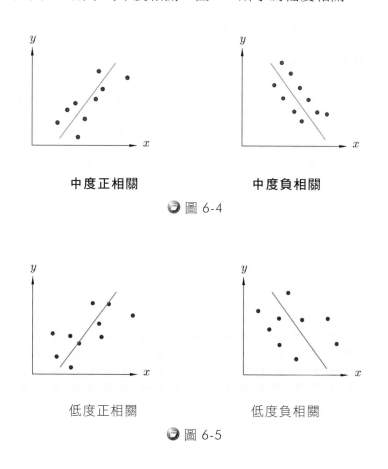

中度正相關　　　　　　中度負相關

圖 6-4

低度正相關　　　　　　低度負相關

圖 6-5

3. 零相關：

若各點的散布到處都有，沒有向上或向下的趨勢，則兩變量之間毫無關係，即為零相關，如圖 6-6 所示。或各點完全散布於一條平行或垂直 x 軸的直線上，即表示一變量的變化對另一變量不產生影響，所以兩變量亦為零相關，如圖 6-7 所示。

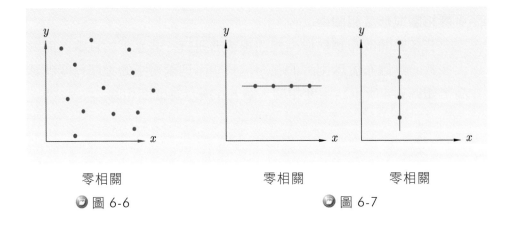

零相關　　　　　　　　　零相關　　　　　　零相關

🔵 圖 6-6　　　　　　　　　🔵 圖 6-7

二、相關係數

相關係數(Correlation coefficient)是兩組變量間相關程度的數字表現形式，作為母體間相互關係程度的母數，一般以 ρ 表示，作為樣本間的統計量數，就常用 r 表示。

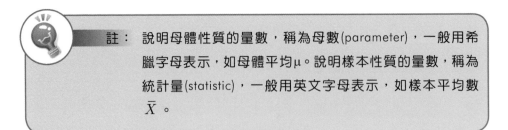

註：　說明母體性質的量數，稱為母數(parameter)，一般用希臘字母表示，如母體平均 μ。說明樣本性質的量數，稱為統計量(statistic)，一般用英文字母表示，如樣本平均數 $\overline{X}$。

Pearson 積差相關(Product moment correlation)係數，是最常用的相關係數，其為求直線相關的基本方法，由英國統計學皮爾生(Karl Pearson)於 20 世紀初所發展出來的統計方法，適用於兩個變數都是等距或比率變數的資料。設 $(X_1，Y_1)$，$(X_2，Y_2)$，……，$(X_n，Y_n)$為一組來自共同母體的樣本資料，則計算積差相關係數的公式如下：

$$r = \frac{\sum_{i=1}^{n} (X_i - \bar{X})(Y_i - \bar{Y})}{\sqrt{\sum_{i=1}^{n} (X_i - \bar{X})^2} \sqrt{\sum_{i=1}^{n} (Y_i - \bar{Y})^2}} = \frac{\Sigma XY}{\sqrt{\Sigma X^2 \cdot \Sigma Y^2}}$$

$$= \frac{\frac{1}{n}\sum_{i=1}^{n} (X_i - \bar{X})(Y_i - \bar{Y})}{S_x \times S_y}$$

$$= \frac{1}{n}\Sigma(Z_{x_i} \times Z_{y_i})$$

其中標準差

$$S_x = \sqrt{\frac{\sum_{i=1}^{n} (X_i - \bar{X})^2}{n}} \quad , \quad S_y = \sqrt{\frac{\sum_{i=1}^{n} (Y_i - \bar{Y})^2}{n}}$$

至於式中的 $\frac{1}{n}\sum_{i=1}^{n} (X_i - \bar{X})(Y_i - \bar{Y})$ 稱為**共變數**(covariance)。

而 $\sum_{i=1}^{n} (X_i - \bar{X})(Y_i - \bar{Y})$ 能反應兩組變量的一致性，即當 $(X_i - \bar{X}) > 0$，

$(Y_i - \bar{Y}) > 0$，或 $(X_i - \bar{X}) < 0$，$(Y_i - \bar{Y}) < 0$，則 $\sum_{i=1}^{n} (X_i - \bar{X}) \times (Y_i - \bar{Y}) > 0$；

且其大小是隨著 X_i 大，Y_i 也大，或 X_i 小，Y_i 也小之一致性程度而改變。然而，$(X_i - \bar{X}) > 0$ ，$(Y_i - \bar{Y}) < 0$ 或 $(X_i - \bar{X}) < 0$ ，$(Y_i - \bar{Y}) > 0$，則 $\sum_{i=1}^{n} (X_i - \bar{X}) \cdot (Y_i - \bar{Y}) < 0$，且其大小是隨著 X_i 大，Y_i 小，或 X_i 小，Y_i 大的程度而改變。因此共變數可以用來測量兩組變量的一致性程度。

故相關係數(r)實為 X, Y 兩變數各以其標準差為單位的離均差之乘積的算術平均數。

三、相關係數 r 之性質

相關係數 r 具有下列的性質：

1. $-1 \leq r \leq 1$。

2. $r > 0$，正相關，表其中一變數增加，另一變數亦增加，且 $r \rightarrow 1$ 相關程度越高，若(X, Y)的圖形為一帶狀且從左下方至右上方均落於 I 、III 象限內。

3. $r < 0$，負相關，表其中一變數增加，另一變數減小，且 $r \rightarrow -1$ 負相關程度越高，若(X, Y)的圖形為一帶狀且從左上方至右下方均落於 II 、III 象限內。

4. $r = 1$，完全正相關，即所有點位在斜率為正的一直線上。

5. $r = -1$，完全負相關，即所有點位在斜率為負的一直線上。

6. $r = 0$，零相關，即二變數無線性關係，但也可能具有其他之曲線關係。

7. $0 < |r| < 0.3$，表示低度相關； $0.3 \leq |r| < 0.7$，表示中度相關； $0.7 \leq |r| < 1$，表示高度相關。

8. 相關係數不是等距的度量值，因此不可以說 $r = 1$ 是 $r = 0.5$ 相關程度的兩倍。

 例2　某縣市舉辦學科競試，本校有十位同學參加，當成績是以 10 等級計算時，其數學及英文成績如表 6-2 所示：

📀 表 6-2

編號	1	2	3	4	5	6	7	8	9	10
數學	8	9	9	8	6	8	6	10	8	8
英文	5	7	8	9	4	8	6	7	6	10

試求：(1)數學成績與英文成績的散布圖。(2)此次競試，本校數學及英文二項成績的共變數及相關係數為何？

 (1) 設數學成績為 X 變量，計算後，知其算術平均數 $\overline{X}=8$，英文成績為 Y 變量，計算後，知其算術平均數 $\overline{Y}=7$，二者的散布圖如圖 6-8 所示。

SPSS

SPSS 繪製散布圖步驟如下：「統計圖」－「散布圖」－「簡單」。在已繪製之圖形上快速點兩下後，即可作圖形編輯。

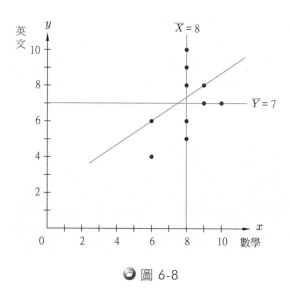

圖 6-8

 註： 在 SPSS 中，按一下複製，在 word(2010, 2013)，點選擇性貼上、點陣圖，即可把圖貼在 word 上。

	數學 (X)	英文 (Y)	x $(X_i - \bar{X})$	y $(Y_i - \bar{Y})$	xy $(X_i - \bar{X})(Y_i - \bar{Y})$	x^2 $(X_i - \bar{X})^2$	y^2 $(Y_i - \bar{Y})^2$
1	8	5	0	−2	0	0	4
2	9	7	1	0	0	1	0
3	9	8	1	1	1	1	1
4	8	9	0	2	0	0	4
5	6	4	−2	−3	6	4	9
6	8	8	0	1	0	0	1
7	6	6	−2	−1	2	4	1
8	10	7	2	0	0	4	0
9	8	6	0	−1	0	0	1
10	8	10	0	3	0	0	9
	$\bar{X} = 8$	$\bar{Y} = 7$			9	14	30

由上可知，其共變數為 $\dfrac{1}{n} \displaystyle\sum_{i=1}^{n} (X_i - \bar{X})(Y_i - \bar{Y}) = \dfrac{9}{10}$

$$r = \frac{\displaystyle\sum_{i=1}^{n} (X_i - \bar{X})(Y_i - \bar{Y})}{\sqrt{\displaystyle\sum_{i=1}^{n} (X_i - \bar{X})^2} \, \sqrt{\displaystyle\sum_{i=1}^{n} (Y_i - \bar{Y})^2}}$$

$$= \frac{9}{\sqrt{14} \times \sqrt{30}} \approx 0.439$$

其表示數學成績與英文成績為正向中度相關（偏向中低度），與散布圖吻合。

SPSS 計算 Pearson 相關係數之步驟如下：

🔘 **步驟一**：從主選單中選取「分析」－「相關」－「雙變數」（如圖
6-9）。

🔘 圖 6-9

◉ **步驟二**：將欲求相關係數之變數（數學、英文）移入變數欄（如圖
6-10）。

◉ 圖 6-10

◉ **步驟三**：選取 Pearson 相關係數法、單尾或雙尾檢定及相關顯著性
訊號後按「確定」（如圖 6-11）。

◉ 圖 6-11

　　由以上步驟，可在輸出視窗中得到數學成績與英文成績的相關係
數為 0.439，且相關程度未達到 0.05 顯著（如圖 6-12）。

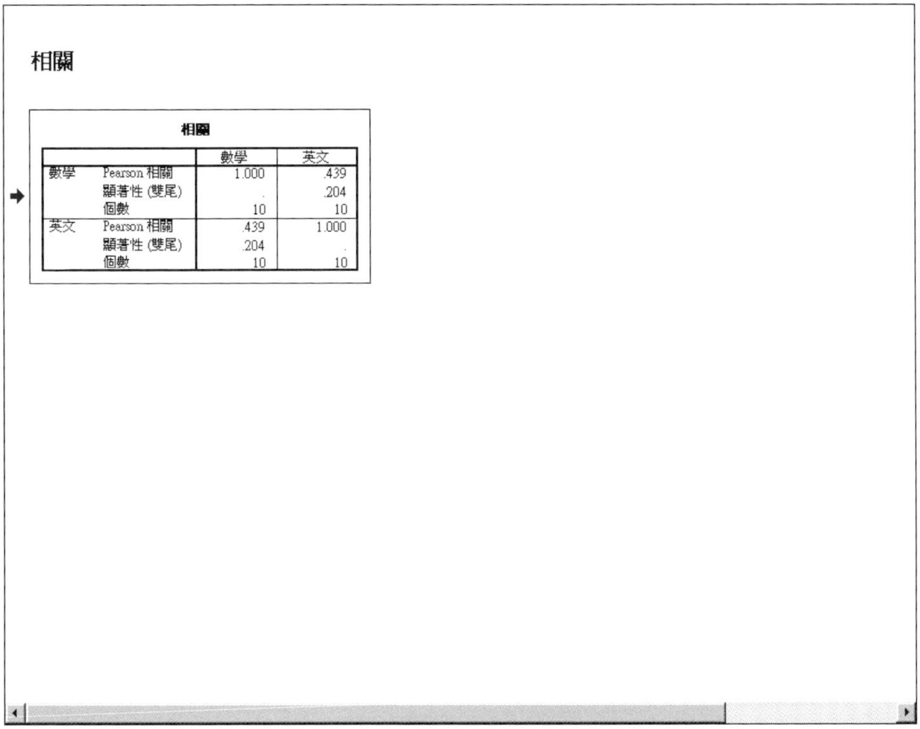

相關

相關		數學	英文
數學	Pearson 相關	1.000	.439
	顯著性 (雙尾)	.	.204
	個數	10	10
英文	Pearson 相關	.439	1.000
	顯著性 (雙尾)	.204	.
	個數	10	10

圖 6-12

例3 在例 2 中，若除了數學(X)與英文(Y)二變數外，尚有國文(Z)變數，則此時共有 $C_2^3 = 3$ 個相關，即 X 與 Y，X 與 Z，及 Y 與 Z 三個相關，試利用 SPSS，同時求出三個相關係數。十個同學的國文成績如表 6-3 所示。

表 6-3

編號	1	2	3	4	5	6	7	8	9	10
國文	9	7	8	8	10	6	9	5	7	9

解

● 步驟一：從主選單中選取「分析」－「相關」－「雙變數」（如圖
6-13）。

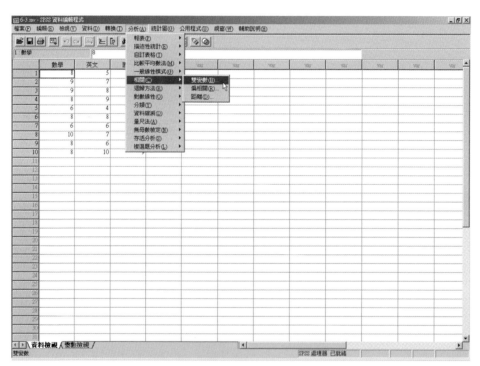

● 圖 6-13

◉ **步驟二**：將欲求相關係數之變數（數學、英文、國文）移入變數欄
（如圖 6-14）。

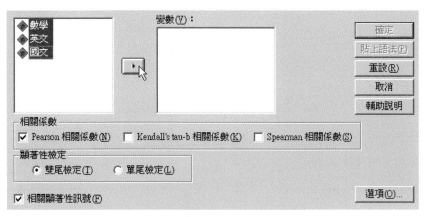

◉ 圖 6-14

◉ **步驟三**：選取需要的相關係數法、單尾或雙尾檢定及相關顯著性訊
號後按「確定」（如圖 6-15）。

◉ 圖 6-15

　　由以上步驟，可在輸出視窗中得到數學與英文，數學與國文，及英文與國文的相關係數分別為 0.439，−0.748，−0.275，且數學與國文之相關程度達到 0.05 顯著（如圖 6-16）。

相關

		數學	英文	國文
數學	Pearson 相關	1.000	.439	-.748*
	顯著性 (雙尾)	.	.204	.013
	個數	10	10	10
英文	Pearson 相關	.439	1.000	-.275
	顯著性 (雙尾)	.204	.	.442
	個數	10	10	10
國文	Pearson 相關	-.748*	-.275	1.000
	顯著性 (雙尾)	.013	.442	.
	個數	10	10	10

*. 在顯著水準為0.05 時 (雙尾)，相關顯著。

◉ 圖 6-16

6-2 直線迴歸

一、迴歸分析的意義

迴歸分析(Regression analysis)分為下列兩類：

1. **簡單迴歸(Simple Regression)**：

如果兩個變數 X、Y 有相關，且 X 的變動會影響到 Y，則我們可以透過兩個變數間的關係，找到代表此關係的方程式，再藉 X 及該方程式來預測 Y，如此方法即稱為迴歸分析。例如歌星的新歌 CD 發行量的好壞會受其打歌程度的影響，則我們可利用此二變數多次的關係，來找出一個數學方程式，再用打歌的次數來估計 CD 的發行量。簡單迴歸又分為：

(1) 直線迴歸(Linear Regression)：當兩個變數之間為直線關係，迴歸方程式呈線性，且僅有一個自變數。

(2) 非直線迴歸(NonLinear Regression)：當兩個變數之間為曲線關係。

2. **複迴歸(Multiple Regression)或多元迴歸**：

研究多個變數間的關係，且其中之一的變數 Y（因變數）會受其他變數（自變數）的影響，例如水果的產量會受施肥量，土質、氣候等因素的影響。

本節將以直線迴歸為主要內容。在直線迴歸中，變數 X 稱為**自變數**(Independent variable)或**預測變數**(Predictor variable)，變數 Y 稱為**因變數**(Dependent variable)或**反應變數**(Response valiable)。

二、迴歸直線

假若二變數為一直線相關，我們可以用一直線方程式 $\hat{Y} = \beta X + \alpha$ 來表示二者的關係，其中 $\hat{Y}$ 為 Y 的預測值，α 為 Y 截距，β 為斜率。在前面數學成績(X)與英文成績(Y)的例子中，由其散布圖，我們發現，該組資料的分布具有直線的趨勢，如圖 6-17 所示。

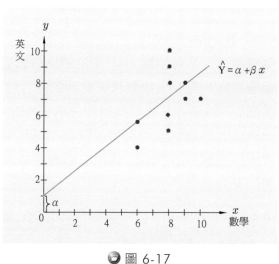

● 圖 6-17

事實上 6-17 圖中的直線不僅一條，因為當 X 取一個值時，並不一定只有唯一一個 Y 值與之對應，Y 值可能有多個，因此我們須求出多個 Y 值的代表值 $\hat{Y}$（注意$(X, \hat{Y})$不一定是散布圖中的一點）。而找出最適當且最能代表各點的迴歸直線，在統計上我們是採用最小平方法(Least squares method)又稱最小二乘法來估計參數 α、β。所謂最小平方法須符合下列兩個條件：

(1) $\Sigma(Y - \hat{Y}) = 0$。即估計值($\hat{Y}$)的誤差的代數和等於零。

(2) $\Sigma(Y - \hat{Y})^2$ 為極小值。即估計值的誤差的平方和為最小值。

下面將以圖形及例子來作說明。

例　如　$\hat{Y}=2.1X+9.5$

當設定 $X=45$ 時，實際的 Y_{45} 值為 108，

但 $\hat{Y}=2.1X+9.5=104$

故 $Y-\hat{Y}=108-104=4$

或當 $X=25$ 時，實際的 Y_{25} 值為 60，但 $\hat{Y}=2.1\times25+9.5=62$

故 $Y-\hat{Y}=60-62=-2$，如圖 6-18 所示。

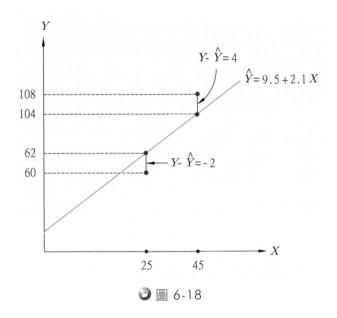

● 圖 6-18

　　以最小平方法為標準，再以微分的方法去求極小值，則可得到**迴歸直線方程式**$\hat{Y}=\beta X+\alpha$，其中

$$\beta=\frac{\sum_{i=1}^{n}(X_i-\bar{X})(Y_i-\bar{Y})}{\sum_{i=1}^{n}(X_i-\bar{X})^2}=\frac{\sum_{i=1}^{n}X_iY_i-n\bar{X}\bar{Y})}{\sum_{i=1}^{n}X_i^2-n\bar{X}^2}\,,$$

$$\alpha=\bar{Y}-\beta\bar{X}$$

其中 $\overline{X}$，$\overline{Y}$ 分別為變數 X，Y 的平均數，且 $(\overline{X},\overline{Y})$ 會位在迴歸直線 $\hat{Y}=\beta X+\alpha$ 上。而且

$$\beta = \frac{\sum(X_i-\overline{X})(Y_i-\overline{Y})}{\sum(X_i-\overline{X})^2}$$

$$= \frac{\sum_{i=1}^{n}(X_i-\overline{X})(Y_i-\overline{Y})}{\sqrt{\sum_{i=1}^{n}(X_i-\overline{X})^2}\sqrt{\sum_{i=1}^{n}(X_i-\overline{Y})^2}} \times \frac{\sqrt{\sum_{i=1}^{n}(X_i-\overline{Y})^2/n}}{\sqrt{\sum_{i=1}^{n}(X_i-\overline{X})^2/n}}$$

$$= r \times \frac{S_Y}{S_X}$$

因此 $\beta = \beta_{YX}$ 亦稱為 Y 對 X 的迴歸係數，同理 X 對 Y 的迴歸係數

$$\beta_{XY} = r \times \frac{S_X}{S_Y}$$

現在，由於迴歸直線的斜率為 $\beta = r \times \dfrac{S_X}{S_Y}$，又過點 $(\overline{X},\overline{Y})$，故由點斜式我們可將**迴歸直線方程式**改寫成

$$\hat{Y} - \overline{Y} = r \times \frac{S_Y}{S_X}(X-\overline{X})$$

因此我們可以由自變數 (X) 的值來預測或估計因變數 $(\hat{Y})$ 的值了。

例 4 求例 2 中數學成績對英文成績的迴歸直線方程式。當 $X=7$，或 $X=9$ 時預測的 Y 值為多少？

解 (1) 由例 2 可得

$$\beta = \frac{\sum_{i=1}^{n}(X_i - \bar{X})(Y_i - \bar{Y})}{\sum_{i=1}^{n}(X_i - \bar{X})^2} = \frac{9}{14}$$

$$\alpha = \bar{Y} - \beta\bar{X} = 7 - \frac{9}{14} \times 8 = \frac{13}{7}$$

因此迴歸直線方程式 $\hat{Y} = \beta X + \alpha$ 為

$$\hat{Y} = \frac{9}{14}X + \frac{13}{7}$$

(2) 當 $X = 7$，$\hat{Y} = \frac{9}{14} \times 7 + \frac{13}{7} = 6.36$

當 $X = 9$，$\hat{Y} = \frac{9}{14} \times 9 + \frac{13}{7} = 7.64$

 例 5 已知甲班學生智商與統計成績平均分數各為 100 與 72，標準差各為 8 與 5，智商與統計成績的相關係數為 0.65，試求統計成績對智商的直線迴歸方程式。若張生的智商為 105，試預測他的統計成績。

解 (1) 設智商變數為 X，統計成績變數為 Y，則由

$$\hat{Y} - \bar{Y} = r\frac{S_Y}{S_X}(X - \bar{X})$$

及 $\bar{X} = 100$，$\bar{Y} = 72$，$S_X = 8$，$S_Y = 5$，$r = 0.65$

可得 $\hat{Y} - 72 = 0.65 \times \dfrac{5}{8}(X - 100)$

化簡後可得 $\hat{Y} = 0.41X + 31$

(2) 若 $X = 105$，則 $\hat{Y} = 0.41 \times 105 + 31 = 74.05$

6-3 估計標準誤

由上一節知，設定一個 X 值，得到的預測（或估計）值 $\hat{Y}$，不見得等於實驗值 Y，如在例 4 中，當 $X = 9$ 時，$\hat{y} = 7.64$，但實際的 $Y = 8$；而 Y 與 $\hat{Y}$ 的差即為**估計誤差**(Error of estimate)，或**殘差**(residual)，即 $8 - 7.64 = 0.36$ 之值。而定義 Y 對 X 的**估計標準誤**(Standard error of estimate)為

$$S_{YX} = \sqrt{\dfrac{\sum\limits_{i=1}^{n}(Y_i - \hat{Y}_i)^2}{n}}$$

由 S_{YX} 的定義，首先必須先求出所有估計值 $\hat{Y}_i$，才能算出 S_{YX}，頗為不便，因此我們將導出 Y 對 X 的估計標準誤 S_{YX} 之另一個公式（證明在下一節），即

$$S_{YX} = \sqrt{1 - r^2}\, S_Y$$

由此公式可知，相關係數 r 值越大，估計標準誤 S_{YX} 越小，則所估計的值就越準確；相反地，r 值越小，S_{YX} 就越大，則估計值準確性就降低。

例6　試求例 2 資料中 Y 對 X 的估計標準誤。

解　由例 2 的解，可知 $S_Y^2 = \dfrac{\sum(Y_i - \overline{Y})^2}{n} = \dfrac{30}{10} = 3$ ，$r = 0.439$

故 $S_{YX} = \sqrt{1 - r^2}\, S_Y = \sqrt{1 - 0.439^2} \times \sqrt{3} = 1.556$

　　我們已知，若為常態分配，則有 68.26% 的機率介在 $\mu \pm \sigma$ 之間，有 95.44% 的機率介在 $\mu \pm 2\sigma$ 之間，有 99.74% 的機率介於 $\mu \pm 3\sigma$ 之間，因此若我們假設誤差為常態分配，則 Y 值有 68.26% 會介在 $Y \pm S_{YX}$ 之間，依此類推，如圖 6-19 所示，因此在例 5 中，若張生的

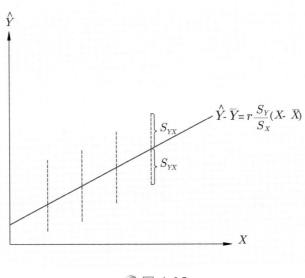

● 圖 6-19

智商為 105，預測的統計分數為 74.05，則表示張生的統計分數有 68.26% 的機率會落在 72±1.556 之間，即張生的統計成績在 70.444 到 73.556 之間的可能性有 68.26%。

6-4

決定係數

一、決定係數的意義

從例 4 可知當 $X=9$ 時，$\hat{Y}=7.64$（估計值），$Y=8$（實際值），而 $\bar{Y}=7$（平均數），如圖 6-20 局部放大圖所示：

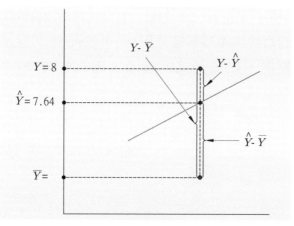

● 圖 6-20

因　　$Y-\bar{Y}=(Y-\hat{Y})+(\hat{Y}-\bar{Y})$

故　　$\sum(Y-\bar{Y})^2\ =\ \sum(Y-\hat{Y})^2\ +\ \sum(\hat{Y}-\bar{Y})^2$

　　　　　↑　　　　　　　↑　　　　　　　↑

即　　總平方和　＝誤差平方和 ＋ 迴歸平方和

　　　（SST）　　　（SSE）　　　（SSR）

$$\frac{\sum(Y-\bar{Y})^2}{n}\ =\ \frac{\sum(Y-\hat{Y})^2}{n}\ +\ \frac{\sum(\hat{Y}-\bar{Y})^2}{n} \quad\cdots\cdots\cdots\cdots\cdots (1)$$

因　　$\hat{Y}-\bar{Y}=r\dfrac{S_Y}{S_X}(X-\bar{X})$

故 $\dfrac{\sum(\hat{Y}-\bar{Y})^2}{n} = \dfrac{\sum\left[r\dfrac{S_Y}{S_X}(X-\bar{X})\right]^2}{n} = \sum r^2 S_Y^2$

因此(1)式可寫成 $S_Y^2 = S_{YX}^2 + r^2 S_Y^2$

或 $S_{YX} = \sqrt{1-r^2}\ S_Y$

因此在散布圖中任意一點的 Y 值到 $\bar{Y}$ 之距離 $(Y-\bar{Y})$ 可以分成兩部分，一部分為該點到迴歸直線的距離（即 $Y-\hat{Y}$ ），另一部分為迴歸直線到 $\bar{Y}$ 的距離（即 $\hat{Y}-\bar{Y}$ ）。若各點都很靠近迴歸直線，則 $(Y-\hat{Y})$ 很小，$(\hat{Y}-\bar{Y})$ 就占了 $(Y-\bar{Y})$ 的大部分，此表示誤差小，該迴歸方程式頗為適合。在討論 X 與 Y 變數之關係程度時，我們可以用下節所謂的決定係數 R^2 來作為評判標準，若 X 與 Y 關係越密切，則如上所言，SSR 在 SST 上所占比例應越大。

二、決定係數的定義

我們定義**決定係數**(Coefficient of determination)為迴歸平方和與總平方和的比值，即

$$R^2 = \frac{\text{SSR}}{\text{SST}} = 1 - \frac{\text{SSE}}{\text{SST}}$$

因 $0 \le \text{SSR} \le \text{SST}$，故 $0 \le R^2 \le 1$

決定係數 R^2 表示 Y 變數的變異能由 X 變數決定或解釋為可以正確預測的部分，事實上由

$$S_Y^2 = S_{YX}^2 + h^2 S_Y^2$$

可得 $n \times S_Y^2 = \text{SST}$，$n \times S_{YX}^2 = \text{SSE}$，$n \times r^2 \times S_Y^2 = \text{SSR}$

因此 $R^2 = \dfrac{\text{SSR}}{\text{SST}} = \dfrac{nr^2 S_Y^2}{nS_Y^2} = r^2$

即決定係數為相關係數的平方。在上述例 5 之智商與統計成績的例子中，$r=0.65$，故決定係數 $R^2=0.4225$，其表示 Y 變數（統計成績）的變異有 42.25% 可由 X 變數（智商）所決定，而其餘部分，即 $1-0.4225=0.5775$ 為誤差部分，其無法由 X 變數所決定。由此可知，若 R^2 越接近 1，表示 X 與 Y 的關係程度越高。

求國文成績對數學成績或英文成績的迴歸直線方程式。

● **步驟一：**從主選單中選取「分析」－「迴歸方法」－「線性」（如圖 6-21）。

● 圖 6-21

⊙ **步驟二**：將國文移入「依變數」中，數學及英文移入「自變數」中，
選取「確定」（如圖 6-22）。

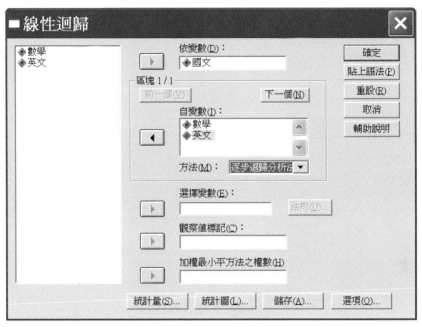

⊙ 圖 6-22

　　由以上步驟，可在輸出視窗中得知英文變數已被刪除，國文成績
的預測變數只有數學成績。國文與數學二變數之決定係數 .559（如圖
6-23 所示），其恰為二者之相關係數 R 的平方值，即 $(0.748)^2 = 0.559$。
因此國文成績對數學成績的迴歸直線方程式為

$$\hat{Y}_{國文} = -0.929 X_{數學} + 15.229$$

　　其中 $X_{數學}$ 的係數 −0.929 及常數 15.229 則如圖 6-23 中的第四個表
"係數^a" 所示。

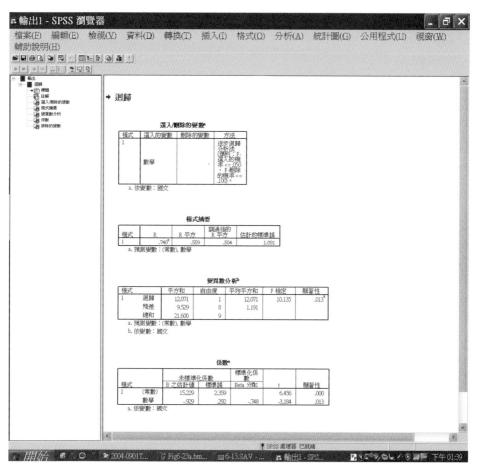

→ 迴歸

選入/刪除的變數

模式	選入的變數	刪除的變數	方法
1	數學		逐步迴歸分析法 (準則：F-選入的機率 <= .050，F-刪除的機率 >= .100)。

a. 依變數：國文

模式摘要

模式	R	R 平方	調過後的 R 平方	估計的標準誤
1	.748ᵃ	.559	.504	1.091

a. 預測變數：(常數)，數學

變異數分析ᵇ

模式		平方和	自由度	平均平方和	F 檢定	顯著性
1	迴歸	12.071	1	12.071	10.135	.013ᵃ
	殘差	9.529	8	1.191		
	總和	21.600	9			

a. 預測變數：(常數)，數學
b. 依變數：國文

係數ᵃ

模式		未標準化係數		標準化係數	t	顯著性
		B 之估計值	標準誤	Beta 分配		
1	(常數)	15.229	2.359		6.456	.000
	數學	-.929	.292	-.748	-3.184	.013

a. 依變數：國文

🔵 圖 6-23

例7 兩位保險業的員工，在四個月裡，成功拉保險對象的人數
(X)與其保險金額(Y)如表 6-4 所示，其中 Y 以萬元計。
試問甲、乙員工，哪一位業績較穩定？

表 6-4

甲	X	10	10	20	20
	Y	10	40	25	65

乙	X	10	10	20	20
	Y	28	22	43	47

解 (1) 甲

X_i	Y_i	$X_i - \bar{X}$	$Y_i - \bar{Y}$	$(X_i - \bar{X})(Y_i - \bar{Y})$	$(X_i - \bar{X})^2$	$(Y_i - \bar{Y})^2$
10	10	−5	−25	125	25	625
10	40	−5	5	−25	25	25
20	25	5	−10	−50	25	100
20	65	5	30	150	25	900
$\bar{X} = 5$	$\bar{Y} = 35$			200	100	1650

由上可知，$\beta = \dfrac{200}{100} = 2$，$\alpha = 35 - 2 \times 15 = 5$

因此，甲：$\hat{Y} = 2X + 5$

又 $S_Y^2 = 1650 \big/ 4$，$r = \dfrac{200}{\sqrt{100}\sqrt{1650}}$

故 $\text{SST} = 1650$，$\text{SSR} = nr^2 S_Y^2 = 400$，$\text{SSE} = 1250$

因此 $R_{甲}^2 = \dfrac{400}{1650} = 0.24$

(2) 乙

X_i	Y_i	$X_i - \overline{X}$	$Y_i - \overline{Y}$	$(X_i - \overline{X})(Y_i - \overline{Y})$	$(X_i - \overline{X})^2$	$(Y_i - \overline{Y})^2$
10	28	−5	−7	35	25	49
10	22	−5	−13	65	25	169
20	43	5	8	40	25	64
20	47	5	12	60	25	144
$\overline{X} = 15$	$\overline{Y} = 35$			200	100	426

故 $\beta = \dfrac{200}{100} = 2$，$\alpha = 35 - 2 \times 15 = 5$

乙： $\hat{Y} = 2X + 5$，與甲的相同

故 $SST = 426$，$SSR = nr^2 S_Y^2 = 400$，$SSE = 26$

因此 $R_\text{乙}^2 = \dfrac{400}{426} = 0.94$

因 $R_\text{甲}^2 < R_\text{乙}^2$，因此乙的業績較穩定。

　　而且因 $R_\text{乙}^2 = 0.94$ 接近 1，其表示 $\hat{Y} = 2X + 5$ 是一配適優良的迴歸直線，即乙樣本點極靠近迴歸線，反之因 $R_\text{甲}^2 = 0.24$ 較接近 0，其表示迴歸直線 $\hat{Y} = 2X + 5$ 與乙樣本資料配適不佳，我們可以從表 6-5 看出殘差的情形。

表 6-5

X	甲 Y	乙 Y	$\hat{Y}$	甲殘差	乙殘差
10	10	28	25	−15	3
10	40	22	25	15	−3
20	25	43	45	−20	−2
20	65	47	45	20	2

習題六

1. 表 6-6 為小新分別用不同重量的保齡球各打 5 局所得的分數，試問保齡球的重量和分數會有相關性嗎？

🔵 表 6-6

	第 1 局	第 2 局	第 3 局	第 4 局	第 5 局
12 磅	234	212	226	228	215
15 磅	183	167	180	171	169

2. 表 6-7 為櫻木花道在 5 局籃球比賽中所獲得的個人分數(X)和全隊得分(Y)，試問當他在某一局內拿了 25 分時，全場大約可拿多少總分？

🔵 表 6-7

	1	2	3	4	5
X	23	20	27	18	22
Y	94	88	107	105	96

3. 試以上一題檢驗 $\beta = \beta_{XY} = r \times \dfrac{S_Y}{S_X}$ 的關係。

4. 一家公司各電器品廣告費用(X)及其相對銷售額(Y)如表 6-8 所示，其中 X 以百萬元計，Y 以百台計。

🔵 表 6-8

X	2	3	4	7	6	2
Y	5	4	6	8	4	3

試求 S_{XY}，SST，SSE，SSR，及 R^2。

Memo

抽　樣

7-1

抽樣的方法

統計的主要目的即由所欲研究的母體抽出少數樣本，再藉該樣本所包含的訊息來推論該母體的特徵值，這也是所謂的**推論統計** (inferential statistics)，而前面我們所學的敘述統計與機率，就是推論統計的基礎。然而藉由少數樣本推論母體母數，二者之間的誤差究竟有多大？信賴程度又如何？想解決上述問題就必須先討論抽樣 (Sampling)。

一般統計調查的方法，依照調查的對象，可分為**普查**及**抽查**兩種。

若調查的對象為研究對象的全體，此種方法稱之為**普查**，例如：人口普查、工商普查等。一般除了重要特殊之統計資料或統計範圍較小的調查外，其他的就只須採用抽查的方式。

抽查是指調查的對象僅為研究對象的一部分，那些被抽出來研究的對象，稱為**樣本** (sample)，而這個抽出樣本的過程，稱為**抽樣** (sampling)，抽樣調查對象的全體稱之為**母群體**或**母體** (population)。與普查比較，當然利用抽查方式來蒐集資料，既經濟又方便，因此絕大多數原始資料的蒐集多採用此法，但是必須應用得當並且注意抽樣的合適性是否。一般我們考慮抽樣的合適性，即指是否抽取出來的樣本能夠代表全體；一般而言，抽選樣本的各種方法，均期望能滿足：(1)所抽得的樣本能代表母體。(2)由樣本推估母體之特性，要正確且能計算可靠度。(3)抽樣費用最低。而依母群體性質的不同，常用的抽樣有下列四種方法：(1)**簡單隨機抽樣法**，(2)**系統抽樣法**，(3)**分層隨機抽樣法**，(4)**部落或集體或叢式抽樣法**。以下將逐項討論之。

1. 簡單隨機抽樣法(Simple random sampling)：

又稱單純隨機抽樣法。此抽樣不受人為因素的影響，讓母群體中每一個個體都有均等被抽中的機會。例如欲調查本校 1500 名同學的心理狀況，基於人力、時間的考量，打算只抽出 15 名同學作調查，至於要如何執行簡單隨機抽樣呢？有兩種方法：

(1) **替代母群體（又稱籤條法）**：將全部 1500 名同學，從 1 到 1500 編號（或用其學號），再將這 1500 個數字分別寫在完全相同的紙片上，然後將這些紙片丟入一個箱中，將它們徹底攪亂，最後再從箱中隨機抽出 15 張紙片，這 15 張紙片上所寫的號碼，其代表的 15 位同學即為樣本。

(2) **隨機號碼表（又稱隨機數字法, Random Number Method）**：

該表是由機率法則編製而成的，即 0 到 9 十個數字出現的機率都相等，因此表上的號碼適合隨機抽樣的特性，現在我們來考慮上面的例子。同樣將全部 1500 名同學編號，編號的次序與方法可以隨意而不受任何限制，可是同一號碼不得重覆使用，譬如從 0001 到 1500 止，每一位同學有一個四位數字的號碼，然後從隨機號碼表（如附錄 B 所示）中抽出 15 個號碼，假設我們選用附錄 B 第一頁的第一、第二、第三及第四行，總共四行的號碼，自上而下而得到下面一系列的號碼，而當表中的號碼大於 1500，則捨棄不用，因此我們有 0549,1018,1499,0092；因為不夠 15 個號碼，所以繼續選用第五行～第八行，共四行的號碼，於是我們有 1489,0708,0367,0123；接著繼續選用第九～十二行，共四行的號碼，於是我們有 0478,1231,0280；繼續選用下四行的號碼，直到總共選取 15 個號碼為止，於是我們有 0515,0651,0431,0990。以上 15 個號碼所代表的 15 位同學即為樣本。

以上依隨機原理所得到的樣本，稱之為**隨機樣本**(Random Sample)。

2. **系統抽樣法**(Systematic sampling)：

假設某家有線電視者想調查其 10 萬安裝戶對其播放節目的滿意度，但其只考慮從 10 萬戶中選取 1 千戶作為隨機樣本來作調查，除了可以採用上面所述的簡單隨機抽樣的方式外，另外一種所謂的系統抽樣，對這個調查是比較簡便，其方法如下：首先將這 10 萬安裝戶編號，因為 $100,000 \div 1,000 = 100$，然後每 100 戶隨機抽樣選取 1 戶當樣本，所以依此系統抽樣，我們就可以組成 1000 個隨機樣本。假設第 1～第 100 戶所選出的樣本，其編號為 15，則第 101～第 200 戶，所選出的樣本編號為 115，依此類推，則此 1000 個樣本編號依次為 15，115，215，315，…，99915。

注意上面所抽出相鄰二戶，其號碼都相差 100，此數值稱為**抽樣區間長度**，因此假設母群體總數為 N，抽樣個數為 n，則抽樣區間長度 $k = \left[\dfrac{N}{n} \right]$，"[ ]"為高斯符號，然後從隨機號碼表中選取一隨機號碼 r，$1 \leq r \leq k$（如上，$r = 15$，$k = 100$），則 r，$k+r$，$2k+r$，$3k+r$，……，$(n-1)k+r$，即為所求的 n 個樣本。例如 $N = 50,031$，$n = 200$，則 $k = \left[\dfrac{50031}{200} \right] = [250.155] = 250$，再從每 250 個中隨機抽出一個（如 180）。

尚有另一種情形，例如 $N = 34528$，$n = 70$，考慮 $k = 500$，現在若從隨機號碼表中取 1758，則 1758，$1758 + 500$，$1758 + 2 \times 500$，……，$1758 + 69 \times 500$，則 1758，2258，2758，……，36258，其所對應的個體就是我們所求的 70 個樣本，然而第 67～70 個號碼分別為 34758，35258，35758 與 36258，此四數均分別大於總數字 34528 有 230，730，1230，1730，所以事實上最後四個數是編號 230，730，1230，1730 的四個。

然而如果母群體具有"循環性"變異的特性，就不適合使用系統抽樣法，例如我們想調查某市場每天的平均交易量，因為經常週日的交易量大於平日的交易量，所以此市場每天的交易量所組成的

母群體有週期性，所以如果我們抽中每個週日的交易量作為樣本，則高估了真正的平均交易量了。

3. **分層隨機抽樣法**(Stratified random sampling)：

　　假使我們想調查台中市生鮮超市的平均營業額，如果採用上面所述的簡單隨機抽樣或系統抽樣很可能抽中好幾個較大型的超市，如此就高估了超市的營業額，也可能抽中好幾個最小型的超市，如此就低估了超市的營業額，所以這些樣本無法適當地代表母群體，那麼究竟要以怎樣的方式來抽樣才較合理呢？首先將全台中市的生鮮超市（即母群體）依其營業額的多寡（即某一個衡量標準）分成大、中、小三組生鮮超市（即分成數個不重疊的子母群體，一般稱其為**層**），再從三組中的每一組隨機選取某些樣本，最後將這些簡單隨機樣本混合成單一樣本，來估計平均銷售量，如此的方法，稱之為**分層隨機抽樣**。

　　分層以後，再按各層 "大小" 比例，來決定各層抽出的樣本大小。在上例中，假設台中市共有 250 家生鮮超市，而大、中、小三組生鮮超市，各有 40、90、120 家，欲從其中抽出 25 家為樣本，則按比例來抽取，大、中、小三組，分別應抽出 4、9、12 家超市。除此法之外，為了需要，有時也以 "標準差" 為分層抽樣標準，若一層內標準差小，表個體同質性高，則樣本數應取較小；一層內標準差大，表個體同質性低，則樣本數應取較大。

4. **部落或集群或叢式或聚類抽樣法**(Cluster sampling)：

　　假設我們想估計自己所居住城市每戶的平均年收入，則該採用何種抽樣方式，既省時省力又容易得到樣本呢？如果使用上面所述的三種抽樣方法，則必須先要有此市全體住戶的姓名，才能抽樣，如果我們沒有足夠的時間及金錢去得到該市的戶籍名冊，則可考慮另一種調查方式，即將此城市依照某種標準（比如區域）分成差異甚小的若干組，每組稱之為**部落**(cluster)，並以這些部落組成一母群

體，然後從此母群體中隨機抽取若干部落，再對這些被抽出的部落做全面性的調查，如此我們只需要有被抽區域內的住戶姓名就可以了，不僅花費較小，也比較容易取得，最後再調查被抽出部落內每一戶或部分住戶的收入情形，這種調查方式就稱為**部落或集群或叢式或聚類抽樣法**。值得注意的是部落抽樣與分層抽樣二者的分類標準是完全相反，分層抽樣的分層標準是使各層間的差異變大，而部落抽樣標準卻是使各部落的差異甚小。

理論上，當然使用部落抽樣所得的估計值是比使用簡單隨機抽樣來得差，除非部落間的差異是十分微小，而能視部落為母群體的縮影，但是能找一個分類標準，而使得部落間的差異甚小，卻不是一件容易的事。

 例1　試從 100 個數值中（見光碟片中資料匣 CH.07 的檔案，檔名為：7-01.sav），以隨機抽樣找出 40 個樣本。

解

隨機抽樣使用步驟如下：
● **步驟一**：從主選單中選取「資料」－「選擇觀察值」（如圖 7-1）。
● **步驟二**：點選「觀察值的隨機樣本」後，選取「樣本」（如圖 7-2）。

◎ 步驟三：點選第二個，填入「恰好 40 個觀察值來自前 100 個觀察值」，並選取「繼續」（如圖 7-3）。

◎ 步驟四：選取「確定」（如圖 7-4）。

　　經由以上步驟，在資料檢視中會看到一欄變數 "filter_$"，其中 1 表示被隨機抽中，0 則表示未被抽中，且在觀察值的序號上也可看到過濾記號 "／"（如圖 7-5）。

　　隨機抽樣後，後續將以所抽樣出來的樣本進行統計分析。若想再針對所有觀察值進行分析，則必須再重複步驟一，並點選「重設」後按「確定」（如圖 7-6），就會回到原貌。

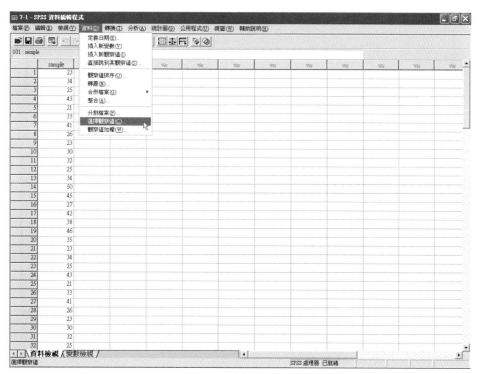

◎ 圖 7-1

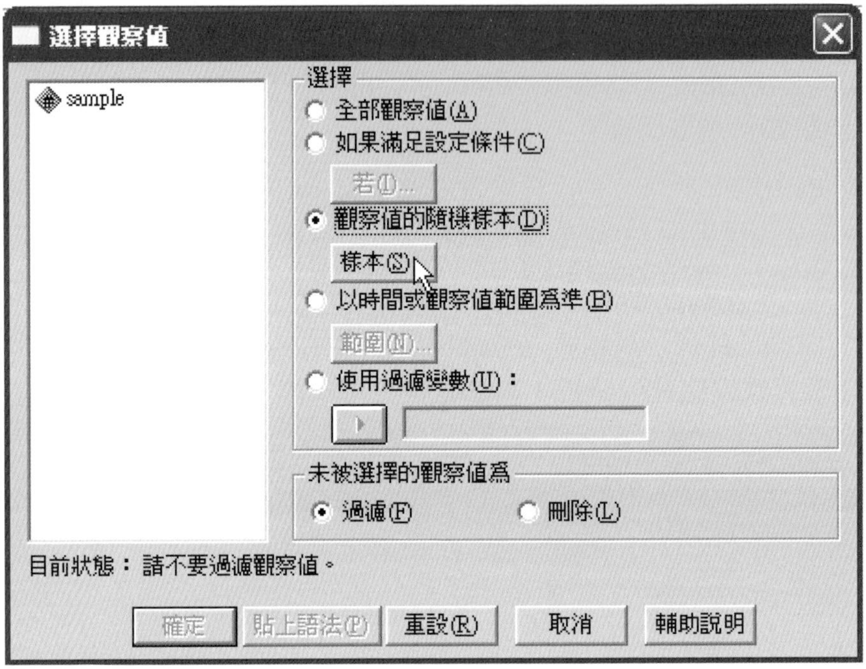
選擇觀察值
sample
選擇
全部觀察值(A)
如果滿足設定條件(C)
若(I)...
觀察值的隨機樣本(D)
樣本(S)...
以時間或觀察值範圍爲準(B)
範圍(N)...
使用過濾變數(U)：
未被選擇的觀察值爲
過濾(F)
刪除(L)
目前狀態：請不要過濾觀察值。
確定
貼上語法(P)
重設(R)
取消
輔助說明

圖 7-2

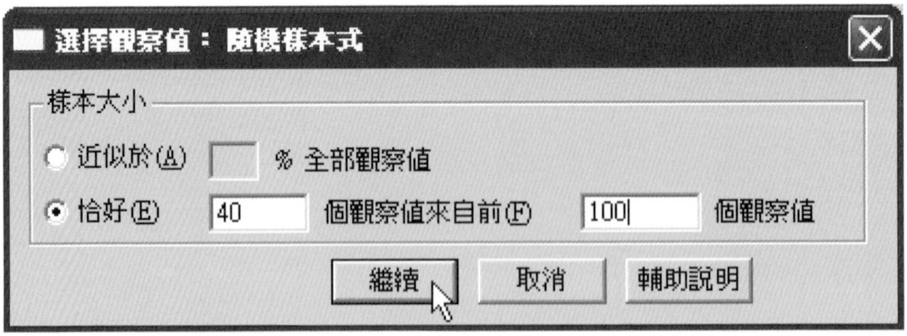
選擇觀察值：隨機樣本式
樣本大小
近似於(A)
% 全部觀察值
恰好(E)
40
個觀察值來自前(F)
100
個觀察值
繼續
取消
輔助說明

圖 7-3

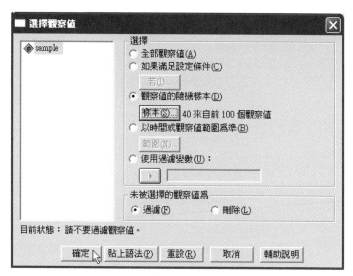

圖 7-4

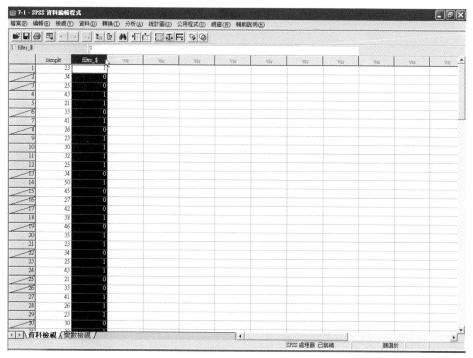

圖 7-5

◯ 圖 7-6

7-2

抽樣分配

一、平均數抽樣分配

在介紹抽樣分配之前,我們先認識兩個名詞,即母數或參數(Parameter)與統計量(Statistic)。**母數**乃用於表明母體的性質與特徵,如母體平均數μ,母體變異數σ^2;而由樣本計算而得的數值稱為**統計量**,其為隨機變數,隨抽出樣本的不同而有不同的值,如樣本平均數$\bar{X}$,樣本變異數S^2等。

　　抽樣分配(Sampling distribution)或樣本統計量分配就是某一統計量的機率分配。由母體中每次抽出一組大小固定的樣本，由此樣本就可求出一特定之統計量，則所有可能樣本所求得的該統計量所構成的次數分配，即為該特定樣本統計量的機率分配。例如從一個有 10 個個體的母體中，每次抽出 3 個個體，則共有 $C_3^{10} = 120$ 種可能的方法，即每一種的機率為 $\dfrac{1}{120}$，這 120 種不同樣本的平均數 $(\bar{X})$ 所建立的新母體，一般即稱為**平均數抽樣分配**(Distribution of sample means)。而這個新母體也有自己的平均數及標準差，這個平均數就是不同樣本（例如120 種）平均數 $\bar{X}$ 的平均值，而不同的 $\bar{X}$ 值所構成的資料是屬於那種分配，即它的形狀為何？統計量是樣本的表徵數，也是一種隨機變數，統計量的機率分配稱為抽樣分配(Sampling distribution)或樣本統計量分配，其亦為機率模型，是多次抽樣結果的機率模型，具有兩個功用：(1)可測量統計推論之不確定性程度的大小或誤差的大小。(2)可說明推論結果之可靠性的大小。抽樣分配的類別很多，最主要的有：常態分配、卡方分配（x^2 分配，Chi-square 分配）、F 分配、t 分配（Student分配），分述如下。這些都可由下列的中央極限定理(Central limit theorem)來說明。

二、中央極限定理

　　在一個平均數為 μ，標準差為 σ 的母體中，隨機抽取樣本大小為 n 的不同樣本組，計算每組的平均數 $\bar{X}$，我們可以得到平均數為 $\mu_{\bar{X}}$，標準差為 $\sigma_{\bar{X}}$ 的平均數抽樣分配，即使母體不是常態分配，但當樣本數 n 增加時（一般 $n \geq 30$），則平均數抽樣機率分配越會接近（近似）常態分配。且其平均數 $\mu_{\bar{X}} = \mu$，標準差 $\sigma_{\bar{X}} = \dfrac{\sigma}{\sqrt{n}}$，此即著名的中央極限定理(Central Limit Theorem; CLT)。

綜合言之：所謂中央極限定理即：

(1) 當樣本足夠大($n \geq 30$)時，不論母體之機率分配如何，$\overline{X}$ 的抽樣分配近似常態分配。此時若將常態變數 $\overline{X}$ 標準化，則可得出：

$$Z = \frac{\overline{X} - \mu}{\frac{\sigma}{\sqrt{n}}}$$

(2) 若樣本大小 n 足夠大($n \geq 30$)，則

$$Z = \frac{\sum_{i=1}^{n} X_i - n \cdot \mu}{\sigma \cdot \sqrt{n}}$$

近似標準常態分配；或者說，$\sum X_i$ 近似常態分配，其平均數為 $n\mu$，標準差為 $\sigma\sqrt{n}$ 。

假如投擲一公正骰子兩次（即 $n = 2$），則所有可能出現的情形有以下 36 種，若以兩次點數總和來分類，則有下列情形：

$$2 : (1,1)$$
$$3 : (1,2),(2,1)$$
$$4 : (1,3),(3,1),(2,2)$$
$$5 : (1,4),(4,1),(2,3),(3,2)$$
$$6 : (1,5),(5,1),(2,4),(4,2),(3,3)$$
$$7 : (1,6),(6,1),(2,5),(5,2),(3,4),(4,3)$$
$$8 : (2,6),(6,2),(3,5),(5,3),(4,4)$$
$$9 : (3,6),(6,3),(4,5),(5,4)$$
$$10 : (4,6),(6,4),(5,5)$$
$$11 : (5,6),(6,5)$$
$$12 : (6,6)$$

若求兩次點數和的平均數，則 $\bar{X}$ 的機率分配為

$\bar{X}$	1	1.5	2	2.5	3	3.5	4	4.5	5	5.5	6
機率 $p(\bar{X})$	$\dfrac{1}{36}$	$\dfrac{2}{36}$	$\dfrac{3}{36}$	$\dfrac{4}{36}$	$\dfrac{5}{36}$	$\dfrac{6}{36}$	$\dfrac{5}{36}$	$\dfrac{4}{36}$	$\dfrac{3}{36}$	$\dfrac{2}{36}$	$\dfrac{1}{36}$

　　骰子的機率分配原非常態，但其平均數抽樣分配，在 $n=2$ 時，接近常態分配，其平均數 $\mu_{\bar{X}}$ 與骰子原平均數 μ 一樣，且抽樣分配圖形較原來母體之分配集中，故標準差 $\sigma_{\bar{X}}$ 較 σ 小。母體的平均數 μ、標準差 σ 與抽樣分配的平均數 $\mu_{\bar{X}}$、標準差 $\sigma_{\bar{X}}$ 分別計算如下：

$$\mu = \frac{\sum X}{6} = 3.5 \text{，} \quad \sigma = \sqrt{\frac{\sum (X-3.5)^2}{6}} = 1.71$$

$$\mu_{\bar{X}} = \sum [\ \bar{X} \times P(\bar{X})\ ] = 3.5 \text{，} \quad \sigma_{\bar{X}} = \sqrt{\frac{\sum f(\bar{X}-3.5)^2}{36}} = 1.21$$

如圖 7-7 所示。

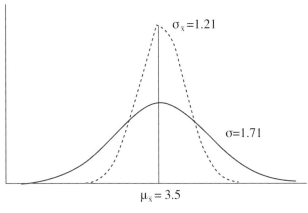

圖 7-7

例2　某家廠牌電池的壽命是以平均數為 100 小時，標準差為 8 小時的常態分配。若每 120 個電池組成一箱，試問：

(1) 隨意抽取一個電池，其壽命少於 98 小時的機率。

(2) 一箱 120 個電池的平均壽命少於 98 小時的機率。

解　(1) 因 $z = \dfrac{x - \mu}{\sigma} = \dfrac{98 - 100}{8} = -0.25$

故 $P_r(X < 98) = P_r(Z < -0.25)$

又由附錄 A 知 $P_r(0 \leq Z \leq 0.25) = 0.0987$

故 $P_r(Z < -0.25) = 0.5 - 0.0987 = 0.4013$，如圖 7-8 所示。

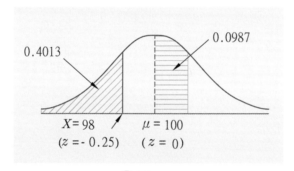

● 圖 7-8

(2) 因 $z = \dfrac{\bar{X} - \mu_{\bar{X}}}{\sigma_{\bar{X}}} = \dfrac{\bar{X} - \mu}{\sigma / \sqrt{n}} = \dfrac{98 - 100}{8 / \sqrt{120}} = -2.74$

故 $P_r(\bar{X} < 98) = P_r(Z < -2.74)$

又由附錄 A 知 $P_r(0 \leq Z \leq 2.74) = 0.4969$

故 $P_r(Z < 2.74) = 0.0031$，如圖 7-9 所示。

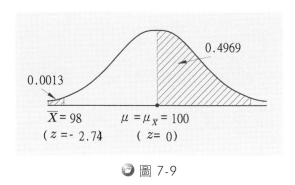

☉ 圖 7-9

在介紹下面分配之前，我們先認識所謂的**自由度**(degree of freedom)，即指樣本中能夠自由變動的數值個數，常以 $d.f.$或v表示。亦即可以自由決定的數值。

7-3

t 分配

一、t 分配的意義

t 分配是在 1908 年由英格蘭的化學家 W. S. Gossett(1876～1939) 探討：當母體為常態分配，但所抽出的樣本數很少，且僅知樣本的標準差時，所檢定樣本平均數與母體平均數是否有顯著差異問題的報告，因他以筆名 Student 發表，故今我們把此種方法稱之為 "Student t 分配(Student-t distribution)"。因此 t 分配的條件是：

1. 當母體成常態分配 $N(\mu，\sigma)$或接近常態分配。

2. 母體標準差 "σ" 未知，並以樣本標準差 S 來估計母體標準差。

3. 樣本數 n 很小（通常 $n < 30$）。

二、t 分配的公式

若 $X_1,X_2,\cdots,X_n$ 為取自常態母體(μ,σ)的隨機樣本，且 $\bar{X}=\dfrac{1}{n}\sum X_i$

與 $S^2=\dfrac{\sum(X_i-\bar{X})^2}{n-1}$。當 σ 為未知時，統計量

$$t=\frac{\bar{X}-\mu}{S/\sqrt{n}}$$

的抽樣分配為自由度 $n-1$ 的 t 分配。

三、t 分配的形狀及性質

若隨機變數 $T\sim t(d.f.)$，則

(1) 平均數：$E(T)=0$。

(2) 變異數：$V(T)=\dfrac{d.f.}{d.f.-2}$，其中 $d.f.$ 為自由度，$d.f.>2$。

(3) 偏態係數：$\beta_1=0$。

(4) 峰度係數：$\beta_2=\dfrac{3(d.f.-2)}{d.f.-4}$，其中 $d.f.>4$。

(5) t 分配曲線下的面積為 1，故 t 分配為機率分配。

由上列結果可看出：

t 分配與 z 分配相似，兩者皆是以 0 為中心的鐘形（對稱）分配。但是因 $V(t)>1$，故 t 分配之散布程度較 $N(0,1)$ 為大，即 t 分配的曲線其尾端遠較標準常態曲線分散。因 $\beta_2>3$，故其為高狹峰，然而隨著 $d.f.$ 增大，t 分配的變異數逐漸減小，當 $d.f.\to\infty$ 時，t 分配非常近似 $N(0,1)$ 的常態分配，換句話說，$t(\infty)\sim N(0,1)$。

　　t 分配的自由度乃與統計量 S 的分母 $n-1$ 一致。例如在圖 7-10
中 $d.f.=5$ 的 t 曲線乃表示自一常態母體中，重複地取大小為 $n=6$ 的隨
機樣本，而後由這些樣本所求得之所有 t 值的分配曲線；同理可得 $d.f.$
$=2$ 的分配曲線。因此每一個 $d.f.$就有一條 t 分配曲線。

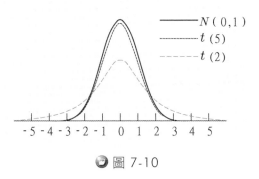

● 圖 7-10

例 3　設 X 代表某班級統計學成績，已知 $X \sim N(70, \sigma)$，即平均
數 $\mu=70$，而標準差 σ 未知。今自該班級抽出 16 位學生，
算出其標準差 $S=4$，則 16 位學生之平均成績在 72.13 以
上的機率為多少。

解　依題意知，此 16 位學生的樣本係抽自常態母體，且為小樣本及母
體標準差未知，故

$$\frac{\bar{X}-\mu}{S/\sqrt{n}} \sim t(15)$$

今欲知 $P_r(\bar{X} > 72.13)$

將之轉換成 t 分配的形式，即

$$P_r(\frac{\overline{X} - 70}{4 / \sqrt{16}} > \frac{72.13 - 70}{4 / \sqrt{16}}) = P_r(T > 2.13)$$

查書後附錄 C 的 t 分配表，可知機率為 0.025，其表示此 16 位學生之平均成績大於 72.13，占全班的 0.025，如圖 7-11 所示。

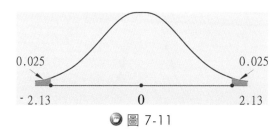

◉ 圖 7-11

在 t 分配表中，有單尾及雙尾檢定兩種，上述例 2，當 $d.f.$=15 時 $P_r(T>2.13)$=0.025，其為單尾檢定，至於

$P_r(T<-2.13$ 且 $T>2.13)$=0.05 則為雙尾檢定

而 $P_r(T>2.13)$=0.025 之意可解釋在自由度 15 時大於 2.13 的 t 值之機率有 0.025，或小於 2.13 的 t 值之機率有 0.975，即 $P_r(T<2.13)$=0.975。

四、t 分配的用途

1. 當小樣本且母體變異數未知時，可用做母體平均數的檢定與估計。
2. 當兩常態母體平均數做比較時，且母體變異數未知時可用之。

SPSS 計算 t 分配的函數採用 CDF.T 函數，其得到的是機率值。

格式如下：

　　　= CDF.T（q ,自由度）

　　其中，q 為 t 值。

　　使用 CDF.T 函數得到的為 t 分配的累積機率，故在計算上必須改為 1- CDF.T，才能算出機率值。

　　SPSS 其方法如下：

　　先在表格中輸入一些數字，再按「轉換」下的「計算」，在「函數」內找出 CDF.T（q,自由度）移至「數值運算式」，其中 q 為 t 值。

　　例 3 中，即在表格內填入 t 值為 2.13，選擇 SPSS 主選單中「轉換」下的「計算」（如圖 7-12），在「函數」內點選 CDF.T（q,自由度）移至「數值運算式」（如圖 7-13），把 t 值變數移至「數值運算式」（如圖 7-14），並將 CDF.T 第二個問號 "？" 填入自由度 15，即為 CDF.T（t 值,15）；並在「目標變數」訂變數 x（可自訂）（如圖 7-15），再按「確定」鍵，回到「資料檢視」可得結果為 0.975。（如圖 7-16）

● 圖 7-12

● 圖 7-13

● 圖 7-14

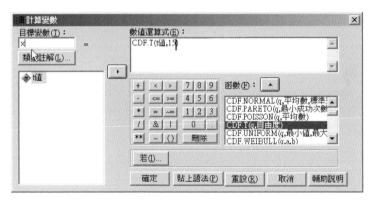

● 圖 7-15

◉ 圖 7-16

再計算機率值為 $1-$ CDF.T $= 1 - 0.975 = 0.025$。

SPSS 計算 t 分配的反函數採用 IDF.T 函數，其得到的是 t 值。
格式如下：

　　$=$ IDF.T（p，自由度）

注意其中 p 為累積機率值，是指 t 分配的 "單尾" 檢定下的機率
值。

　　先在變數 1 中輸入一些數字，再按「轉換」下的「計算」，在「函數」內找出 IDF.T（p,自由度）移至「數值運算式」，其中 p 為累積機率值。所以在計算時還要先換算過。

　　例 3 中，即在表格內填入機率值為 0.05，選擇 SPSS 主選單中「轉換」下的「計算」（如圖 7-17），在「函數」內點選 IDF.T（p,自由度）移至「數值運算式」（如圖 7-18），把機率值變數移至「數值運算式」（如圖 7-19）並修正為 "1-機率值／2"，即 p 值為 0.975，將 IDF.T 第二個問號 "？" 填入自由度 15，即為 IDF.F（1-機率值/2,15）；並在「目標變數」訂變數 x（可自訂）（如圖 7-20），再按「確定」鍵，回到「資料檢視」可得結果為 2.13。（如圖 7-21）

圖 7-17

● 圖 7-18

● 圖 7-19

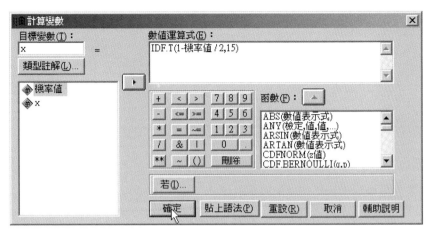

圖 7-20

圖 7-21

7-4 卡方分配

一、卡方分配的定義

從一個服從常態分配的母體中，即 $N(X；\mu，\sigma)$，每次隨機抽取 n 個樣本 $X_1，X_2，\cdots X_n$，然後每組樣本求算一個卡方統計量，其式如下：

$$\chi^2 = \sum_{i=1}^{n} (\frac{X_i - \mu}{\sigma})^2 = \chi^2(n)，即$$

$$\chi^2 = \sum_{i=1}^{n} Z_i^2$$

而就將 $\sum_{i=1}^{n} Z_i^2$ 命名為卡方（χ^2，讀做 chi [kaI] square）。

將以上的抽樣及 Z 轉換進行無限多次，可得到無限多個 χ^2，這些 χ^2 形成的分配就稱為卡方分配。

二、卡方分配的公式

若 $n=1$ 時，則

$$\chi^2 = \left(\frac{X - \mu}{\sigma}\right)^2 = Z^2$$

自由度$(d.f.)$為卡方統計量所含變量互相獨立的個數，卡方統計量中每含有一個條件式，即失去一個自由度。例如下列卡方統計量，

$$\chi^2 = \sum_{i=1}^{n} \left(\frac{X_i - \mu}{\sigma}\right)^2 \sim \chi^2(n)$$

由 n 個變數所組成，其中不含任何條件式，故其自由度為 n。

　　但若常態母體的平均數(μ)未知，而用樣本平均數($\bar{X}$)作為μ的估計值時，則其中就包含了一個條件式，即$\left(\displaystyle\sum_{i=1}^{n} X_i\right)\bigg/ n = \bar{X}$，故下列卡方統計量

$$\chi^2 = \sum_{i=1}^{n} \left(\frac{X_i - \bar{X}}{\sigma}\right)^2 = \frac{(n-1)S^2}{\sigma^2} \sim \chi^2(n-1)，$$
$$其中\ S^2 = \frac{1}{n-1} \sum_{i=1}^{n} (X_i - \bar{X})^2$$

而其自由度為 $n-1$。

　　因此在母體變異數為σ^2之常態母體中，隨機抽出 n 個獨立樣本，得其變異數為 S^2，則隨機變數$\dfrac{(n-1)S^2}{\sigma^2}$即稱為卡方分配(Chi-square distribution)，即

$$\chi^2 = \frac{(n-1)S^2}{\sigma^2}$$

三、卡方分配的形狀及性質

　　若隨機變數服從$\chi^2(d.f.)$，則

1. 期望值（平均數）：$E(\chi^2) = d.f.$。

2. 變　異　數：$V(\chi^2) = 2d.f.$。

3. 偏態係數：$\beta_1 = \sqrt{\dfrac{8}{d.f.}}$。

4. 峰態係數：$\beta_2 = 3 + \dfrac{12}{d.f.}$。

5. 卡方分配曲線下的面積為 1，故卡方分配為一機率分配。

　　由上列結果可看出，卡方分配的平均數即為其自由度，故知當自由度增加時，分配的中心位置右移。變異數為自由度的兩倍，故知當自由度增加時，分配的分散度會隨之擴大。偏態係數為正，故知卡方分配為右偏分態；同時當自由度增加時，分配漸趨對稱。峰度係數大於 3，分配的高峰高於常態峰，但當自由度增加時，峰度則趨近於常態峰。如圖 7-22 所示，可知每一個 $d.f.$ 就有一條卡方分配曲線。

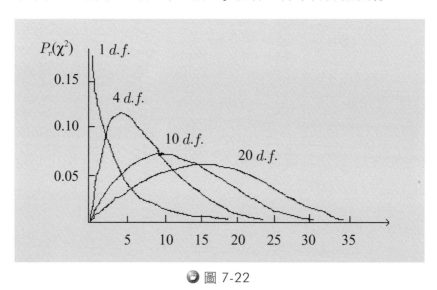

◯ 圖 7-22

例4　自 $\sigma^2 = 9$ 的常態母體中，隨機抽取 12 個個體為一組樣本，試問其變異數 S^2 大於 16.10 的機率

解　$P_r(S^2 > 16.10) = P_r(\dfrac{(n-1)S^2}{\sigma^2} > \dfrac{(n-1) \times 16.10}{\sigma^2})$

　　　　　　　　　$= P_r(\chi^2 > \dfrac{11 \times 16.10}{9}) = P_r(\chi^2 > 19.68)$

查 χ^2 機率表（附錄 D），知當 d.f.=11 時，$P_r(\chi^2 > 19.68) = 0.05$ 故其機率為 5%，如圖 7-23 所示。

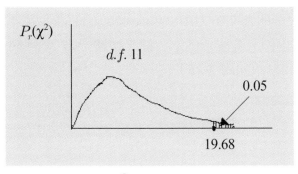

◯ 圖 7-23

在例 4 中，$P_r(\chi^2 > 19.68) = 0.05$，其意為在自由度 11 時，大於 19.68 的卡方值之機率有 0.05，或小於 19.68 的卡方值之機率有 0.95，即 $P_r(\chi^2 < 19.68) = 0.95$。

在 SPSS 中，使用 CDF.CHISQ 函數作為 χ^2 分配的累積機率。

書中公式為 $\chi^2 = \dfrac{(n-1)S^2}{\sigma^2}$ 是 χ^2 分配的單尾機率，其自由度為 $(n-1)$ 的卡方分配。故在計算上必須改為 $1 - $ CDF.CHISQ。

SPSS 其方法如下：

先在變數 1 中輸入一些數字，再按「轉換」下的「計算」，在「函數」內找出 CDF.CHISQ（q,自由度）移至「數值運算式」，其中 q 為卡方(χ^2)值。

例 4 中，即在表格內填入卡方值為 19.68，選擇 SPSS 主選單中「轉換」下的「計算」（如圖 7-24），在「函數」內點選 CDF.CHISQ （q,自由度）移至「數值運算式」（如圖 7-25），把 var00001（卡方值）移至「數值運算式」（如圖 7-26），並將 CDF.CHISQ 第二個問號 " ？ "

填入自由度 11，即為 CDF.CHISQ (var00001,11)；並在「目標變數」訂
變數 x （可自訂），再按「確定」鍵（如圖 7-27），回到「資料檢視」
可得結果為 0.95。（如圖 7-28）

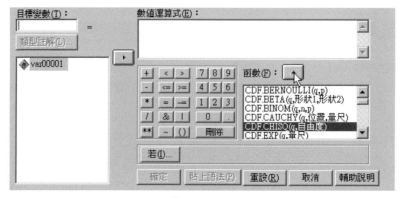

● 圖 7-24

● 圖 7-25

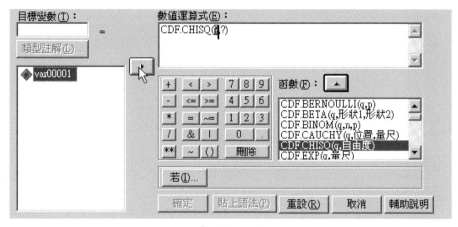

圖 7-26

圖 7-27

◉ 圖 7-28

再計算機率值為 1− CDF.CHISQ = 1 − 0.95 = 0.05。

SPSS 使用 IDF，CHISQ 函數作為卡方分配的反函數，其方法如下：

先在變數 1 中輸入一些數字，再按「轉換」下的「計算」，在「函數」內找出 IDF.CHISQ（p,自由度）移至「數值運算式」，其中 p 為累積機率值。所以在計算時還要先換算過。

例 4 中，即在表格內填入機率值為 0.05，選擇 SPSS 主選單中「轉換」下的「計算」（如圖 7-29），在「函數」內點選 IDF.CHISQ（p,自由度）移至「數值運算式」（如圖 7-30），把 var00001（機率值）移至「數值運算式」（如圖 7-31），並修正為 "1-var0001"，即 p 值為 0.95，

將 IDF.CHISQ 第二個問號 " ? " 填入自由度 11，即為 IDF.CHISQ
(1-var00001,11)；並在「目標變數」訂變數 y（可自訂），再按「確定」
鍵（如圖 7-32），回到「資料檢視」可得結果為 19.68。（如圖 7-33）

圖 7-29

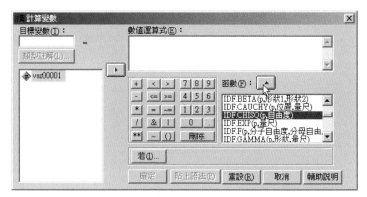

圖 7-30

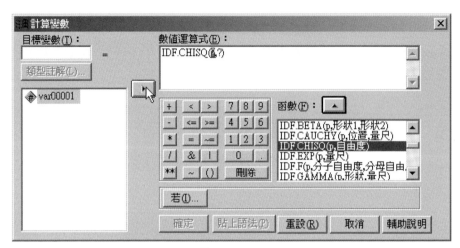

● 圖 7-31

● 圖 7-32

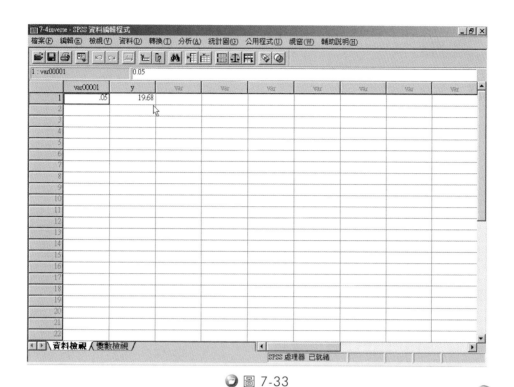

圖 7-33

當自由度$(d.f.)$趨近於無窮大時，卡方分配$\chi^2(d.f.)$是以常態分配 $N(\chi^2 ; d.f., 2d.f.)$為其極限；而$\sqrt{2\chi^2} - \sqrt{2d.f. - 1}$則以標準常態分配 $N(0,1)$為其極限。

因此在附錄 D 的χ^2分配機率表中，$1 < d.f. < 30$；當 $d.f. > 30$ 時，可將χ^2轉換成$\sqrt{2\chi^2} - \sqrt{2df - 1}$之 Z 值，再利用標準常態分配表 來查之。

 **例 5** 已知 $d.f. = 100$，試求 χ^2 大於 120 的機率。

解 $d.f. = 100 > 30$，

故讓 $Z = \sqrt{2\chi^2} - \sqrt{2d.f.-1}$

$\approx \sqrt{2 \times 120} - \sqrt{2 \times 100 - 1} \approx 15.49 - 14.11$

$= 1.38$

查附錄 A 知 $P_r(0 \le Z \le 1.38) = 0.4162$

故 $P_r(Z > 1.38) = 0.5 - 0.4162 = 0.0838$

即當 $d.f. = 100$，χ^2 大於 120 的機率為 8.38%。

四、卡方分配的用途

1. 常態母體變異數的估計與檢定。

2. 適合度檢定、獨立性檢定等常用到。

3. 卡方分配是無母數統計方法中最重要的機率模型之一，應用極廣。

7-5
F 分配

一、F 分配的定義

　　F 分配 (F-distribution) 是在 1924 年由英國統計學家 R. A. Fisher(1890～1962) 所提出，它在統計學上適用於兩種情況，其一為用於推論兩個母體變異數的是否相等場合，另一為用於變異數分析。

　　假設兩個常態分配的母體，其平均數與變異數分別為 μ_1，μ_2，與 σ_1，σ_2，自此二母體中分別抽出 n_1，n_2 大小的樣本，這些樣本都可計算 χ^2 值，因此我們可得到許多個 χ_1^2 與 χ_2^2；然後每個 χ_1^2 及 χ_2^2 隨機變數各除以其對應的自由度 $d.f._1$ 及 $d.f._2$（$d.f._1$ 可能為 n_1 或 n_1-1，$d.f._2$ 可能為 n_2 或 n_2-1），由此得到之比值，就稱為 F 比率，而這些 F 的分配機率即構成 F 分配，因此

$$F = \frac{\chi_1^2 / d.f._1}{\chi_2^2 / d.f._2} \sim F(d.f._1 \ , d.f._2)$$

其自由度為分子與分母的自由度 $d.f._1$ 與 $d.f._2$。

二、F 分配的公式

　　由 F 的定義，進一步地可得

$$F = \frac{\chi_1^2 / d.f._1}{\chi_2^2 / d.f._2} = \frac{\dfrac{(n_1-1)S_1^2}{\sigma_1^2} \times \dfrac{1}{n_1-1}}{\dfrac{(n_2-1)S_2^2}{\sigma_2^2} \times \dfrac{1}{n_2-1}}$$

即　　　　　　　　$$F = \frac{S_1^2 / \sigma_1^2}{S_2^2 / \sigma_2^2}$$

　　由上式可知 F 比率乃為樣本變異數各除以其母體變異數的比率。若是從同一個母體中抽樣，即 $\sigma_1^2 = \sigma_2^2$，則

$$F = \frac{S_1^2}{S_2^2}$$

三、F 分配的形狀與性質

若隨機變數 $F \sim F(d.f._{.1}, d.f._{.2})$，則

1. 期望值（平均數）：$E(F) = \dfrac{d.f._{.2}}{d.f._{.2} - 2}$，$d.f._{.2} > 2$。

2. 變異數：$V(F) = \dfrac{2d.f._{.2}^{2}(d.f._{.1} + d.f._{.2} - 2)}{d.f._{.1}(d.f._{.2} - 2)^{2}(d.f._{.2} - 4)}$，$d.f._{.2} > 4$。

3. F 分配曲線下的面積為 1，故 F 分配為一機率分配。

　　F 分配曲線的形狀隨自由度 $d.f._{.1}$ 與 $d.f._{.2}$ 的不同而不同，一般而言，F 分配為右偏分配，其隨著二自由度的增加而漸趨常態分配，如圖 7-34 所示。

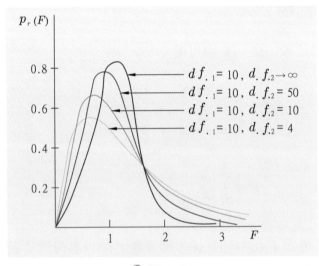

● 圖 7-34

　　例如已知 $d.f._{.1} = 10$，$d.f._{.2} = 4$，則查附錄 E 的 F 分配表，最上一列找分子的自由度 10 所在的那一行；再最左一行找分母的自由度 4 所在的那一列；行列的交集為「$\begin{matrix} 5.96 \\ 14.54 \end{matrix}$」，其表示

$$P_r(F > 5.96) = 0.05 \quad , \quad P_r(F > 14.54) = 0.01$$

$$\text{即 } F_{0.05}(10 \text{ , } 4) = 5.96 \quad , \quad F_{0.01}(10 \text{ , } 4) = 14.54$$

如圖 7-35 所示。

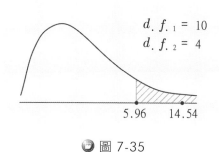

$d.f._1 = 10$
$d.f._2 = 4$

5.96　　14.54

● 圖 7-35

F 分配尚有以下性質：

(1) $F_{1-\alpha}(d.f._1, d.f._2) = \dfrac{1}{F_{\alpha}(d.f._2, d.f._1)}$ 。

例如 $F_{0.99}(4,10) = \dfrac{1}{F_{0.01}(10,4)} = \dfrac{1}{14.54} = 0.069$ 。

(2) $F_{\alpha}(1, d.f._2) = [t_{\alpha}(d.f._2)]^2$ 。

例如 $F_{0.05}(1 \text{ , } 20) = 4.35 \quad , \quad t_{0.05}(20) = 2.086$

而 $[t_{0.05}(20)]^2 = 2.086^2 = 4.35 = F_{0.05}(1 \text{ , } 20)$

四、F 分配的用途

1. 變異數分析。

2. 母體比例的估計與檢定。

3. 檢定兩母體變異數是否相等。

由以上所述，可知 t 分配、卡方分配、F 分配，均具有以下共同特性：(1)皆為重要之分配；(2)皆為小樣本分配；(3)皆為連續分配；(4)皆來自常態分配；(5)均具有自由度。

在 SPSS 中，使用 CDF.F 函數作為 F 分配的累積機率。

書中公式為 $F = \dfrac{S_1^2 \big/ \sigma_1^2}{S_2^2 \big/ \sigma_2^2} = \dfrac{\sigma_2^2 \times S_1^2}{\sigma_1^2 \times S_2^2}$　是 F 分配的單尾機率。

故在計算上必須改為 1－CDF.F。

SPSS 其方法如下：

先在表格內輸入一些數字，選取「轉換」下的「計算」，在「函數」內找出 CDF.F（q,分子自由度,分母自由度）移至「數值運算式」，其中 q 為 F 值。

故在上例中，在表格內填入 F 值 5.96，選擇 SPSS 主選單中「轉換」下的「計算」（如圖 7-36），在「函數」內找出 CDF.F（q,分子自由度,分母自由度）移至「數值運算式」（如圖 7-37），把 var00001（F 值）移至「數值運算式」（如圖 7-38），將 CDF.F 第二個問號 "？" 填入分子自由度 10，第三個問號 "？" 填入分母自由度 4，即為 CDF.F(var00001,10,4)，並在「目標函數」訂變數 y（可自訂），再按「確定」鍵（如圖 7-39），回到「資料檢視」可得結果為 0.95。（如圖 7-40）

🔵 圖 7-36

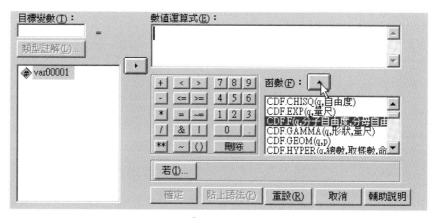

🔵 圖 7-37

◉ 圖 7-38

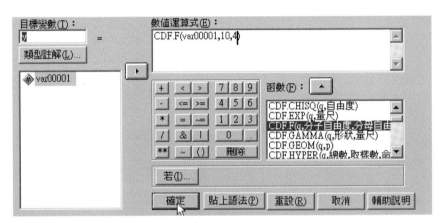

◉ 圖 7-39

● 圖 7-40

再計算機率值為 $1 - \text{CDF.F} = 1 - 0.95 = 0.05$。

同理 $\text{CDF.F}(14.54, 10, 4) = 0.99$，

再計算機率值為 $1 - \text{CDF.F} = 1 - 0.99 = 0.01$

SPSS 計算 F 分配的反函數採用 IDF.F 函數，其得到的是 F 值。
格式如下：

　　= IDF.F（p,分子自由度,分母自由度）

　　先在變數 1 中輸入一些數字，再按「轉換」下的「計算」，在「函數」內找出 IDF.F（p,分子自由度,分母自由度）移至「數值運算式」，其中 p 為累積機率值。所以在計算上還要先換算過。

　　上例中，即在表格內填入機率值為 0.05，選擇 SPSS 主選單中「轉換」下的「計算」（如圖 7-41），在「函數」內點選 IDF.F（p,分子自由度,分母自由度）移至「數值運算式」（如圖 7-42），把 var00001（機率值）移至「數值運算式」並修正為 "1-var0001"，即 p 值為 0.95（如圖 7-43），將 IDF.F 第二個問號 "？" 填入分子自由度 10，第三個問號 "？" 填入分母自由度 4，即為 IDF.F(1-var00001,10,4)；並在「目標變數」訂變數 x（可自訂），再按「確定」鍵（如圖 7-44），回到「資料檢視」可得結果為 5.96。（如圖 7-45）

圖 7-41

● 圖 7-42

● 圖 7-43

圖 7-44

圖 7-45

習題七

1. 假設某量販店顧客排隊等候結帳之時間為平均數 9.2 分,標準差 2.1 分的常態分配。若隨機抽取顧客 49 位,則他們平均等候時間大於 10 分的機率是多少?

2. 若某家連鎖超市的日營業額為一常態分配,其平均數為 10.8 萬元,標準差為 3.8 萬元。試問:

    (1) 從這些連鎖超市中隨機抽 1 家,其日營業額少於 5 萬元的機率為多少?

    (2) 若隨機抽取 10 家為樣本,則這些樣本的日營業額平均數介在 8 萬及 12 萬之間的機率為多少?

3. 當自由度為 41 時,求卡方值大於 50 的機率。

4. 假設食品業及美容業員工的薪資是常態分配,且兩者的變異數各為 1.5 萬及 2 萬元。現在隨機抽取食品業員工 20 人,美容業員工 18 人,計算他們薪資變異數,試問食品業的變異數是美容業變異數兩倍以上的機率是否小於 0.01?

5. 若 A 產牌汽車的使用年限為平均數 10.5 年的常態分配,但標準差未知。現在隨機抽出該產牌 25 輛汽車,計算其標準差為 3.5 年,則這些車輛的使用年限不足 8.75 年的機率有多少?

Memo

統計估計

統計推論可以分**假設檢定**（hypothesis testing 或 Tests of hypothesis）及**估計**(estimation)兩方面來討論。其中以樣本的資料來決定母體的特性，即屬於假設檢定，例如：是否大多數男生喜歡上網？或：是否較高的焦慮症會降低數學成就？我們是以"是"或"否"來回答。至於母體的估計則是以多少或範圍來回答問題，例如：有多少百分比的男生喜歡上網？或：較高的數學焦慮症會減低多少的數學成就？

　　本章則先討論統計估計，假設檢定則留至下一章再討論。估計就是以樣本的統計量來推估母體的母數；進一步解釋即為利用機率原理，來決定母體中未知的母數該以何種樣本的統計量來推測的最適統計法。在實際生活中，我們常用到樣本的資訊來推估整體真相，例如以學生在學校模擬考成績去預測他們聯考的成績。一般統計估計分為兩類，一為**點估計**(Point estimation)，另一為**區間估計**(Interval estimation)，分述如下：

1. 點估計(Point estimation)：

　　依據樣本資料求一估計值，用來表示未知參數的方法，該估計值稱為依母體參數的點估計值(Point Estimate)；亦即將樣本資料，代入某一統計量，然後根據其結果，用以估計該未知參數，因為此法是估計未知參數的一個數值，即估計一點，故稱為點估計。

2. 區間估計(Interval estimation)：

　　點估計僅是根據樣本資料估計出參數的一特殊數值，但樣本只是母體的一部分，且係隨機出現的，故根據樣本求得的點估計值與參數之間常有誤差，若欲了解誤差的大小如何？則須根據估計量及抽樣分配，到尋求該參數可能所在的範圍。

根據樣本資料得到點估計值及其抽樣分配與機率原理，提供母群體未知參數一個可能所在範圍的方法，稱為**區間估計**，其範圍稱之為**信賴區間**(Confidence Interval)。通常區間估計是根據母群體未知參數的優良估計量與其抽樣分配來建立的，所以區間估計是為點估計的延伸。因為在點估計中並不期望能百分之百準確地估計母體參數，但也不希望估計量與母體參數有很大的落差，故在區間估計中，先以樣本資料求得一點估計量，接著再以點估計量為中心，用樣本資料變異的程度導出一個估計區間，進一步決定該區間包含母體參數的可靠程度，區間估計則以上限與下限數值表示。

8-1 母體平均數的區間估計

一、意　義

樣本的平均數 $(\bar{X})$ 為母體平均數(μ)的最佳點估計數。由於樣本是隨機抽自母體中，故點估計量的代表性之精確度較為粗略，因此必須進一步依據估計量及其抽樣分配來尋求母數可能所在的範圍；而區間估計即是估計母數在某一區間或範圍的機率有多少，此機率就稱為**信賴係數**(Confidence coefficient)或**信賴水準**(Level of confidence)，或信賴度(Confidence degree)此一區間則稱為**信賴區間**(Confidence interval)。

信賴係數是預先選定的，我們用它來決定加、減多少單位來產生信賴區間。信賴係數一般用 0.95 或 0.99，以β代表之。

若以常態分配下的平均數為例，則 μ 在 $\bar{X}$ 加減一 $\dfrac{\sigma}{\sqrt{n}}$ 個標準差範圍內的機率是 0.68，μ 在 $\bar{X}$ 加減 1.96 個標準差範圍內的機率是 0.95，μ 在 $\bar{X}$ 加減 2.576 個標準差範圍內的機率則是 0.99。

當母體的標準差 σ 已知時，則根據中央極限定律 $\bar{X}$ 的抽樣分配之標準差為，因此我們有下列的公式。

二、公　式

母體平均數(μ)的區間估計分為(1)母體標準差(σ)已知，及(2)母體標準差(σ)未知兩種情形。

1. σ 已知：

在 0.95 信賴係數下，95% 的信賴區間為

$$\left[\bar{X} - 1.96 \frac{\sigma}{\sqrt{n}} \quad , \bar{X} + 1.96 \frac{\sigma}{\sqrt{n}} \right]$$

或　　$\bar{X} - 1.96 \dfrac{\sigma}{\sqrt{n}} \leq \mu \leq \bar{X} + 1.96 \dfrac{\sigma}{\sqrt{n}}$

在 0.99 信賴係數下，99% 的信賴區間為

$$\left[\bar{X} - 2.576 \frac{\sigma}{\sqrt{N}} \quad , \bar{X} + 2.576 \frac{\sigma}{\sqrt{N}} \right]$$

或 $\bar{X} - 2.576 \dfrac{\sigma}{\sqrt{n}} \leq \mu \leq \bar{X} + 2.576 \dfrac{\sigma}{\sqrt{n}}$

由此可知 0.99 的信賴區間包含 0.95 的信賴區間，從圖 8-1 可看出這個特性。

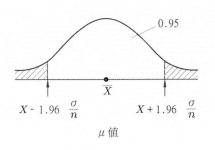

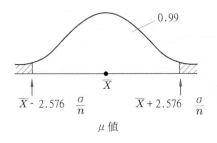

◉ 圖 8-1

例1 自資管科系學生中,隨機抽出 100 名測量身高($\sigma=15$),
而得其平均身高為 162 公分。試求該科系學生身高平均數
的 95% 信賴區間。

解 $\bar{X}=162$,$\sigma=15$,$n=100$,代入

$$\left[\bar{X}-1.96\frac{\sigma}{\sqrt{n}} \quad,\quad \bar{X}+1.96\frac{\sigma}{\sqrt{n}}\right]中$$

可得 $\left[162-1.96\frac{15}{\sqrt{100}} \quad,\quad 162+1.96\frac{15}{\sqrt{100}}\right]$

即 [159.06,164.94]為 95%的信賴區間,
其表示該科系學生有 95%的身高大約介在 159 到 165 公分之間。

2. σ 未知且 $n<120$：

然而當 σ 未知時，我們改採用 t 統計量。則在信賴係數為 $1-\alpha$ 下，$1-\alpha$ 的信賴區間為

$$\left[\bar{X} - t\frac{S}{\sqrt{n}}, \ \bar{X} + t\frac{S}{\sqrt{n}}\right]$$

其中 S 為 n 個樣本的標準差 S，自由度為 $n-1$，故須借助 t 分配表，查出 $t_\alpha(n-1)$ 之機率值。

 例2　自甲班同學中，隨機抽出 25 位調查他們每週上網時數，得出其平均數為 12 小時，標準差為 3 小時。試求該班學生上網平均時數的 95% 信賴區間。

解　$\bar{X}=12$，$S=3$，$n=25$，$df=24$

查 t 分配表，當 $df=24$，雙尾機率 $=0.05$，所對的 t 值為 2.064，因此代入

$$\left[\bar{X} - t\frac{S}{\sqrt{n}} \ , \ \bar{X} + t\frac{S}{\sqrt{n}}\right] 中$$

可得 $\left[12 - 2.064\ \dfrac{3}{\sqrt{25}} \ , \ 12 + 2.064\ \dfrac{3}{\sqrt{25}}\right]$

即　$[10.7616，13.2484]$ 為 95% 的信賴區間，

其表示該班有 95% 的同學每週上網時數約在 10.8 至 13.2 小時之間。

---

3. σ 未知且 $n>120$：

然而在 σ 未知，但樣本數 n 很大時，t 就逐漸接近 z，我們發現在 t 分配表中，當 $d.f.=\infty$ 時，t 值與 z 值就完全一致，如當 $\alpha=0.05$ 時，$t=1.96=z$，當 $\alpha=0.01$ 時，$t=2.576=z$ 等等。故，當 $d.f.>120$，表上查不到 t 值時，我們可用 z 值替代 t 值，因此

95% 的信賴區間為

$$\left[\bar{X} - 1.96\frac{S}{\sqrt{n}} \quad , \bar{X} + 1.96\frac{S}{\sqrt{n}} \right]$$

99% 的信賴區間為

$$\left[\bar{X} - 2.576\frac{S}{\sqrt{n}} \quad , \bar{X} + 2.576\frac{S}{\sqrt{n}} \right]$$

從以上公式我們得知，可藉著樣本數(n)的增加而使得母體的平均數 μ 值可能的範圍變小而越加精確。

以下我們將利用 SPSS 來求出信賴區間。

 例3　假設一調查員在中山高速公路上隨機抽取經過某一處的 20 輛汽車，他們的時速如下（以公里計）：

80	85	100	110	85	98	80	95	95	105
108	93	102	105	85	87	93	102	105	100

試求高速公路上汽車平均速度的 99% 信賴區間。

解

步驟一：從主選單中選取「分析」－「比較平均數法」－「單一樣本 T 檢定」（如圖 8-2）。

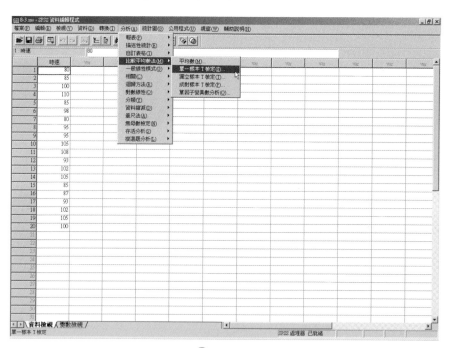

⊙ 圖 8-2

步驟二：將欲求信賴區間之變數(時速)移入檢定變數欄中(如圖 8-3)。

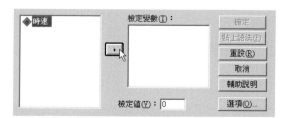

⊙ 圖 8-3

步驟三：選取「選項」（如圖 8-4）。

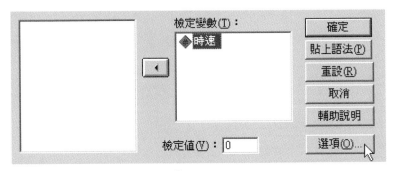

◉ 圖 8-4

步驟四：在信賴區間輸入 99，按「繼續」（如圖 8-5）。

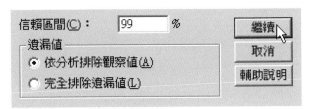

◉ 圖 8-5

步驟五：按一下「確定」（如圖 8-6）。

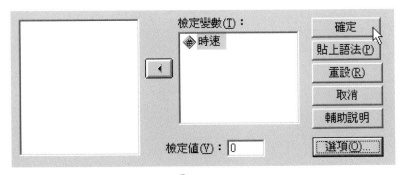

◉ 圖 8-6

由以上步驟，在輸出視窗中可得到高速公路上汽車平均速度的
99%信賴區間之下限為 89.66、上限為 101.64（如圖 8-7）。

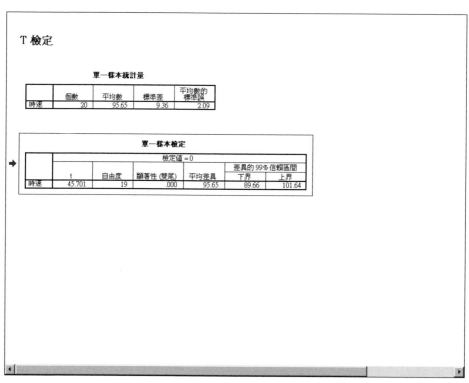

● 圖 8-7

8-2

母體比率的區間估計

一、意　義

母體的另一區間估計為**比率**或稱**百分比**，一般以 p 表示，例如甲生競選班長，在全班 45 人中得 15 票，則其得票率 $p = \dfrac{15}{45} = \dfrac{1}{3}$。假設投甲生一票為 1，不投甲生一票為 0，則甲生得票平均數為 $\bar{X} = \dfrac{\sum X}{N} = \dfrac{15}{45} = \dfrac{1}{3}$，由此可知比率之性質與平均數相同，即可視 p 為 $\bar{X}$。

若以 p 代表某事件的成功率，以 q 代表該事件的失敗率，

則 $q = 1 - p$，而其變異數

$$S^2 = \frac{\sum(X - \bar{X})^2}{N} = \frac{\sum X^2 - 2\bar{X}\ \sum X + N\bar{X}^2}{N}$$

$$= \frac{\sum X^2}{N} - 2\bar{X}^2 + \bar{X}^2 = \frac{\sum X^2}{N} - \bar{X}^2$$

對 0 與 1 而言，$\dfrac{\sum X^2}{N} = \dfrac{\sum X}{N} = \bar{X} = p$，因此

$$S^2 = p - p^2 = p(1 - p) = pq$$

即對比率而言，平均數為 p，標準差為 $\sqrt{pq}$。

二、公　式

因此母體比率之區間估計，在大樣本時，可採用母體平均數（σ已知）之區間估計的 Z 分配，即

95% 的信賴區間為

$$\left[p - 1.96 \ \frac{\sqrt{pq}}{\sqrt{n}}, \ p + 1.96 \ \frac{\sqrt{pq}}{\sqrt{n}} \right]$$

99% 的信賴區間為

$$\left[p - 2.576 \ \frac{\sqrt{pq}}{\sqrt{n}}, \ p + 2.576 \ \frac{\sqrt{pq}}{\sqrt{n}} \right]$$

 例 4　某家知名眼鏡公司為促銷其新產品，於是請工讀生按地區分發免費禮券 200,000 份，請顧客攜禮券上門免費驗光。結果發現 A 地區分配禮券量為 3,000 份，而實際回收量為 1,800 件。若該禮券回收量的信賴係數為 95%，則實際上分發的禮券回收量之最多及最少量各是多少？

解　$p = 1,800/3,000 = 0.6$
$q = 1 - 0.6 = 0.4$
由 $[p - 1.96 \times \sqrt{pq/n} \ , \ p + 1.96 \times \sqrt{pq/n}]$
$[0.6 - 1.96 \times \sqrt{0.6 \times 0.4/3,000} \ , \ 0.6 + 1.96 \times \sqrt{0.6 \times 0.4/3,000}]$
$[0.58，0.62]$，其表示信賴區間為 0.58 到 0.62。
故 $200,000 \times 0.58 = 116,000$ 為最少回收量，
$200,000 \times 0.62 = 124,000$ 為最多回收量。

8-3
母體變異數的區間估計

一、意 義

在產品的製造上，我們除了要求要有一定的平均水準外，產品品質的穩定性及一致性也是一項重要的考量；而品質的管制又可藉估計母體的變異數或標準差來掌握。前面我們是利用常態分配或 t 分配來估計母體平均數，本節將採用卡方分配來估計母體變異數。

二、公 式

在第七章我們已經學過 $\chi^2 = \dfrac{(n-1)S^2}{\sigma^2}$，因此母體變異數 σ^2 的信賴區間（或估計區間）為

$$\frac{(n-1)S^2}{\chi^2_{\frac{\alpha}{2}}} < \sigma < \frac{(n-1)S^2}{\chi^2_{1-\frac{\alpha}{2}}}$$

其中 α 為顯著水準，$\alpha = 1 - \beta$（β 為信賴係數），雙尾平均分配，則左右尾面積各為 $\dfrac{\alpha}{2}$，如圖 8-8 所示，則右尾右側的面積為 $\dfrac{\alpha}{2}$，其關鍵值則為 $\chi^2_{\frac{\alpha}{2}}$，而左尾左側的面積為 $\dfrac{\alpha}{2}$，故右側總共面積為 $1 - \dfrac{\alpha}{2}$，其關鍵值則為 $\chi^2_{1-\frac{\alpha}{2}}$。

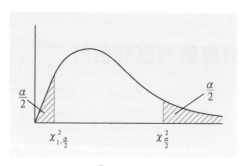

● 圖 8-8

例5　某家大醫院電話語音掛號服務宣稱：電話預約者，接通電話之前等候的時間大約 70 秒。在週一上班時間隨機抽取 13 個樣本，並記錄他們接通電話之前等候的時間如下（以秒計）：

$$104, 95, 125, 62, 38, 168, 74, 47, 31, 23, 88, 59, 19$$

若想了解其等候時間的差異程度以得之其服務品質，試求母體標準差 σ 之 99% 信賴區間。

解　根據 13 個樣本資料可得平均數為 71.77，接近宣稱的 70，故平均水準夠；為進一步探究一致性，因而須找出 σ 的 99% 信賴區間。$n=13$，故 $d.f.=13-1=12$，因 $\alpha=1-0.99=0.01$，雙尾平均分配，故各尾面積為 0.005。

查附錄 D 的卡方分配表，可得，

$$\chi^2_{\frac{\alpha}{2}} = \chi^2_{0.005} = 28.299 \qquad \chi^2_{1-\frac{\alpha}{2}} = \chi^2_{0.995} = 3.074$$

如圖 8-9 所示。

又求得 $S=43.57$，因此母體變異數的信賴區間為

$$\frac{(13-1)(43.57)^2}{28.299} < \sigma^2 < \frac{(13-1)(43.57)^2}{3.074}$$

即 $804.98 < \sigma^2 < 7410.59$　　　　或 $28.4 < \sigma < 86.1$

由此可見，該信賴區間範圍太大，亦即標準差之差異太大，因此電話預約者等候時間差距過大，該家醫院須尋求改進辦法。

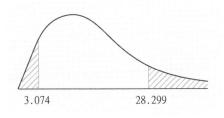

3.074　　　　　　　28.299

◎ 圖 8-9

　　除查表外，亦可利用 SPSS 得到卡方值，其步驟如下：

◎ **步驟一**：從主選單中選取「轉換」－「計算」（如圖 8-10）。

◎ **步驟二**：在「目標變數」中輸入新的變數名稱（如卡方.005），並在「函數」中找 "IDF.CHISQ（p,自由度）"（如圖 8-11）。

◎ **步驟三**：分別填入 p 值及自由度，即 IDF.CHISQ(0.005，12)並點選「確定」（如圖 8-12）。

　　經由以上步驟，$p=0.005$ 的卡方值就會出現在資料檢視中，其為 3.0738。欲求 $p=0.995$ 的卡方值，則必須重複以上步驟，但是變更為 CDF.CHISQ(0.995,12)，則可得卡方值約 28.2995。$p=0.005$ 及 $p=0.995$ 的卡方值如圖 8-13 所示。

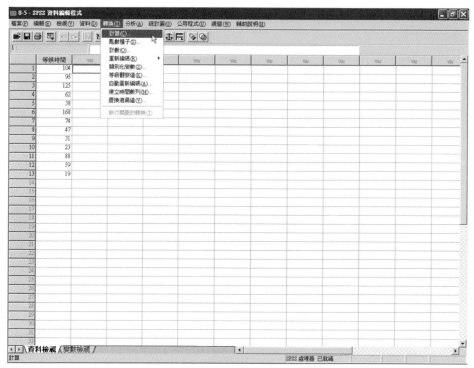

● 圖 8-10

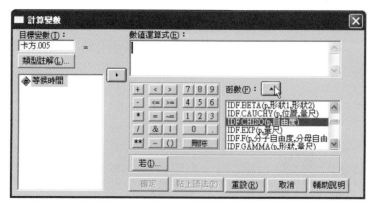

● 圖 8-11

● 圖 8-12

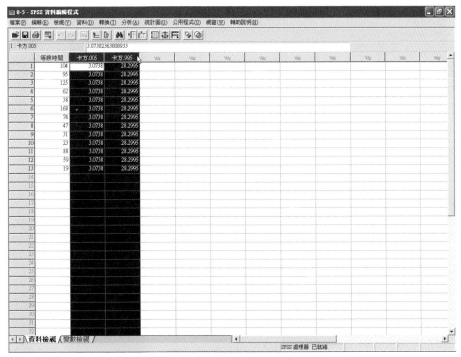

● 圖 8-13

習題八

1. 隨機抽樣 50 位公立圖書館的常客，發現他們每月借書的平均數目為 3.5 本($\sigma=2$)。試求該圖書館常客借書數目的 95% 信賴區間。

2. 隨機抽取其行業員工 25 名，發現他們每天中午在外的伙食費平均為 140 元，標準差 30 元。試求該行業員工每日中午在外伙食費 99% 的信賴區間。

3. 某大公司有員工 300 人，今隨機抽取 100 人為樣本，發現曾經出國旅遊的有 68 人，試據此推論該公司員工曾經出國旅遊的 95% 信賴區間。

4. 抽取某家公司的三合一麥片包裝 10 包，其內淨重（以公克計）如下：

    300, 292, 278, 275, 274, 280, 290, 293, 297, 276

    若該包裝標示的淨重為 280 公克，試利用此資料，求母體標準差 σ 的 95% 信賴區間。

假設檢定：
平均數之檢定

　　前一章我們提到統計估計，即用樣本去估計母群體的特性。例如有多少？多大？比例是多少等。

　　本章則對打算用這些估計去對母群體的特性問題作 "是" 或 "否" 的回答，在研究上，我們一般先提出一個假設，然後再檢定或考驗該假設是 "是" 或 "否"。例如高速公路車速設限每小時 90 公里，今隨機在高速公路某處抽樣 30 輛汽車，求它們的平均時速；再與 90 公里時速比較，假若樣本平均數 "遠大於" 90 公里，則我們相信母體的平均數大於 90 公里，但是若樣本平均數小於 90 公里或稍大於 90 公里，則我們就不能認為母群體的平均數大於 90。因此，我們需要一個標準來決定，樣本的平均數是否足夠大到宣稱母體平均數是大於 90 公里/時，而假設檢定就是作此種決策的一種統計方法。

9-1　假設檢定的基本概念

　　在研究上，我們先提出的一個假設，即稱為**虛無假設**(Null hypothesis)，以 H_0 表示，例如之前的母群體平均數是 90 公里/時，其有被推翻或拒絕的可能。而另一種情況是母群體的平均數是大於 90 公里/時，則稱之為**對立假設**(Alternative hypothesis)，以 H_1 或 H_a 表示。H_0 與 H_1 對立，推翻 H_0，就接受或支持 H_1；接受或支持 H_0，即推翻 H_1。

　　在什麼樣的標準下，我們可推翻或接受虛無假設 H_0，此所依據的標準即稱為檢定的**顯著水準**(Significance level)，以上例之 H_0：$\mu=90$，H_1：$\mu>90$ 而論，它規定樣本平均數要在 90 之上多遠處（即多大的數），才能宣稱母體的平均數也大於 90。此數字即稱為**關鍵值**，**顯著值**或**臨界值**(Critical value)。

　　一般常用的顯著水準有 0.05 及 0.01，習慣上用 α =0.01 及 α =0.05 表示。所謂 0.05 或 0.01 顯著水準，就是當虛無假設是正確時，而我們卻推翻它，此所犯錯的機率小於 0.05 或 0.01；因此使用 α =0.01 比 α =0.05 能減少錯誤結論的機率。在第八章我們學過信賴係數，其常用 $1-\alpha$ 表示，所以 α =0.05，即表示有 0.95 的信賴係數，或犯錯的機率為 5%；α =0.01，即表示有 0.99 的信賴係數，或犯錯的機率為 1%。由此可知，區間估計採用信賴係數 $(1-\alpha)$，而假設檢定採用顯著水準 (α)，事實上二者是採用相同的原則。

　　以上例而言，我們抽樣得到的 $\overline{X}$ 要與 90 有相當的差異，才能達到 0.05 的顯著水準；易言之，即 $\overline{X}$ 要與 90 有相當的差異，推翻 H_0 犯錯的機率才會小於 5%。假若差異已達到 0.05 顯著水準，就以 *$p<0.05$ 表示。當然若差異要達到 0.01 的顯著水準（以 **$p<0.01$ 表示），則 $\overline{X}$ 與 90 的差異就要更大。因此若達 0.01 顯著水準，就必會達到 0.05 的顯著水準。

　　以前例而言，我們提出虛無假設 H_0：μ =90，對立假設 H_1：μ >90，事實上根據特殊的情況，就可能有其他的對立假設。當我們相信真實的平均數 μ 比宣稱的值要大，則對立假設是表示成 H_1：μ >90。但我們若認為真實的平均數 μ 比宣稱的值要小，則對立假設就要表示成 H_1：μ <90。甚至我們僅認為真實的 μ 值與宣稱的 μ 值不同，而不管是太大或太小，這時對立假設就要表示成 H_1：$\mu \neq 90$。

　　前兩種的對立假設 H_1：μ >90 及 H_1：μ <90，稱為**單尾檢定**(One-tailed tests)，最後一種 H_1：$\mu \neq 90$，則稱為**雙尾檢定**(Two-tailed tests)。

H_1：μ>90 為右尾檢定(Right-tailed test)，它的推翻區在 $\bar{X}$ 抽樣分配的右側，若 $\bar{X}$ 大於關鍵值，即 $\bar{X}$ 落入推翻區，此時就要推翻虛無假設，如圖 9-1 所示。H_1：μ<90 為左尾檢定(Left-tailed test)，它的推翻區在 $\bar{X}$ 抽樣分配的左側，若 $\bar{X}$ 小於關鍵值，即 $\bar{X}$ 落入推翻區，此時就要推翻 H_0，如圖 9-2 所示。至於 H_1：μ≠90 的推翻區則在 $\bar{X}$ 抽樣分配的左、右兩側，當 $\bar{X}$ 大於右尾的關鍵值，或小於左尾的關鍵值時，此時就要推翻 H_0，如圖 9-3 所示。

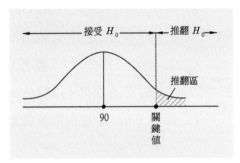

右尾檢定

◉ 圖 9-1

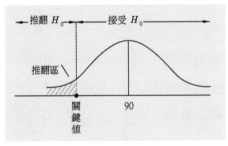

左尾檢定

◉ 圖 9-2

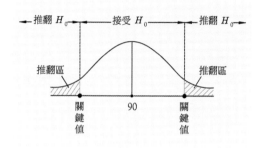

雙尾檢定

● 圖 9-3

　　虛無假設代表一個沒有效應的敘述，相反地，對立假設則代表一個有效的敘述；而假設檢定是一種方法，以樣本的統計量，對 H_0 或 H_1 所代表之母體的母數作出抉擇。若以 μ_0 為假定之母體平均數（如前例之 90），由前例可知，虛無假設及對立假設有下列三種寫法：

(1) **右尾檢定**：$\begin{cases} H_0 & : \mu = \mu_0 \\ H_1 & : \mu > \mu_0 \end{cases}$

(2) **左尾檢定**：$\begin{cases} H_0 & : \mu = \mu_0 \\ H_1 & : \mu < \mu_0 \end{cases}$

(3) **雙尾檢定**：$\begin{cases} H_0 & : \mu = \mu_0 \\ H_1 & : \mu \neq \mu_0 \end{cases}$

　　之前提過在 α 的顯著水準下，若推翻 H_0，即達到顯著差異，至於是否推翻 H_0 與關鍵值有關，而關鍵值與所定的顯著水準(α)有關。在此以標準常態分配的關鍵值來說明 "達 0.01 顯著水準就必達 0.05 顯著水準"，如圖 9-4 所示。

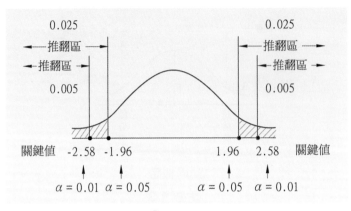

圖 9-4

一般假設檢定的步驟如下：

(1) 提出虛無假設 H_0 及對立假設 H_1。

(2) 選用適當統計量的抽樣分配，例如：Z 分配，t 分配，χ^2 分配或 F 分配。

(3) 根據選定的分配，以觀測樣本的資料去計算檢定的統計量。

(4) 依據顯著水準(α)，查表找出關鍵值。

(5) 將(3)的檢定統計量與(4)的關鍵值比較，判斷推翻或接受 H_0。

9-2 一個平均數的檢定

一個平均數的檢定是依據樣本的平均數 ($\bar{X}$) 以檢定虛無假設之母體平均數($H_0 : \mu = \mu_0$)是否能被接受或推翻。分下列兩種情況：

(1) 若母群體的標準差(σ)已知，則用 Z 檢定：

$$Z = \frac{\bar{X} - \mu}{\sigma/\sqrt{n}}$$

(2) 若母群體的標準差(σ)未知，故只能從觀測樣本求知樣本標準差 S，則用 t 檢定：

$$t = \frac{\bar{X} - \mu}{S/\sqrt{n}} \text{，自由度為 } n-1$$

在(2)情況下，當樣本數很大時，則採用 Z 檢定。

例1 某校報導孩童每天平均消耗 320c.c.的飲料，且其標準差為 50c.c.。今在一個隨機選取該校的 100 位孩童樣本調查中發現他們平均飲用量為 312c.c.。試問在 0.05 顯著水準下能否推翻 μ=320 的虛無假設。

解 (1) H_0：μ=320

   H_1：$\mu \neq 320$

(2) 已知母體 σ，故選用 Z 檢定。

(3) 已知 μ=320，σ=50，$\bar{X}$=312，n=100

   故 $\dfrac{\bar{X} - \mu}{\sigma/\sqrt{n}} = \dfrac{312 - 320}{50/\sqrt{100}} = -1.6$

(4) α=0.05，兩尾檢定，Z 分配表的關鍵值為 ±1.96。

(5) 因 Z=−1.6>−1.96，故未能推翻虛無假設，如圖 9-5 所示。

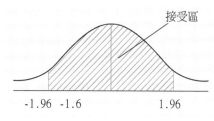

圖 9-5

例2 甲公司宣稱 A 款進口車售價為新台幣 120 萬元，今隨機抽取 25 位擁有此款車型的車主調查，售價如下：120.4, 119.9, 120.8, 120.9, 118.1, 122.1, 121.0, 121.8, 121.3, 119.7, 120.9, 121.8, 121.0, 121.7, 122.3, 118.8, 121.7, 118.7, 121.3, 122.8, 122.0, 122.2, 123.0, 121.0, 120.8。得知其平均所付價格為 121 萬元，標準差為 1.2 萬元，試在 0.05 顯著水準下檢定該公司的宣稱是否太低？（參考光碟片內檔名為 9-02.sav）

解 (1) $H_0：\mu=1,200,000$

  $H_1：\mu>1,200,000$

(2) 未知母體 σ，只知樣本 $S=12000$，故選用自由度為 25−1=24 的 t 檢定。

(3) 已知 $\bar{X}=1,210,000$，$\mu=1,200,000$，$S=12,000$，$n=25$，

  故 $t=\dfrac{\bar{X}-\mu}{S/\sqrt{n}}=\dfrac{1,210,000-1,200,000}{12,000/\sqrt{25}}=4.16$

(4) $\alpha=0.05$，右尾檢定，$d.f.=24$ 時，查附錄表 C 的 t 分配表，得其關鍵值為 1.711。

(5) 因 $t=4.16>1.711$，故推翻 H_0，如圖 9-6 所示，即該公司的宣稱太低。

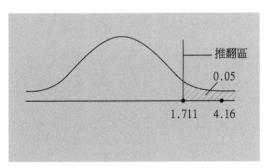

● 圖 9-6

利用 SPSS 執行單一樣本 t 檢定的步驟如下：

● **步驟一**：從主選單中選取「分析」－「比較平均數法」－「單一樣本 T 檢定」（如圖 9-7）。

● 圖 9-7

● **步驟二**：將價格移至「檢定變數」中，並將檢定值改為 120，點選確定（如圖 9-8）。

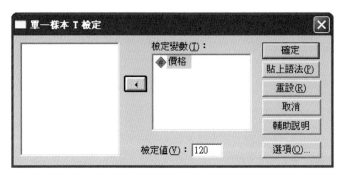

● 圖 9-8

　　經由以上步驟，在輸出中可得到價格的樣本個數、平均數及標準差，其雙尾顯著性為 $0 < .05$，故拒絕 H_0，也就是說，該公司的宣稱太低（如圖 9-9）。

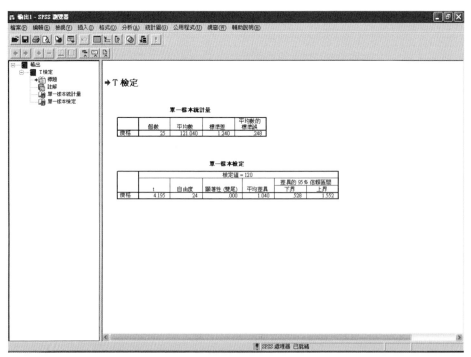

● 圖 9-9

9-3

兩個平均數差異顯著性的檢定

在研究上，我們常須比較兩個母體的平均數是否有差異，例如兩性的平均收入是否有差異？工科、商科學生每週上網平均時數是否有差異？因此我們須由兩個母體來抽樣。然而值得注意的是，雖然兩樣本平均數之間有差異，但卻不保證兩個母體平均數之間就有差異，因為可能是抽樣誤差所造成的。

如同上一節一個平均數的檢定，要比較兩個平均數所用的方法，也決定於母體的標準差(σ)是已知或未知；而當兩個平均數要比較時，我們在意的是($\mu_1 - \mu_2$)及($\overline{X}_1 - \overline{X}_2$)的差，反而不太注意$\mu$或$\overline{X}$的個別值。並且我們經常是假設兩母體的平均數是一樣，即$H_0 : \mu_1 = \mu_2$。如果$\overline{X}_1$與$\overline{X}_2$之差異頗大，就可能推翻H_0。

兩個平均數差異顯著性檢定分為：**獨立樣本**(Independent samples)及**關聯樣本**(Correlated samples)。獨立樣本是指兩組樣本是隨機抽樣而來，不是相同的人或物，彼此獨立，例如從甲工專、乙商專兩校中各隨機抽出 200 位同學，形成兩組樣本。至於關聯樣本是指兩組樣本之間有關聯存在，例如同一受試者在補救教學前後所作的兩次測驗成績，兩次測驗成績之間就有相關性。

一、獨立樣本兩個平均數差異顯著性檢定

獨立樣本可分(1)σ_1與σ_2已知，(2)σ_1與σ_2未知兩種情況：

(1) 若兩母體的標準差σ_1與σ_2**已知**時，採用 Z 檢定

$$Z = \frac{(\overline{X}_1 - \overline{X}_2) - (\mu_1 - \mu_2)}{\sqrt{\dfrac{\sigma_1^2}{n_1} + \dfrac{\sigma_2^2}{n_2}}}$$

即 $(\bar{X}_1 - \bar{X}_2)$ 抽樣分配是以 $(\mu_1 - \mu_2)$ 為平均數，以 $\sqrt{\dfrac{\sigma_1^2}{n_1} + \dfrac{\sigma_2^2}{n_2}}$ 為標準差的常態分配。若我們假設 $H_0 : \mu_1 = \mu_2$，則上列公式可變為

$$Z = \frac{\bar{X}_1 - \bar{X}_2}{\sqrt{\dfrac{\sigma_1^2}{n_1} + \dfrac{\sigma_2^2}{n_2}}}$$

 例3　今隨機抽取某一公司中的男性職員 36 名與女性職員 25 名，調查兩性的月平均薪資（已知 $\sigma = 3{,}000$ 元），發現男、女兩性平均薪資各為 42,000 元、40,000 元。試問在 $\alpha = 0.05$ 顯著水準下是否與該公司宣稱兩性薪資平等相抵觸。

解　(1) $H_0 : \mu_1 = \mu_2$

　　　　$H_1 : \mu_1 \ne \mu_2$（其中 1 代表男性，2 代表女性）

(2) 已知 σ，故採用 Z 檢定。

(3) 已知 $\bar{X}_1 = 42{,}000$，$\bar{X}_2 = 40{,}000$，

　　$\sigma_1 = \sigma_2 = \sigma = 3{,}000$，$n_1 = 36$，$n_2 = 25$

　　故 $Z = \dfrac{\bar{X}_1 - \bar{X}_2}{\sqrt{\dfrac{\sigma_1^2}{n_1} + \dfrac{\sigma_2^2}{n_2}}} = \dfrac{42{,}000 - 40{,}000}{\sqrt{\dfrac{3{,}000^2}{36} + \dfrac{3{,}000^2}{25}}} = 2.56$

(4) $\alpha = 0.05$，兩尾檢定，Z 分配表的關鍵值為 ± 1.96。

(5) 因 $Z = 2.56 > 1.96$，故推翻 H_0，即該公司兩性薪資不平等。

(2) 若母體的標準差 σ_1 與 σ_2 **未知**時，又可分為：　假定 $\sigma_1 = \sigma_2 = \sigma$，　假定 $\sigma_1 \ne \sigma_2$。

　　假定 $\sigma_1 = \sigma_2 = \sigma$，則用 t 檢定：

$$t = \frac{\bar{X}_1 - \bar{X}_2}{\sqrt{\frac{(n_1-1)S_1^2+(n_2-1)S_2^2}{n_1+n_2-2}(\frac{1}{n_1}+\frac{1}{n_2})}}$$

上式 $\dfrac{(n_1-1)S_1^2+(n_2-1)S_2^2}{n_1+n_2-2}$ 稱為**聚合（或混合或共同）變異數**(Pooled variance)，而**聚合自由度為**$(n_1-1)+(n_2-1)=n_1+n_2-2$。

例4 甲、乙兩家公司均宣稱他們的員工年紀較輕。今隨機抽取甲公司 10 位員工，發現其平均年齡 45 歲，標準差 11 歲，抽取乙公司 12 位員工，發現其平均年齡 43 歲，標準差 9 歲。假設母群體近似常態且具有相同變異數，試在顯著水準 0.01 下檢定二家員工的平均年齡是否有差異。

解 (1) H_0：$\mu_1=\mu_2$

H_1：$\mu_1\neq\mu_2$

(2) σ_1，σ_2 未知，但假定 $\sigma_1=\sigma_2=\sigma$，故採用 t 檢定。

(3) 已知 $\bar{X}_1=45$，$\bar{X}_2=43$，$S_1=11$，$S_2=9$，$n_1=10$，$n_2=12$，

故 $t = \dfrac{\bar{X}_1 - \bar{X}_2}{\sqrt{\dfrac{(n_1-1)S_1^2+(n_2-1)S_2^2}{n_1+n_2-2}(\dfrac{1}{n_1}+\dfrac{1}{n_2})}}$

$= \dfrac{45-43}{\sqrt{\dfrac{(10-1)(11)^2+(12-1)(9)^2}{10+12-2}(\dfrac{1}{10}+\dfrac{1}{12})}}$

$= \dfrac{2}{\sqrt{99\times0.183}} = \dfrac{2}{4.256} = 0.47$

(4) α=0.01，雙尾檢定，df=10+12–2=20，由附錄 C，可知關鍵值為 t=±2.846。

(5) 因 t=0.47<2.846，故接受虛無假設，即該兩家公司員工的年齡沒有顯著差異。

 例 5　欲調查 A、B 兩家減肥中心塑身一個月的價錢。今隨機抽取參加 A、B 兩家塑身中心的顧客各 10 名，其塑身價錢（以元計）如表 9-1 所示，試檢定 A、B 兩家塑身中心的價錢是否有顯著差異(α=0.05)。

🔘 表 9-1

A中心	16,000、15,600、17,600、17,600、19,000、20,000、14,500、15,700、17,600、13,300
B中心	21,000、15,400、15,700、18,000、19,200、17,800、14,500、13,900、15,100、16,800

解

在中心別欄中，1 代表 A 中心、2 代表 B 中心。

H_0：$\mu_1 = \mu_2$

H_1：$\mu_1 \neq \mu_2$

● **步驟一**：從主選單中選取「分析」－「比較平均數法」－「獨立樣本 T 檢定」（如圖 9-10）。

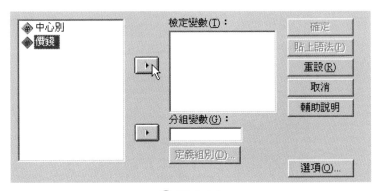

● 圖 9-10

● **步驟二**：將欲檢定的變數（價錢）移入檢定變數欄（如圖 9-11）。

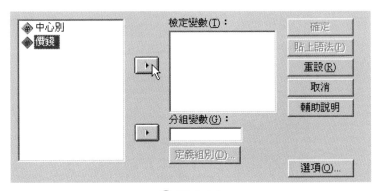

● 圖 9-11

● **步驟三**：將分組變數（中心別）移入分組變數欄（如圖 9-12）。

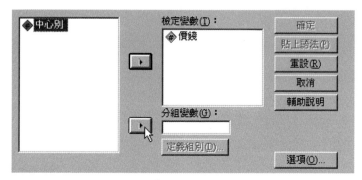

● 圖 9-12

● **步驟四**：選取「定義組別」（如圖 9-13）。

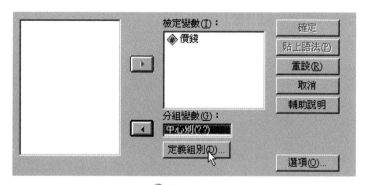

● 圖 9-13

● **步驟五**：選取「使用指定的數值」，在組別 1 鍵入 1、組別 2 鍵入
2 後，選取「繼續」（如圖 9-14）。

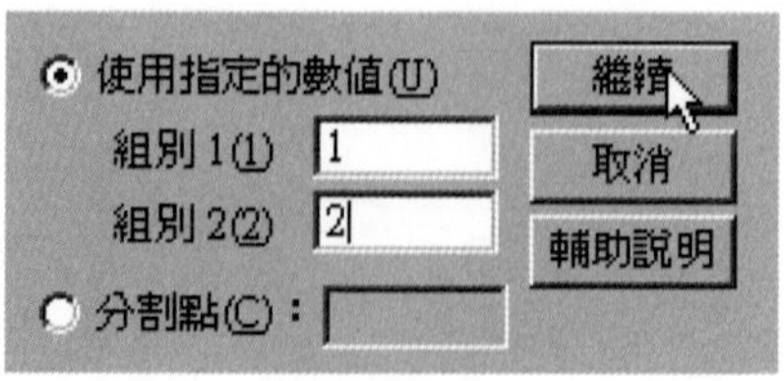

● 圖 9-14

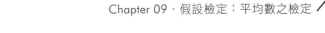

註： 若現有 1~9 個減肥中心，1,2,3,4 在北部，5,6,7,8,9 在中南部，現想比較北部&中南部二區的價錢是否有差異，則分割點填入 5。

● 步驟六：按一下「確定」（如圖 9-15）。

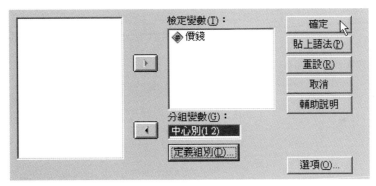

● 圖 9-15

　　輸出結果中的「變異數相等的 Levene 檢定」可以檢定 σ_1^2 與 σ_2^2 是否相等。若 $\sigma_1^2 = \sigma_2^2$，則採用「假設變異數相等」這一列的 t 值；若 $\sigma_1^2 \neq \sigma_2^2$，則採用「不假設變異數相等」這一列的 t 值。

　　由以上步驟，可在輸出視窗中發現，Levene 變異數同質性考驗之 F =0.091，p–value=0.766 > 0.05，表示 A、B 兩家塑身中心價錢的變異數沒有明顯的差異，因此進行獨立樣本 T 考驗時，採用「假設變異數相等」這一列的 t 值，t=–0.052 ，p-value = 0.959 > 0.05，故接受 H_0，即 A、B 兩家塑身中心的價錢未達 0.05 顯著差異，或 A、B 兩家塑身中心的價錢差不多（如圖 9-16）。

T 檢定

組別統計量

	中心別	個數	平均數	標準差	平均數的標準誤
價錢	1	10	16690.00	2046.92	647.29
	2	10	16740.00	2250.04	711.52

獨立樣本檢定

		變異數相等的 Levene 檢定		平均數相等的 t 檢定					差異的 95% 信
		F 檢定	顯著性	t	自由度	顯著性 (雙尾)	平均差異	標準誤差異	下界
價錢	假設變異數相等	.091	.766	-.052	18	.959	-50.00	961.90	-2070.88
	不假設變異數相等			-.052	17.841	.959	-50.00	961.90	-2072.17

◯ 圖 9-16

假定 $\sigma_1 \neq \sigma_2$ 時,又分下列兩種情形,即

(a) n_1,$n_2 \geq 30$ 的大樣本,則用 z 檢定,(以 S_1、S_2 代替 σ_1、σ_2)

$$z = \frac{\bar{X}_1 - \bar{X}_2}{\sqrt{\dfrac{S_1^2}{n_1} + \dfrac{S_2^2}{n_2}}} \text{,自由度為 } n_1 + n_2 - 2$$

(b) 小樣本 n_1、$n_2 < 30$ 時,亦用(a)情況的 t 檢定公式,但自由度卻為

$$d.f. = \frac{(\frac{S_1^2}{n_1} + \frac{S_2^2}{n_2})^2}{(\frac{S_1^2}{n_1})^2 \Big/ (n_1 - 1) + (\frac{S_2^2}{n_2})^2 \Big/ (n_2 - 1)}$$

由上式計算出的 $d.f.$ 不一定為整數，則以四捨五入的方式表示。

然而值得注意的是，當我們不知 σ_1 及 σ_2，且發現觀測的兩組樣本之變異數 S_1^2 與 S_2^2 差異較大時，不可立即假定 $\sigma_1 \neq \sigma_2$，必須先用 F 檢定去檢定兩母體的變異數是否真正達到顯著的差異；若是達到顯著差異，才可假定 $\sigma_1 \neq \sigma_2$。F 檢定公式如下：

$$F = \frac{S_1^2}{S_2^2}$$

其中 $S_1^2 > S_2^2$，自由度為 $(n_1-1，n_2-1，)$，而 n_1-1 為 S_1^2 的自由度，n_2-1 為 S_2^2 的自由度。

 例6　兩種教學法之平均成績如表 9-2 所示：

☺ 表 9-2

傳統教學法	多媒體教學法
$\overline{X}_1 = 70.2$	$\overline{X}_2 = 71.3$
$S_1^2 = 18$	$S_2^2 = 4$
$n_1 = 10$	$n_2 = 12$

在 0.05 顯著水準下，試檢定兩種教學法之平均成績是否達顯著差異。

解 (1) 發現兩組樣本的變異數差異頗大，故首先用 F 檢定以檢驗 σ_1^2 與 σ_2^2 是否相同？即

$$F = \frac{18}{4} = 4.5 > F_{0.05(9,11)} = 2.90$$

因此兩組變異數已達顯著差異(*p<0.05)，故假定 $\sigma_1 \neq \sigma_2$

(2) ① $H_0 : \mu_1 = \mu_2$

   $H_1 : \mu_1 \neq \mu_2$

② 因 $\sigma_1 \neq \sigma_2$ 且 n_1，$n_2 < 30$，小樣本，故用 t 檢定

③ $t = \dfrac{\bar{X}_1 - \bar{X}_2}{\sqrt{\dfrac{S_1^2}{n_1} + \dfrac{S_2^2}{n_2}}} = \dfrac{70.2 - 71.3}{\sqrt{\dfrac{18}{10} + \dfrac{4}{12}}} = -0.75$

$$df = \frac{(\dfrac{S_1^2}{n_1} + \dfrac{S_1^2}{n_2})^2}{(\dfrac{S_1^2}{n_1})^2 \Big/ (n_1 - 1) + (\dfrac{S_2^2}{n_2})^2 \Big/ (n_2 - 1)}$$

$$= \frac{(\dfrac{18}{10} + \dfrac{4}{12})^2}{(\dfrac{18}{10})^2 \Big/ 9 + (\dfrac{4}{12})^2 \Big/ 11} = \frac{4.54}{0.36 + 0.01}$$

$$= 12.2 \approx 12$$

④ $\alpha = 0.05$，雙尾檢定，$d.f. = 12$，由附錄 C，可得關鍵值為 ±2.179。

⑤ 因 $t = -0.75 > -2.179$，因此保留 H_0，即兩種教學法未達顯著差異。

例7 調查甲、乙兩家貿易公司，員工每個月加班的時數，今隨機抽樣甲、乙兩家公司各 9 人及 8 人，得之月加班時數如表 9-3 所示。試檢定兩家公司員工月加班時數是否有顯著差異。($\alpha = 0.05$)

🔵 表 9-3

甲公司	14, 32, 17, 25, 24, 8, 26, 15, 12
乙公司	24, 27, 19, 21, 24, 15, 27, 22

解

在 group 欄中，1 代表甲公司、2 代表乙公司。

🔵 **步驟一**：從主選單中選取「分析」－「比較平均數法」－「獨立樣本 T 檢定」（如圖 9-17）。

🔵 圖 9-17

步驟二：將欲檢定的變數(time)移入檢定變數欄（如圖 9-18）。

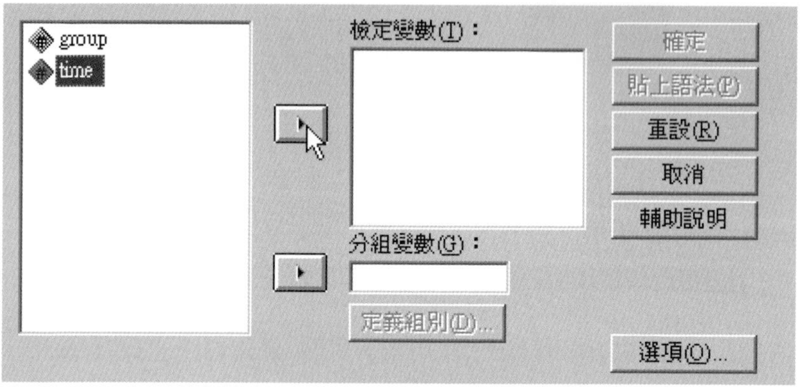

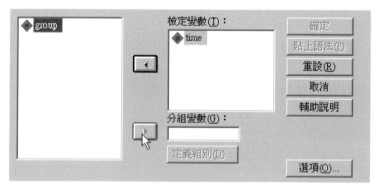

圖 9-18

步驟三：將分組變數(group)移入分組變數欄（如圖 9-19）。

圖 9-19

● **步驟四**：選取「定義組別」（如圖 9-20）。

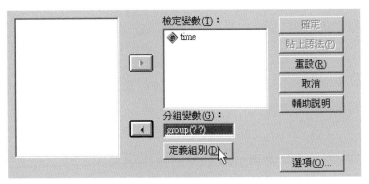

● 圖 9-20

● **步驟五**：選取「使用指定的數值」，在組別 1 鍵入 1、組別 2 鍵入
2 後，選取「繼續」（如圖 9-21）。

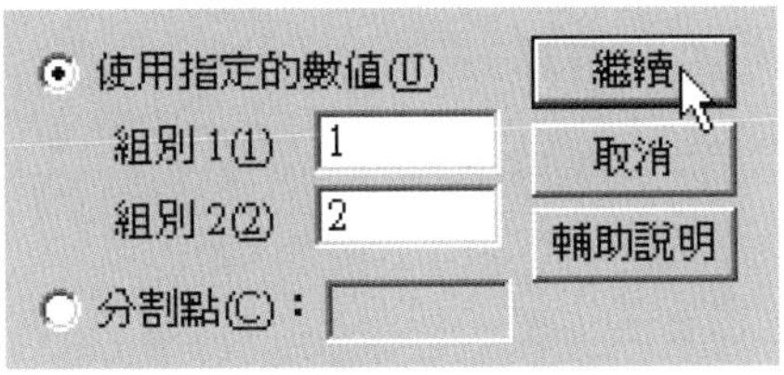

● 圖 9-21

● **步驟六**：按一下「確定」（如圖 9-22）。

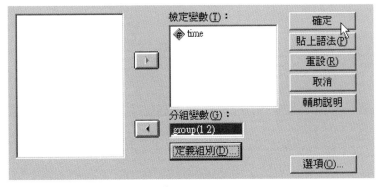

● 圖 9-22

輸出結果中的「變異數相等的 Levene 檢定」可以檢定 σ_1^2 與 σ_2^2 是否相等。若 $\sigma_1^2 = \sigma_2^2$，則採用「假設變異數相等」這一列的 t 值；若 $\sigma_1^2 \neq \sigma_2^2$，則採用「不假設變異數相等」這一列的 t 值。

由以上步驟，可在輸出視窗中發現，Levene 變異數同質性考驗之 F = 6.296，p-value=0.024 < 0.05，表示甲、乙兩家公司每個月加班時數的變異數有明顯的差異，因此進行獨立樣本 T 考驗時，採用「不假設變異數相等」這一列的 t 值，t = -1.055 ，p-value = 0.312 > 0.05，故接受 H_0，即甲、乙兩家公司月加班時數未達 0.05 顯著差異，或甲、乙兩家公司月加班時數差不多。（如圖 9-23）。

T 檢定

組別統計量

	GROUP	個數	平均數	標準差	平均數的標準誤
TIME	1	9	19.22	7.85	2.62
	2	8	22.38	4.07	1.44

獨立樣本檢定

		變異數相等的 Levene 檢定		平均數相等的 t 檢定					差異的95%信
		F檢定	顯著性	t	自由度	顯著性 (雙尾)	平均差異	標準誤差異	下界
TIME	假設變異數相等	6.296	.024	-1.018	15	.325	-3.15	3.10	-9.75
	不假設變異數相等			-1.055	12.280	.312	-3.15	2.99	-9.65

◯ 圖 9-23

二、關聯樣本兩個平均數差異($\mu_1 - \mu_2$)顯著性檢定

　　一般對於教學的前後，實驗的前後或計畫的前後之假設檢定均屬於**關聯樣本（又稱成對樣本）**之檢定，而該類平均數差異檢定為

$$t = \dfrac{\bar{X}_1 - \bar{X}_2}{\sqrt{\dfrac{\sum(X_1 - X_2)^2 - [\sum(X_1 - X_2)]^2 \big/ n}{n(n-1)}}}\text{，自由度為 } n-1$$

以上的分母為 $(\bar{X}_1 - \bar{X}_2)$ 的標準差，且

$$\bar{X}_1 - \bar{X}_2 = \frac{\sum X_1}{n} - \frac{\sum X_2}{n} = \frac{1}{n}\sum(X_1 - X_2)$$

 例8　8 位學生補救教學前的統計成績(X_1)與補救教學後的統計成績(X_2)，如表 9-4 所示。試以 α=0.05 檢定補救教學後的成績是否有顯著的進步。

● 表 9-4

X_1	58	42	36	46	31	40	51	45
X_2	65	41	49	60	38	43	59	62

解

表 9-5

X_1	X_2	X_1-X_2	$(X_1-X_2)^2$
58	65	−7	49
42	41	1	1
36	49	−13	169
46	60	−14	196
31	38	−7	49
40	43	−3	9
51	59	−8	64
45	62	−17	289
		−68	826

(1) $H_0：\mu_1=\mu_2$

   $H_1：\mu_1<\mu_2$（其中 1 為補救數學前，2 為補救數學後）

(2) 因為關聯樣本，故用 t 檢定。

(3) 由表 9-5 資料，可得 $\sum(X_1-X_2)=-68$，故 $\bar{X}_1-\bar{X}_2=\dfrac{-68}{8}$

$$t=\frac{{-68}\big/{8}}{\sqrt{\dfrac{826-{(-68)^2}\big/{8}}{8(8-1)}}}=-4.04$$

(4) $\alpha=0.05$，$d.f.=8-1=7$，單尾檢定，查附錄 C，可得關鍵值為 −2.998。

(5) 因 $t=-4.04<-1.895$，故拒絕 H_0，即補救教學後統計成績有顯著進步。

● **步驟一：** 從主選單中選取「分析」－「比較平均數法」－「成對樣本 T 檢定（如圖 9-24）。

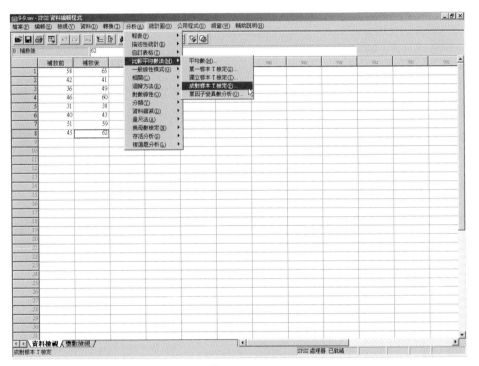

● 圖 9-24

步驟二：分別點選「補救前」及「補救後」，使變數1為補救前，
變數2為補救後（如圖9-25）。

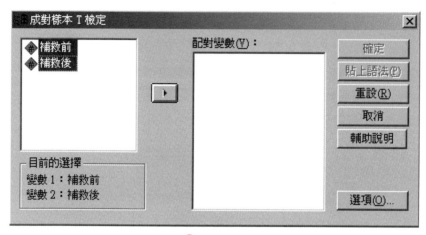

圖 9-25

步驟三：將配對變數（補救前及補救後）同時移入配對數欄，按「確
定」（如圖9-26）。

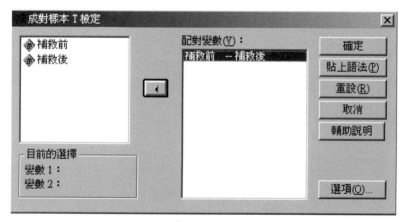

圖 9-26

　　由 以 上 步 驟 ， 可 在 輸 出 視 窗 中 發 現 ， $t=-4.039$ ，p-value=0.005<0.05，故拒絕 H_0，即補救教學前與補救教學後的統計成績有達 0.05 顯著差異，也就是說，補救教學後的統計成績有顯著進步（如圖 9-27）。

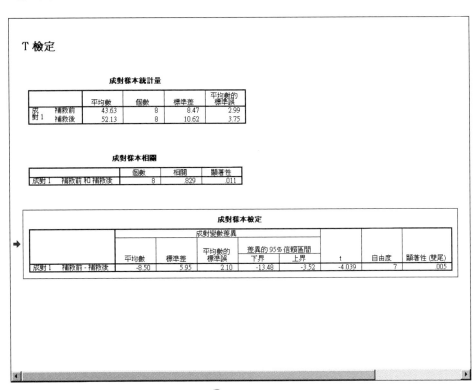

🔵 圖 9-27

習題九

1. 某學院宣稱其每班平均只有 40 位學生，標準差 5 位。現在隨機抽取 50 班，發現平均有 42 位學生，試在顯著水準 0.05 下，檢定其宣稱的人數是否過低。

2. 隨機抽樣某公司標示 500c.c.容量牛奶 16 瓶，發現其平均容量為 497c.c.，標準差為 6c.c.。在顯著水準 0.01 下，檢定這些牛奶瓶是否未裝滿。

3. 從某校隨機抽取男生 81 名，女生 100 名，實施智力測驗（已知 $\sigma = 14$），結果男生平均智商 105，女生平均智商 107。在 $\alpha = 0.05$ 之下，試問男、女生智商是否有顯著差異。

4. A、B 兩家公司皆宣稱他們製造的電池壽命較長。今自 A、B 兩家隨機各抽取 16 個電池，測試後發現其平均壽命各為 37 個月、39 個月，標準差各為 2、2.5 個月。在 $\alpha = 0.05$ 下，檢定 A、B 兩家公司製造的電池平均壽命是否有顯著差異。

5. 調查工科、商科學生平均每週上網時數，隨機抽樣資料如表 9-6 所示。

表 9-6

工 科	商 科
$\bar{X}_1 = 10.8$	$\bar{X}_2 = 9.3$
$S_1^2 = 10$	$S_2^2 = 40$
$n_1 = 10$	$n_2 = 15$

試檢定在 0.05 顯著水準下：

(1)兩科變異數是否達到顯著差異？

(2)兩科上網時數是否達顯著差異？

6. 欲了解兩種教學法對 10 位學生實驗後的結果，若實驗後，測得成績如表 9-7 所示，則兩種教學法在 $\alpha = 0.01$ 下是否有顯著差異？

表 9-7

方法1	19	25	14	23	19	18	15	25	22	21
方法2	17	19	15	21	12	15	16	19	20	18

Memo

假設檢定：
百分比、相關
係數之檢定

在上一章我們是針對樣本的平均數作檢定，而本章則是以樣本的百分比及相關係數來作檢定。與上一章一樣，亦分成一個與兩個樣本之百分比檢定及一個與兩個樣本之相關係數的檢定，而兩個樣本也進一步分為獨立樣本及關聯樣本兩類的檢定。

10-1

一個百分比的檢定

一個百分比的檢定，依據樣本百分比（即比率）$\hat{p} = \dfrac{f}{n}$，以檢定假設的母體百分比$(H_0: p = \mu_p)$ "可" 或 "不可" 被接受，其中 p 為母體百分比，n 為樣本數，f 為具有某種特性的人數。

一般當 $np \geq 5$ 及 $n(1-p) \geq 5$ 時，此樣本的比例抽樣分配近似常態。百分比的檢定亦分為母體百分比(p)已知與未知兩種情況：

(1) 若**母體百分比(p)已知**，用 Z 檢定：

$$Z = \frac{\hat{p} - p}{\sqrt{\dfrac{p(1-p)}{n}}}$$

(2) 若**母體百分比(p)未知**，故用觀測樣本的百分比 $\hat{p}$，則用 t 檢定：

$$t = \frac{\hat{p} - p}{\sqrt{\dfrac{p(1-p)}{n}}} \text{，自由度 } n-1 \text{。}$$

例1 A 牌宣稱 $\dfrac{3}{5}$ 的民眾比較喜愛他們泡麵的口味，而比較不喜

愛 B 牌的口味。現今抽樣 100 位民眾，發現其中有 57 位
比較喜愛 A 牌的泡麵口味。在 $\alpha=0.05$ 下，檢定 A 牌公司
的宣稱是否誇大。

解 (1) H_0：$p=0.6$

　　H_1：$p<0.6$

(2) 一個百分比的檢定，已知母體 p，故用 Z 檢定。

(3) 已知 $p=0.6$，$n=100$，$f=57$，故 $\hat{p}=\dfrac{f}{n}=\dfrac{57}{100}=0.57$

而 $np=100\times0.6=60>5$

　$n(1-p)=100\times0.4=40>5$

故樣本比例近似於常態。

$$Z=\frac{\hat{p}-p}{\sqrt{\dfrac{p(1-p)}{n}}}=\frac{0.57-0.6}{\sqrt{\dfrac{0.6\times(1-0.6)}{100}}}=\frac{-0.03}{0.049}=-0.612$$

(4) $\alpha=0.05$ 下，單尾 Z 檢定，由附錄 A，可知關鍵值為 -1.64（如
圖 10-1 所示）

(5) 因 $Z=-0.612>-1.64$，故接受 H_0，即沒有證據指出 A 牌誇大其實。

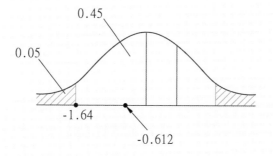

● 圖 10-1

10-2

兩個百分比的差異顯著性檢定

兩個百分比的差異顯著性檢定分為(1)獨立樣本及(2)關聯樣本兩類討論。

一、獨立樣本兩個百分比的差異顯著性檢定

兩個獨立樣本的百分比（比率）差異顯著性檢定，用 Z 檢定，公式如下：

$$Z = \frac{\hat{p}_1 - \hat{p}_2}{\sqrt{\hat{p}(1-\hat{p})\left(\dfrac{1}{n_1} + \dfrac{1}{n_2}\right)}}$$

其中 $\hat{p}_1$ 及 $\hat{p}_2$ 為第一及第二樣本中的某種特性比率，而 p 為兩樣本合起來所具有該種特性的比率，若 n_1 與 n_2 分別為兩樣本的人數，f_1 與 f_2 分別為具有該種特性的人數，則

$$\hat{p}_1 = \frac{f_1}{n_1} \ , \quad \hat{p}_2 = \frac{f_2}{n_2} \ , \quad \hat{p} = \frac{f_1 + f_2}{n_1 + n_2}$$

例2 隨機抽查某院校男、女生家中擁有電腦的比率，結果如下：200 名男學生中擁有電腦的有 130 名，180 名女學生中擁有電腦的有 108 名。試問在 0.05 的顯著水準下，男、女生家中擁有電腦的比率是否有差異。

解 (1) H_0：$p_1 = p_2$

H_1：$p_1 \neq p_2$（其中 1 代表男生，2 代表女生）

(2) 兩獨立樣本比率之檢定，用 Z 檢定。

(3) 已知 $n_1 = 200$，$f_1 = 130$，$n_2 = 180$，$f_2 = 108$

故 $\hat{p}_1 = \dfrac{130}{200} = 0.65$，$\hat{p}_2 = \dfrac{108}{180} = 0.6$

且 $\hat{p} = \dfrac{130 + 108}{200 + 180} = 0.63$

故 $Z = \dfrac{\hat{p}_1 - \hat{p}_2}{\sqrt{\hat{p}(1-\hat{p})(\dfrac{1}{n_1} + \dfrac{1}{n_2})}}$

$= \dfrac{0.65 - 0.6}{\sqrt{0.63(1-0.63)(\dfrac{1}{200} + \dfrac{1}{180})}}$

$= \dfrac{0.05}{\sqrt{0.003}} = \dfrac{0.05}{0.051} = 0.98$

(4) $\alpha = 0.05$，雙尾檢定 Z 的關鍵值為 ± 1.96。

(5) 因 $0.98 < 1.96$，故接受 H_0，即男、女學生擁有電腦的比率未達 0.05 顯著差異。

二、關聯樣本兩個百分比的差異顯著性檢定

如果樣本有關聯性，例如在實驗前與實驗後同一組樣本所產生的兩種不同反應的人數，如表 10-1 所示：

表 10-1

（實驗後）

		反應一	反應二
（實驗前）	反應一	a	b
	反應二	c	d

即實驗前及實驗後均反應一的人有 a 位；實驗前反應為一，但實驗後反應改為二的人數有 b 位等等，則用以下公式的 Z 檢定：

$$Z = \frac{a-d}{\sqrt{a+d}}$$

其中 a 與 d 分別為實驗前及實驗後均為反應一與反應二的人數，即 a、d 為在實驗前、後均不改變反應的人數值。

 例3

隨機抽取 300 人，檢驗他們對某一品牌商品的信賴與否。若依據使用該品牌商品之前、後作調查，得之信賴是否人數如表 10-2 所示。試分析使用前、後信賴之比率是否有差異。$(\alpha = 0.01)$

表 10-2

（使用後）

		信　賴	不信賴	
（使用前）	信　賴	$a = 100$	$b = 190$	190
	不信賴	$c = 60$	$d = 50$	110
		160	140	

解 (1) $H_0：p_1=p_2$（即使用前與使用後的信賴比率相等）

$H_1：p_1 \neq p_2$

(2) 關聯樣本之比率差異檢定，用 Z 檢定。

(3) $a=100$，$d=50$，故

$$Z = \frac{a-d}{\sqrt{a+d}} = \frac{100-50}{\sqrt{100+50}} = \frac{50}{\sqrt{150}} = 4.08$$

(4) $\alpha=0.01$，雙尾檢定，關鍵值為 ± 2.58

(5) 因 $Z=4.08 > 2.58$，故拒絕 H_0，即使用前後信賴之比率已達顯著差異($**p<0.01$)

10-3 一個相關係數的檢定

相關係數顯著性的檢定一般是檢驗母體的相關係數(ρ)是否為 0。但值得注意的是，由於抽樣誤差可能導致樣本相關係數(r)不為 0，即使是 ρ 有可能為 0；因此我們就須檢定 r 是否與 0 有顯著之差異，在虛無假設 $H_0：\rho=0$ 情況下，使用下列公式的 t 檢定來檢驗 r：

$$t = \frac{r}{\sqrt{(1-r^2)/(n-2)}}$$，自由度為 $n-2$

例4 隨機抽取某廠牌一進口汽車 25 位使用者，測得其汽車的售價與使用者的滿意度之相關係數為 0.45。在顯著水準 0.05 下，試問汽車售價與汽車使用者滿意度是否有相關？

解 (1) $H_0：\rho=0$

$H_1：\rho \neq 0$

(2) 相關係數顯著性 t 檢定。

(3) $n=25$，$r=0.45$，故

$$t = \frac{r}{\sqrt{(1-r^2)/(n-2)}} = \frac{0.45}{\sqrt{(1-0.45^2)/(25-2)}} = 2.42$$

(4) $\alpha=0.05$，自由度為 $n-2=23$，雙尾檢定的 t 關鍵值為 ±2.069。

(5) 因 $t=2.42 > 2.069$，故推翻 H_0，即汽車售價與汽車使用者滿意度有顯著相關($^*p < 0.05$)。

10-4
兩相關係數差異顯著性檢定

兩個相關係數的差異顯著性檢定亦分為(1)獨立樣本及(2)關聯樣本兩類討論。

一、獨立樣本兩相關係數差異顯著性檢定

兩個獨立樣本的相關係數差異顯著性檢定用 Z 檢定，公式如下：

$$Z = \frac{Z_{r_1} - Z_{r_2}}{\sqrt{\dfrac{1}{n_1 - 3} + \dfrac{1}{n_2 - 3}}}$$

其中 Z_r 為 r 經過 R. A. Fisher 的轉換法

$$Z_r = \ln \sqrt{\frac{1+r}{1-r}} = \frac{1}{2}\left[\ln(1+r) - \ln(1-r)\right]$$

而得的值。附錄 F 列有 r 值與 Z_r 值的對照表（由於 r 的抽樣分配不易求得，而 Z_r 之抽樣分配近似常態）。

例5　隨機抽取男生 100 名，女生 103 名，發現男生的 IQ 與 EQ 之相關係數為 0.52，女生的為 0.60。試問男、女生的 IQ 與 EQ 的相關係數是否有顯著差異？($\alpha=0.05$)

解　(1) H_0：$\rho_1=\rho_2$

　　　H_1：$\rho_1 \neq \rho_2$

(2) 獨立樣本的相關係數差異顯著性檢定，用 Z 檢定。

(3) $r_1=0.52$，查附錄表 F，可得 $Z_{r_1}=0.576$

　　$r_2=0.60$，查附錄表 F 可得 $Z_{r_2}=0.693$

　　又 $n_1=100$，$n_2=103$，故

$$Z = \frac{Z_{r_1}-Z_{r_2}}{\sqrt{\dfrac{1}{n_1-3}+\dfrac{1}{n_2-3}}}$$

$$= \frac{0.576-0.693}{\sqrt{\dfrac{1}{100-3}+\dfrac{1}{103-3}}} = -0.821$$

(4) $\alpha=0.05$，雙尾檢定，關鍵值為 ±1.96

(5) 因 $-0.821 > -1.96$，故接受 H_0，即男、女生的 IQ 與 EQ 的相關未達顯著差異($p>0.05$)。

二、關聯樣本相關係數的差異性檢定

假若同一組樣本作兩種測驗 X_2 與 X_3，而該兩種成績與另一類成就成績(X_1)各有一相關，即 r_{12} 與 r_{13}；再加上兩種測驗彼此間的相關，即 r_{23}；故總共有三個相關係數。

關聯樣本相關係數用 t 檢定，公式如下：

$$t = \frac{(r_{12}-r_{13})\sqrt{(n-3)(1+r_{23})}}{\sqrt{2(1-r_{12}^2-r_{13}^2-r_{23}^2+2r_{12}r_{13}r_{23})}}$$，自由度 $n-3$

例 6　欲知成就動機測驗、智力測驗與期末學業總成績是否有顯著相關。今隨機抽取 30 位國中一年級學生，作該兩種測驗，並求此二測驗與期末學業總成績之相關，結果得知該兩種測驗與學業成績相關分別為 0.65 與 0.59，而該兩種測驗之相關為 0.78。試問該兩種測驗與期末學業總成績之相關是否有 0.05 的顯著差異？

解　欲實施關聯樣本的相關係數差異性檢定，須知三個相關係數。若期末學業總成績為 X_1，成就動機測驗為 X_2，智力測驗為 X_3，則 $r_{12}=0.65$，$r_{13}=0.59$，$r_{23}=0.78$，而我們欲檢定 r_{12} 與 r_{13} 是否有顯著差異。

因 $r_{23}=0.78$，即 r_{12} 與 r_{13} 有關，故本題屬於關聯樣本。

(1) $H_0：\rho_{12}=\rho_{13}$

　　$H_1：\rho_{12}\neq\rho_{13}$

(2) 關聯樣本相關係數差異性檢定，用 t 檢定。

(3)
$$t=\frac{(r_{12}-r_{13})\sqrt{(n-3)(1+r_{23})}}{\sqrt{2(1-r_{12}^2-r_{13}^2-r_{23}^2+2r_{12}\,r_{13}\,r_{23})}}$$

$$=\frac{(0.65-0.59)\sqrt{(30-3)(1+0.78)}}{\sqrt{2(12-0.65^2-0.59^2-0.78^2+2\times0.65\times0.59\times0.78)}}$$

$$=\frac{0.416}{\sqrt{2(1-0.425-0.3481-0.6084+0.59826)}}$$

$$=\frac{0.416}{\sqrt{0.4386}}=0.628$$

(4) $\alpha=0.05$，雙尾檢定，$d.f.=n-3=27$，由附錄 C，可知 t 關鍵值為 2.052。

(5) 因 $t=0.628<2.052$，故接受 H_0，即成就動機測驗、智力測驗與期末學業總成績之相關未達 0.05 顯著差異。

習題十

1. 某政黨宣稱 A 市選民有 41% 支持他們的候選人，於今隨機抽樣 500 位選民，其中有 195 位支持該位候選人。試在 0.05 顯著水準下，檢定該政黨的宣稱是否正確。

2. 隨機抽查甲城市及乙鄉村兩地區夫妻離婚的比率結果如下：城市中 100 對夫妻有 25 對離異，鄉村 80 對夫妻中有 10 對離異。在 0.05 的顯著水準下，試問城市夫妻離異的比率是否較高。

3. 從某學院內隨機抽取 350 位學生為樣本，在上統計課程前後，檢查學生對該科目的喜好是否，其人數如表 10-3 所示。試在 0.05 顯著水準下，檢定學生在上課前後對該科目喜好的比率是否有差異。

表 10-3

	（上課後）	
	喜好	不喜好
（上課前）喜好	70	135
不喜好	90	55

4. 隨機抽取甲學院學生 32 人，求得上課全勤與獲取獎學金的相關係數為 0.3，試問上課全勤與獎學金的獲取是否有相關？（$\alpha = 0.01$）

5. 欲調查商、工二科畢業生與工作起薪的相關是否有差異。今隨機抽取商科 123 名，工科 142 名，發現這些畢業生與起薪的相關係數，商科為 0.59，工科為 0.40。試問分別在 $\alpha = 0.05$ 與 $\alpha = 0.01$ 之顯著水準下，商、工科畢業生與工作起薪的相關是否有顯著差異？

6. 自國中畢業班中隨機抽取 35 位學生，實施甲、乙兩種智力測驗，並求此兩種測驗與學力測驗成績之相關。結果甲、乙兩種智力測驗與學力測驗成績相關分別為 0.74 與 0.80，且甲、乙兩種測驗之相關為 0.69。試問在 0.01 的顯著水準下，甲智力測驗與學力測驗成績之相關是否較乙種智力測驗與學力測驗成績之相關為低。

卡方檢定

前一章我們已經學過如何判斷"兩個母體"百分比（比率）是否存在顯著性差異的方法，例如男生與女生家中擁有電腦的比率是否有顯著差異等，然而當我們要比較的變數超過兩類別以上的情形，例如將科別變數分成工科、商科與醫科"三類"去檢定家中擁有電腦的比率是否有顯著差異，或將年齡變數分成少年、青年、壯年及老年"四類"去檢定吸菸的比例是否有顯著差異等。這時就須以**"卡方分配"**來檢定。卡方檢定主要是用於類別資料(Categorical data)的分析：如作次數或人數的分析。

11-1

%% 適合度檢定

一、意　義

當統計資料中的某個變數具有某個特定的分配時，我們可以**適合度檢定**(Goodness of fit test)來檢定該變數各"分類"的比例是否有顯著差異。例如隨機抽取大專生家中有電腦的工科、商科及醫科學生各 21、22 及 17 位，共 60 位學生。我們打算檢定大專學生家中擁有電腦的比率是否相同，我們將有電腦的該變數分成三類別，即工、商及醫科，其中的 21，22，17 為**觀察次數**(Observed frequency)，以 f_o 表示。卡方分配即檢定虛無假設

$$H_0 : p_1 = p_2 = p_3 = \frac{1}{3} \text{（即各分類的比率相同）}$$

其中 1，2，3 分別代表商科、工科、醫科

而對立假設

$$H_1 : \text{至少二分類的比率不一樣}$$

因此我們預期全部抽樣 60 個學生中，三個類別學生應該每科有 $60 \times \frac{1}{3} = 20$ 個學生家中擁有電腦，所以若虛無假設是正確的，我們有 20，20，20 的**期待次數**(Expected frequency)（又稱期望次數），以 f_e 表示，或**理論次數**(Theoretical frequency)。

如果觀察次數(f_o)與預期次數(f_e)相差不大，則其差異可歸因於抽樣的變異，則虛無假設 H_0 是正確的。但若 f_o 與 f_e 相差頗大，則除了可能是抽樣的變異外，更有可能是因為母體的比率有差異，則我們需要證據去拒絕 H_0。

卡方統計量(Chi square statistics)可以計算觀察次數（實際發出的次數 f_o）與預期次數 f_e 彼此之間是如何的相近，其公式如下。

二、公　式

$$\chi^2 = \sum_{i=1}^{k} \frac{(f_o - f_e)^2}{f_e} = \frac{\sum_{i=1}^{k} (f_o - f_e)^2}{f_e} \text{，自由度為 } k-1$$

（注意 k 為抽樣類別，而非抽樣人數）

例 1 隨機抽樣家中有電腦之 60 位大專學生，其中商科學生有 21 位，工科學生有 22 位，醫科學生有 17 位。試檢定各科家中有電腦的人數比例是否相同。($\alpha = 0.05$)

解 $H_0 : p_1 = p_2 = p_3 = \frac{1}{3}$

$H_1 : p_1, p_2$ 與 p_3 中至少有兩個不相等

◉ 表 11-1

科　別	f_o	f_e	$(f_o - f_e)$	$(f_o - f_e)^2$	$\dfrac{(f_o - f_e)^2}{f_e}$
商	21	20	1	1	0.05
工	22	20	2	4	0.2
醫	17	20	−3	9	0.45

由表 11-1，因此 $\chi^2 = \sum \dfrac{(f_o - f_e)^2}{f_e} = 0.05 + 0.2 + 0.45 = 0.7$

$d.f. = 3 - 1 = 2$，$\alpha = 0.05$，查附錄 D 的卡方分配表，可得關鍵值 5.991。

因 $\chi^2 = 0.7 < 5.991$，故接受 H_0，即各科別學生家中擁有電腦的比率（或機率）並無顯著差異。

　　在科別欄中，1 代表商專、2 代表工專、3 代表醫專。

◉ **步驟一**：在 χ^2 檢定法中，學生數這個變數應該做加權。

　　　　　故從主選單中選取「資料」－「觀察值加權」（如圖 11-1）。

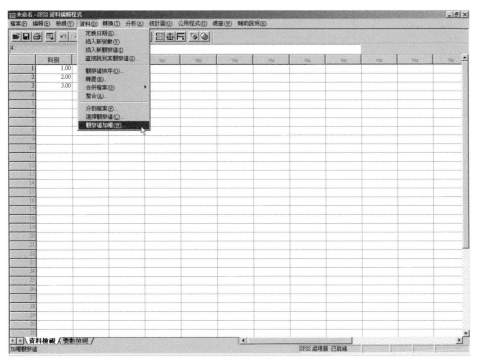

● 圖 11-1

● **步驟二**：將欲加權的變數（學生數）移至「依據…加權觀察值」之「次數變數」後，再按「確定」鍵（如圖 11-2、11-3）。

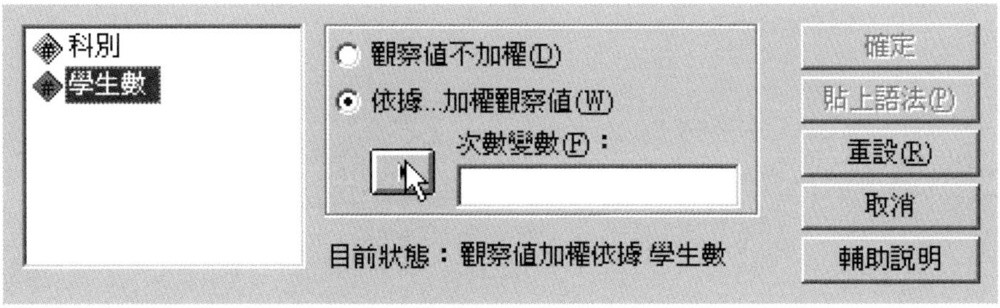

● 圖 11-2

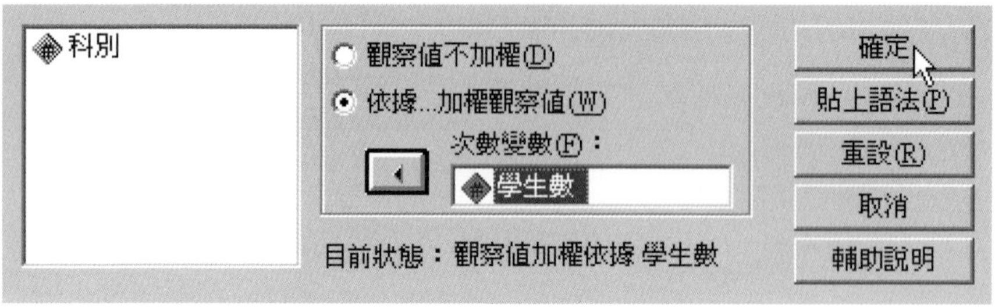

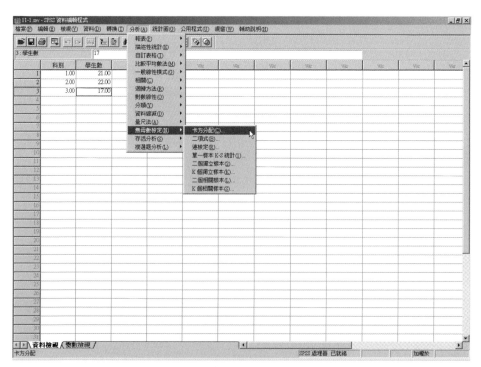

◎ 圖 11-3

◎ **步驟三**：從主選單中選取「分析」－「無母數檢定」－「卡方分配」
（如圖 11-4）。注意此圖右下角多了 "加權於" 三個字，
其表示已有變數加權；可與未作加權的圖 11-1 作比較。

◎ 圖 11-4

🔵 **步驟四**：將欲檢定卡方機率值之變數（科別）移入「檢定變數清單」
（如圖 11-5）。

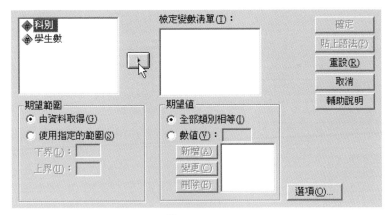

🔵 圖 11-5

🔵 **步驟五**：按一下「確定」（如圖 11-6）。

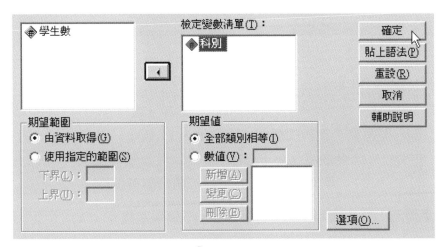

🔵 圖 11-6

　　由以上步驟，可在輸出視窗中得到卡方之機率值為 0.7，
p-value=0.705 > 0.05，故接受 H_0，即各科別學生家中有電腦的比率未
達顯著差異（如圖 11-7）。

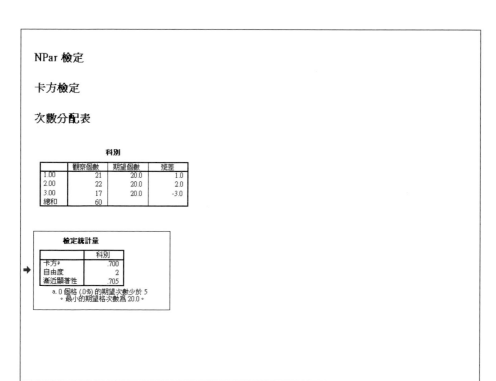

NPar 檢定

卡方檢定

次數分配表

科別

	觀察個數	期望個數	殘差
1.00	21	20.0	1.0
2.00	22	20.0	2.0
3.00	17	20.0	-3.0
總和	60		

檢定統計量

	科別
卡方 a	.700
自由度	2
漸近顯著性	.705

a. 0 個格 (0%) 的期望次數少於 5。最小的期望格次數為 20.0。

◎ 圖 11-7

但是當 60 筆資料為原始資料時，須採取下列方式進行。

開一新檔案，在科別欄中，逐列填入 21 個 1，22 個 2，17 個 3，其中 1 代表商專，2 代表工專，3 代表醫專（參考光碟片內 11-01.sav）。再從上述方法之步驟三開始即可，即

◎ **步驟一：** 從主選單中選取「分析」－「無母數檢定」－「卡方分配」（如圖 11-8）。

◯ 圖 11-8

◯ **步驟二**：將欲檢定卡方機率值之變數（科別）移入「檢定變數清單」，按確定（如圖 11-9）。

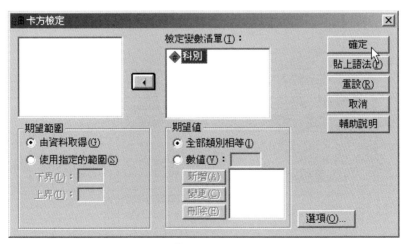

◯ 圖 11-9

經由以上步驟，可得與上述圖 11-7 相同的結果。

 例2　假定在上學期，甲教師的 100 位學生期末統計成績如表 11-2 所示。試問在 0.05 顯著水準下，檢定統計成績是否為常態分配？

○ 表 11-2

分　數	90～99	80～89	70～79	60～69	50～59	40～49
人　數	8	16	27	31	14	4

解　(1) H_0：統計測驗成績為常態分配。

(2) 計算各組分數的理論次數

因平均數 $\overline{X} = 64.5 + \dfrac{61}{100} \times 10 = 70.6$

標準差 $S = \dfrac{10}{100} \sqrt{100 \times 193 - (61)^2} = 12.5$

故 90～99 該組的真正下限 89.5 的 Z 分數為

$Z = \dfrac{89.5 - 70.6}{12.5} = 1.51$

80～89 該組的真正下限 79.5 的

$Z = \dfrac{79.5 - 70.6}{12.5} = 0.71$

依此類推，可得出各組的真正上下限 Z 值，再查附錄 A，可得標準常態分配下各組的機率，例如

90～99（即 $Z > 1.51$）的機率為

$0.5 - 0.4345 = 0.0655$

80～89（即 $0.71 < Z < 1.51$）的機率為

$0.4345 - 0.2611 = 0.1734$

因此，各組真正上下限之 Z 值及機率如表 11-3 所示。

● 表 11-3

分　數	各組下限之 Z 值	各組上限之 Z 值	機　率
90～99	1.51		0.0655
80～89	0.71	1.51	0.1734
70～79	−0.09	0.71	0.2970
60～69	−0.89	−0.09	0.2774
50～59	−1.69	−0.89	0.1412
40～49	−2.49	−1.69	0.0391

(3) 將總人數 100，乘以各組之機率即為各組之理論次數，如 90～99 的理論次數為 100×0.0655=6.55 等，各組計算之值如表 11-4 所示。

● 表 11-4

科　別	f_o	f_e	$(f_o - f_e)$	$(f_o - f_e)^2$	$\dfrac{(f_o - f_e)^2}{f_e}$
90～99	8	6.55	1.45	2.10	3.12
80～89	16	17.34	−1.34	1.80	0.10
70～79	27	29.7	−2.7	7.29	0.25
60～69	31	27.74	−3.26	10.63	0.38
50～59	14	14.12	−0.12	0.01	0.0007
40～49	4	3.91	0.09	0.01	0.0026

由表 11-4，故 $\chi^2 = \sum \dfrac{(f_o - f_e)^2}{f_e} = 3.8533$

(4) 自由度原為 $k-1 = 6-1 = 5$，但因使用樣本的 $\bar{X}$ 與 S 計算 Z 值（而非使用母體的 μ 與 σ），故又減少兩個自由度，即

$$df = k-3 = 6-3 = 3。$$

$\alpha = 0.05$，查附錄 D，可得關鍵值 7.81。

(5) 因 $\chi^2 = 3.8533 < 7.81$

故接受 H_0，即統計測驗成績為常態分配。

11-2
卡方檢定的獨立性檢定

一、意　義

上一節討論的是"一個變數"各分類的比例是否有顯著性差異，本節將研究"兩個（以上）變數"各分類的比例是否相同，即檢定兩個（以上）變數之間是否獨立或有關聯，一般我們用卡方檢定的**獨立性檢定**(Test of independence)的統計方法。首先將資料化成**列聯表（關聯表）**(Contingency table)。所謂列聯表之基本形式為用以研究兩變項關係之二向表(Two-way table)，也是以每一方格的觀測次數(f_o)及期望次數(f_e)是否很相近來判定。

二、公　式

$$\chi^2 = \sum \frac{(f_o - f_e)^2}{f_e}$$

自由度＝（行數−1）×（列數−1）

其中的期望次數(f_e)須藉以下公式求得，即

$$f_e = \frac{行邊緣次數 \times 列邊緣次數}{總次數}$$

例3 表 11-5 是有關某城市男、女生每天搭乘何種交通工具上班的調查，試以 5% 的顯著水準，檢定男、女生搭乘交通工具的比例是否有差異。

● 表 11-5

	公車	機車	開車	總和
男　生	10	13	16	39
女　生	19	15	14	48
總　和	29	28	30	87

解 $H_0：p_{i1}=p_{i2}$，其中 1 代表男生、2 代表女生，且 i=1（代表公車）、i=2（代表機車）、i=3（代表開車）

即男女生上班所搭乘的交通工具之比例相同；

或假設性別與上班搭乘的交通工具此二變數無關，或此二變數獨立。

各細格中的期望次數為 $\dfrac{行邊緣次數 \times 列邊緣次數}{總次數}$，即

$$\frac{29 \times 39}{87}=13 \quad，\quad \frac{28 \times 39}{87}=12.55 \quad，\quad \frac{30 \times 39}{87}=13.45$$

$$\frac{29 \times 48}{87}=16 \quad，\quad \frac{28 \times 48}{87}=15.45 \quad，\quad \frac{30 \times 48}{87}=1655$$

將 f_o 及 f_e 列在列聯表 11-6 上，

⏺ 表 11-6

	公　車	機　車	開　車
男　生	10(13)	13(12.55)	16(13.45)
女　生	19(16)	15(15.45)	14(16.55)

故 $\chi^2 = \dfrac{(10-13)^2}{13} + \dfrac{(13-12.55)^2}{12.55} + \dfrac{(16-13.45)^2}{13.45}$

$\quad\quad + \dfrac{(19-16)^2}{16} + \dfrac{(15-15.45)^2}{15.45} + \dfrac{(14-16.55)^2}{16.55}$

$\quad = 21.61$

卡方分配列聯表的自由度為（行數–1）×（列數–1）。本例為 3 行 2 列，故自由度為(3–1)×(2–1)=2，

又 α=0.05，故查附錄 D，可得關鍵值為 5.991。

因 χ^2=21.61＞5.991，故拒絕虛無假設，即男、女生搭乘交通工具的比例有差異，或性別與上班搭乘的交通工具有關(*p<0.05)。

　　資料共 87 組，在性別欄中，1 代表男生、2 代表女生；在交通工具欄中，1 代表公車、2 代表機車、3 代表開車（見光碟片內之檔名：11-03.sav）。

⏺ 步驟一：從主選單中選取「分析」－「描述性統計」－「交叉表」（如圖 11-10）。

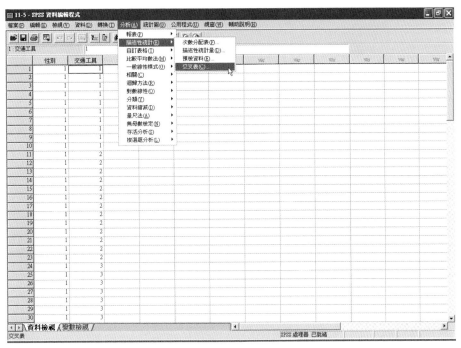

◯ 圖 11-10

◯ **步驟二**：將性別變數移入列中（如圖 11-11）、交通工具變數移入
直行中（如圖 11-12），其中列與直行二者亦可顛倒。

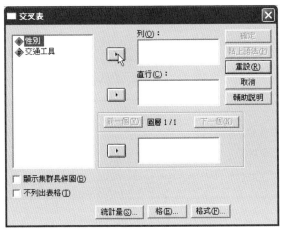

◯ 圖 11-11

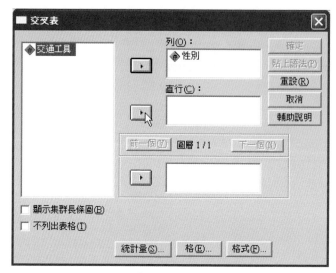

圖 11-12

● **步驟三：** 選取「統計量」（如圖 11-13）。

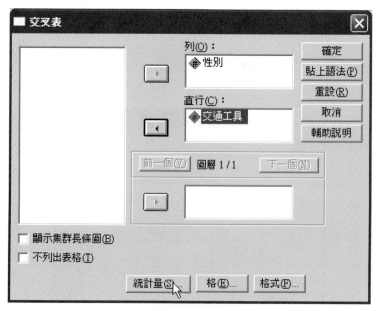

圖 11-13

● **步驟四**：點選「卡方統計量」後，按「繼續」（如圖 11-14）。

交叉表：統計量

☑ 卡方統計量(H)　　　　☐ 相關(R)　　　　　繼續

名義的　　　　　　　　　次序的　　　　　　取消
☐ 列聯係數(O)　　　　　☐ Gamma 參數(G)　輔助說明
☐ Phi 與 Cramer's V 係數(P)　☐ Somers'd 值(S)
☐ Lambda 值(L)　　　　☐ Kendall's tau-b 統計量數(B)
☐ 不確定係數(U)　　　　☐ Kendall's tau-c 統計量數(C)

名義變數對等距變數　　　☐ Kappa 統計量數(K)
☐ Eta 值(E)　　　　　　☐ 風險(I)
　　　　　　　　　　　　☐ McNemar 檢定(M)

☐ Cochran's 與 Mantel-Haenszel 統計量(A)
　檢定共同 odds 比率等於：　│ 1

● 圖 11-14

● **步驟五**：選取「格」（如圖 11-15）。

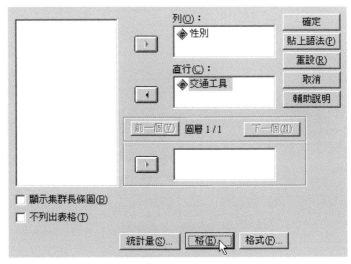

列(O)：　　　　　　確定
◈ 性別　　　　　　貼上語法(P)
　　　　　　　　　重設(R)
直行(C)：　　　　　取消
◈ 交通工具　　　　輔助說明

前一個(V)　圖層 1 / 1　下一個(N)

☐ 顯示集群長條圖(B)
☐ 不列出表格(T)

統計量(S)...　　格(E)...　　格式(F)...

● 圖 11-15

● **步驟六**：點選「觀察值」及「期望值」後，按「繼續」（如圖 11-16）。

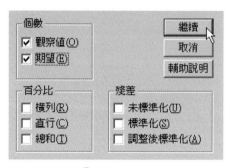

● 圖 11-16

● **步驟七**：選取「格式」（如圖 11-17）。

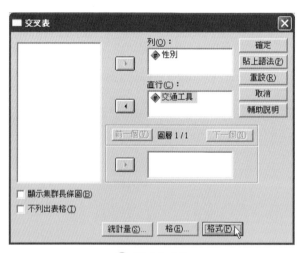

● 圖 11-17

● **步驟八**：點選「遞增」後，按「繼續」（如圖 11-18）。

● 圖 11-18

● **步驟九**：按一下「確定」（如圖 11-19）。

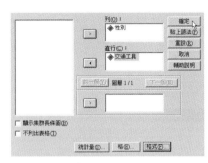

● 圖 11-19

　　由以上步驟，可在輸出視窗中得到性別*交通工具的交叉表，其中
性別變數放在列中，交通工具變數放在直行中。表中含有觀察個數及期
望個數，其卡方檢定值之漸近顯著性為 0.339>0.05，故接受 H_0，即男、
女生搭乘交通工具的比例沒有差異，或說性別與上班搭乘的交通工具無
關，或說性別與上班搭乘的交通工具此二變數獨立（如圖 11-20）。

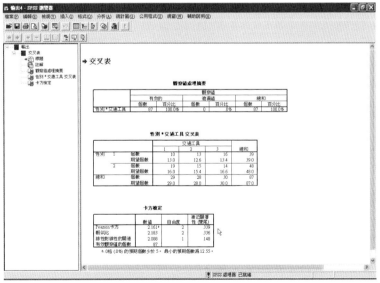

● 圖 11-20

註：複選題

　　若問卷的問題是複選題（非單一選擇題），則需採用以下方式分析，但複選題只進行百分比及交叉表分析，而無法進行 χ^2 分析。

步驟一

1. 假設複選題有 8 個選項，且沒有限制選幾個選項，則需留 8 個欄位，例如欄位名稱為 g3.1, g3.2, g3.3, ⋯, g3.8。有被勾選的選項，輸入 1，沒有被勾選的選項，則輸入 0。例如第 1、第 3、第 4、第 7 個選項被選，則 8 個欄位輸入 $\boxed{1}\,\boxed{0}\,\boxed{1}\,\boxed{1}\,\boxed{0}\,\boxed{0}\,\boxed{1}\,\boxed{0}$。

2. 或假設 8 個選項，被限制至多選 3 個，則只需留 3 個欄位，例如欄位名稱為 g3.1, g3.2, g3.3。例如：第 1、第 3、第 8 個選項被選，則 3 個欄位輸入 $\boxed{1}\,\boxed{3}\,\boxed{8}$。例如：只有第 1、第 8 個選項被選，則 3 個欄位輸入 $\boxed{1}\,\boxed{8}\,\boxed{0}$。例如只有第 5 個選項被選，則輸入 $\boxed{5}\,\boxed{0}\,\boxed{0}$。例如都沒有選項被選，則輸入 $\boxed{0}\,\boxed{0}\,\boxed{0}$。

步驟二：從主選單中選取「分析」－「複選題」－「定義集合」。

1. 將上述 8 個欄位：g3.1, g3.2, g3.3, ⋯, g3.8 丟入集內變數。
   變數編碼：點「二分法」，計數值 $\boxed{1}$，按新增，得$g3。
   名稱：取新的名稱，例如 g3 或中文名稱。

2. 或上述只有 3 個欄位：g3.1, g3.2, g3.3。
   所有做法相同，不同的只有變數編碼：點「類別」，範例 1 到 8。
   ※若關掉 spss，定義就須重作。

步驟三：當上述「定義集合」完成後，主選單中的「分析」－「複選題分析」－「次數分配表」就會出現。將\$g3 丟入表格按「確定」，最後結果看輸出的複選題選項表格。

　　舉一個簡單例子說明，例如有 1 題複選題，共有 3 個選項，(1)朋友，(2)家人，(3)同學。現共有 2 位樣本有效填寫，即有 2 個案例(case)，最後輸出的次數分配表如下：

Name	Count	Pct of Responses	Pct of Case
朋友	1	25.0	50.0
家人	1	25.0	50.0
同學	2	50.0	100.0
Total responses	4	100.0	200.0

分析說明：共有 2 個案例

1. 由表格中的 "Count" 可知，朋友勾 1 次，家人 1 次，同學 2 次，共勾選 4 次，即總共回答或反應(Total responses)4 次。

2. 由表格中的 "Pct of Responses"（回答或反應的百分比）可知，朋友被勾 1 次，占全部勾選(Total responses)4 次的 $\frac{1}{4}$（即 25%）；家人 1 次，占全部勾選 4 次的 $\frac{1}{4}$（即 25%）；同學 2 次，占全部勾選 4 次的 $\frac{2}{4}$（即 50%）。

3. 由表格中的 "Pct of Case"（樣本案例的百分比）可知，朋友被勾 1 次，占總樣本數 2 的 $\frac{1}{2}$（即 50%）；家人 1 次，占總樣本數 2 的 $\frac{1}{2}$（即 50%）；同學 2 次，占總樣本數 2 的 $\frac{2}{2}$（即 100%）。2 人共勾選 4 次，因此每人平均勾選 2 次（即 $\frac{4}{2}$）。

習題十一

1. 某大公司週一至週五請假的人數如表 11-7 所示。試在顯著水準 0.05 下，檢定該公司員工週一至週五請假的人數是否有顯著差異？

表 11-7

週	一	二	三	四	五
人	15	7	9	10	24

2. 調查 A 城市 300 位在職人士每個月的薪資（以仟元計），如表 11-8 所示。在 0.05 顯著水準下，檢定該城市在職人士的月薪是否為常態分配？

表 11-8

月薪	90~99	80~89	70~79	60~69	50~59	40~49	30~39	20~29	10~19	0~9
人數	11	21	33	40	55	45	38	30	17	10

3. 調查台中市之工、商、教三個行業對週休二日的態度，結果如表 11-9 所示。

表 11-9

	同 意	沒意見	不同意
工	55	10	35
商	48	12	30
教	60	5	15

在 0.05 顯著水準下，檢定不同行業對週休二日的態度有無差異？

變異數分析

12-1

變異數分析的意義

我們已知比較"兩組資料"的平均數，是用 Z 或 t 檢定，至於有"兩組以上（三組、四組等）資料"要比較平均數時，我們就須使用**變異數分析**(Analysis of Variance，ANOVA)。當然在面對多個母體平均數檢定時，亦可以組合方式進行多次兩個母體平均數的檢定。

例如檢定四個母體平均數是否相同，虛無假設為 H_0：$\mu_1 = \mu_2 = \mu_3 = \mu_4$；但若經由組合方式進行，則需要 $C_2^4 = 6$ 次的兩個母體平均數檢定（如第九章所示），此方法雖然也可達到檢定四個母體平均數是否相同的目的，然而進行多次的檢定，不僅麻煩，且會增加誤差的機率。而變異數分析係針對多個（只有兩個亦可）母體平均數是否相等的問題所提出的檢定方法，其採用"一次同時"的檢定，因此可避免上述缺失。

全體資料所發生的總變異，依可能發生變異的來源可分割為數個部分。亦即每一部分均可歸因於某種原因（變異來源）。測度這些不同的變異來源，可瞭解各種變異是否有顯著的差異；若有差異，則表示某一變異來源對資料具有顯著的影響作用，否則便無影響作用。

變異數分析的基本假設為每個反應變數的母體均為常態分配，每個母體的變異數均相等，且抽自各母體的各組隨機樣本互為獨立。其可分為單因子與多因子變異數分析。

單因子變異數分析是指一個自變數來解釋反應變數變異來源的一種方法。由於僅使用一個自變數，所以稱為**一因子**(One-factor)。

二因子變異數分析則是指以兩個自變數來解釋反應變數變異來源的分析方法，由於使用了兩個自變數，所以稱為**二因子**(Two-factor)。

因子的特定值則稱為**因子水準**(Factor level)。例如：以 15℃、20℃、25℃、30℃等不同的溫度水準為自變數，用來解釋植物生長的情形，15℃、20℃、25℃、30℃就是溫度因子的因子水準。這個因子的各因子水準又稱為**處理**(treatment)。因此，15℃、20℃、25℃、30℃可以視為是四個處理。

　　變異數分析的主要功用在於它可檢定各不同的處理方式之影響作用是否有差異，亦即可檢定數個平均數是否相同的假設。而與「變異」有關的一些名詞，例如

1. **離差**(deviation)：代表任一觀察值 X_i 與其平均數 $\bar{X}$ 的差，即 $X_i - \bar{X}$。

2. **變異**(variation)：指離差的平方，即 $\left(X_i - \bar{X}\right)^2$；若將所有變異加總，即構成離差的平方和(Sum of squrare for deviation)。

3. **變異數**(variance)：即離差的平方和除以自由度，例如樣本變異數為

$$S^2 = \frac{\displaystyle\sum_{i=1}^{n} (X_i - \bar{X})^2}{n-1}$$

　　比較兩組以上的平均數，各組平均數之間的變異稱為**組間變異**，而各組之內分數的變異就稱為**組內變異**。變異數分析就是檢定組間變異與組內變異數的比例。之前我們學過利用 F 檢定去檢驗兩組資料之變異數是否相同的假設，類似的方法，在變異數分析中，我們也使用 F 分配去檢驗組間變異數與組內變異數是否相同，以此指出母體平均數之間是否相同。

　　下面三個表分別用來說明組間及組內是否有變異的情形。表 12-1 中的資料，為 A、B、C 三家公司中各抽取 6、7、5 位員工的年齡。三個樣本的平均數分別為 $24, 19, 25$，而整體樣本的平均值約為 22.3，而從圖 12-1 可看出三組的變異不同，其組間變異及組內變異均存在。

📀 表 12-1

	A	B	C
	22	19	24
	24	20	25
	23	20	26
	24	17	23
	25	18	27
	26	20	
		19	
平　均	24	19	25

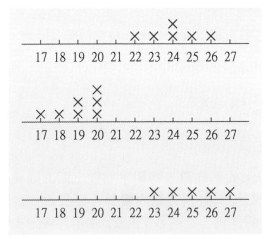

📀 圖 12-1

　　至於表 12-2 及表 12-3 則分別代表組內無變異（即各組內均相等）及組間無變異（即各組平均數相等）的特殊情形。

🌐 表 12-2

	A	B	C
	20	25	30
	20	25	30
	20	25	30
	20	25	30
	20	25	30
平均	20	25	30

🌐 表 12-3

	A	B	C
	23	23	21
	25	26	24
	21	22	23
	23	21	24
平均	23	23	23

12-2
單因子變異數分析

表 12-4 為單因子變異數分析的基本資料：

🌐 表 12-4

組 別	1	2	⋯	i	⋯	T	
	X_{11}	X_{21}	⋯	X_{i1}	⋯	X_{T1}	
	X_{12}	X_{22}	⋯	X_{i2}	⋯	X_{T2}	
	⋮	⋮	⋮			⋮	
	⋮	⋮	⋮			⋮	
	X_{1n_1}	X_{2n_2}	⋯	X_{in_i}	⋯	X_{Tn_T}	
樣本數	n_1	n_2		n_i	⋯	n_T	n
平均數	$\bar{X}_1$	$\bar{X}_2$		$\bar{X}_i$	⋯	$\bar{X}_T$	$\bar{X}$

表 12-4 中，$n_1, n_2, \cdots n_i, \cdots, n_T$ 為各組樣本數，n 為總樣本數，即 $n = \sum_{i=1}^{T} n_i$。$\bar{X}_1$，$\bar{X}_2$，$\cdots$，$\bar{X}_i$，$\cdots \bar{X}_T$ 為各組平均數，$\bar{X}$ 為總平均數，即

$$\bar{X} = \frac{\sum_{i=1}^{T} (n_i \times \bar{X}_i)}{n}$$

一、混合樣本變異數

由於觀察值 X_{ij} 獨立地服從 $N(\mu_j, \sigma^2)$，這表示可經由各種樣本分別去估計共同的變異數 σ^2。例如，由第 1 個母體的樣本觀察值 $X_{11}, \cdots,$ $X_{12}, \cdots, X_{1n_1}$ 去估計母體變異數 σ^2 的不偏估計值為

$$S_1^2 = \frac{\sum_{j=1}^{n_1} (X_{1j} - \bar{X}_1)^2}{n_1 - 1}$$

同理，母體變異數 σ^2 也可以由第二個母體樣本變異數去估計，即

$$S_2^2 = \frac{\sum_{j=1}^{n_2} (X_{2j} - \bar{X}_2)^2}{n_2 - 1}$$

既然各組樣本變異數都可以做為共同變異數 σ^2 的估計量，因此可以將各組樣本合起來，以混合的估計量來估計母體變異數 σ^2。由於混合的樣本變異數（以 S_p^2 表示）使用全部樣本資料，所以比僅使用個別樣本組資料的估計量 $\left(S_i^2 \right)$ 更佳。定義**混合樣本變異數**(Pooled sample variance)為

$$S_p^2 = \frac{(n_1-1)S_1^2 + (n_2-1)S_2^2 + \cdots\cdots + (n_1-1)S_T^2}{n_1 + n_2 + \cdots + n_T - T}$$

$$= \frac{(n_1-1)\times\dfrac{\displaystyle\sum_{j=1}^{n_1}(X_{1j}-\bar{X}_1)^2}{n_1-1} + (n_2-1)\times\dfrac{\displaystyle\sum_{j=1}^{n_2}(X_{2j}-\bar{X}_2)^2}{(n_2-1)} + \cdots + (n_T-1)\times\dfrac{\displaystyle\sum_{j=1}^{n_T}(X_{Tj}-\bar{X}_T)^2}{(n_T-1)}}{n-T}$$

$$= \frac{\displaystyle\sum_{i=1}^{T}\sum_{j=1}^{n_i}(X_{ij}-\bar{X}_i)^2}{n-T}$$

二、組間變異數

統計量 $\dfrac{\displaystyle\sum_{i=1}^{T} n_i(\bar{X}_i-\bar{X})^2}{T-1}$ 使用 T 組樣本平均數 $\bar{X}_i$ 及全體平數 $\bar{X}$ 所計算的變異數，因此我們可以定義其為**組間均方**（Mean square between groups，簡寫 MS_b），或稱為**處理間均方**（Mean square between treatments，簡寫 MS_{tr}）。至於組間均方的分子 $\displaystyle\sum_{i=1}^{T} n_i(\bar{X}_i-\bar{X})^2$ 可稱為**組間平方和**（Sum square between groups，簡稱 SS_b），或稱為**處理間平方和**（Sum square between treatments，簡寫 SS_{tr}）。因此，$MS_b = \dfrac{SS_b}{T-1}$ 亦稱為**組間不偏變異數**。

三、組內變異數

而定義混合樣本變異數 $\dfrac{\displaystyle\sum_{i=1}^{T}\sum_{j=1}^{n_i}(X_{ij}-\bar{X}_i)^2}{n-T}$ 為**組內均方**（Mean square within groups，簡寫 MS_w），或稱為**誤差均方**（Mean squard error，簡寫 MS_e）。至於其分子部分 $\displaystyle\sum_{i=1}^{T}\sum_{j=1}^{n_i}(X_{ij}-\bar{X}_i)^2 = \sum_{i=1}^{T}(n_i-1)S_i^2$ 可稱為**組**

內平方和（Sum square within groups，簡寫 SS_w），或稱為**誤差平方和**（Sum square error，簡寫 SS_e）。因此，$MS_w = \dfrac{SS_w}{n-T}$ 亦稱為**組內不偏變異數**。

四、總平方和

由全體樣本的觀察值及全體平均數，可以定義**總平方和**（Sum square total，簡寫 SS_t）為 $\displaystyle\sum_{i=1}^{T}\sum_{j=1}^{n_i}(X_{ij}-\bar{X})^2$，其自由度為 $n-1$，其中 $n = n_1 + n_2 + \cdots + n_T$。

五、變異數分析表

根據上述各項變異來源可以建立**變異數分析表**(Analysis of variance table，簡稱 ANOVA table)，如表 12-5 所示。

表 12-5　一因子變異數分析表

變異來源	平方和(SS)	自由度	均方(MS)	F 統計量
組間 (因子)	$SS_b = \displaystyle\sum_{i=1}^{T} n_i(\bar{X}_i - \bar{X})^2$	$T-1$	$MS_b = \dfrac{SS_b}{T-1}$	$F = \dfrac{MS_b}{MS_w}$
組內 (誤差)	$SS_w = \displaystyle\sum_{i=1}^{T}\sum_{j=1}^{n_i}(X_{ij}-\bar{X}_i)^2$ $= \displaystyle\sum_{i=1}^{T}(n_i-1)S_i^2$	$n-T$	$MS_w = \dfrac{SS_w}{n-T}$	
總　　和	$SS_t = \displaystyle\sum_{i=1}^{T}\sum_{j=1}^{n_i}(X_{ij}-\bar{X})^2$	$n-1$		

由變異數分析表可以查驗下列等式關係：

(1) $SS_t = SS_b + SS_w$

（總平方和）＝（組間平方和）＋（組內平方和）

(2) （總平方和的自由度）＝（組間平方和的自由度）＋（組內平方和的自由度），即

$$(n-1) = (T-1) + (n-T)$$

六、變異數分析(ANOVA)

變異數分析表中的 F 統計量定義為

$$F = \frac{MS_b}{MS_w}$$

若計算之值小於或等於 1 時，即表示組間差異不顯著，故接受 $H_0：\mu_1 = \mu_2 = \cdots = \mu_T$。若計算之值大於 1 時，則必須依照顯著水準 α，查附錄表 E，得關鍵值 $F_\alpha(T-1，n-T)$。若

$$F > F_\alpha(T-1，n-T)$$

則拒絕虛無假設 $H_0：\mu_1 = \mu_2 = \cdots\cdots = \mu_T$，即各組母體平均數並不完全相同。反之，則接受虛無假設。

本節所介紹的一因子變異數分析法適用於兩個以上母體平均數的檢定，也可應用於兩個母體平均數的檢定，此時變異數分析表中的 F 統計量與兩母體平均數檢定 t 統計量會得到相同的結論，而且 t 統計量與 F 統計量有下列關係存在，即

$$[t(n-2)]^2 = F(1,n-2)$$

其中 t 統計量的自由度為 $n-2$，而 F 統計量的自由度為 $(1, n-2)$，其中 $n = n_1 + n_2$，n_1 及 n_2 為兩組樣本數。

例1 假設自甲、乙兩家公司中各隨機抽樣實施職業性向測驗，資料如表 12-6 所示。若樣本資料來自於變異數相同的常態母體，試在 0.01 的顯著水準下，檢定兩家公司員工的職業性向是否有顯著差異。試分別使用兩樣本 t 檢定法及變異數分析法檢定之，並驗證統計值：$t^2 = F$ 與關鍵值：$[t(k)]^2 = F(1, k)$ 關係成立。

⚫ 表 12-6

甲	乙
$\bar{X}_1 = 60$	$\bar{X}_2 = 62$
$S_1^2 = 16$	$S_2^2 = 20$
$n_1 = 10$	$n_2 = 12$

解 (1) $H_0 : \mu_1 = \mu_2$；$H_1 : \mu_1 \neq \mu_2$。首先做兩樣本 t 檢定如下：計算混合樣本變異數

$$S_p^2 = \frac{(n_1 - 1)S_1^2 + (n_2 - 1)S_2^2}{n_1 + n_2 - 2}$$
$$= \frac{(10-1) \times 16 + (12-1) \times 20}{10 + 12 - 2} = 18.2$$

根據獨立樣本兩平均數檢定的兩母體變異數未知，但假設其相同的 t 統計量，即

$$t = \frac{\overline{X}_1 - \overline{X}_2}{\sqrt{S_p^2\left(\dfrac{1}{n_1} + \dfrac{1}{n_2}\right)}}$$

$$= \frac{60 - 62}{\sqrt{18.2 \times (\dfrac{1}{10} + \dfrac{1}{12})}} = -1.1$$

查自由度 $n_1 + n_2 - 2 = 10 + 12 - 2 = 20$ 的 t 分配表，因為雙尾檢定，所以關鍵值為 2.845。因為 $t = -1.1 > -2.845$，所以接受 H_0：$\mu_1 = \mu_2$。

(2) 以變異數分析法檢定虛無假設 H_0：$\mu_1 = \mu_2$，對立假設 H_1：$\mu_1 \neq \mu_2$，先計算全體平均數

$$\overline{X} = \frac{n_1 \overline{X}_1 + n_2 \overline{X}_2}{n_1 + n_2}$$

$$= \frac{10 \times 60 + 12 \times 63}{10 + 12}$$

$$= 61.09$$

由各樣本平均數及全體平均數計算組間平方和

$$SS_b = \sum_{i=1}^{T} n_i (\overline{X}_i - \overline{X})^2$$

$$= 10 \times (60 - 61.09)^2 + 12 \times (62 - 61.09)^2 = 21.82$$

所以組間均方為

$$MS_b = \frac{SS_b}{(T-1)} = \frac{21.82}{2-1} = 21.82$$

組內平方和為

$$SS_w = (n_1 - 1)S_1^2 + (n_2 - 1)S_2^2$$

$$= 9 \times 16 + 11 \times 20 = 364$$

所以組內均方為

$$MS_w = \frac{SS_w}{(n-T)} = \frac{364}{22-2} = 18.2$$

因此 $F = \frac{MS_b}{MS_w} = \frac{21.82}{18.2} = 1.20$

建立變異數分析表如表 12-7 所示。

表 12-7　變異數分析表

變異來源	平方和(SS)	自由度	均方(MS)	F 統計量
組　　間	21.82	1	21.82	1.20
組　　內	364	20	18.2	
總　　和	385.82	21		

查自由度為 $(T-1, n-T) = (1, 20)$ 的 F 分配表，在 $\alpha = 0.01$ 下的關鍵值為 $F_{0.01}(1,20) = 8.10$。

因為 $F = 1.20 < 8.10$，所以接受 $H_0 : \mu_1 = \mu_2$。

(3) 最後，驗證兩樣本 t 檢定與變異分析的 F 檢定二者的關係。證實：

$t^2 = F$ 成立，即 $t^2 = (-1.1)^2 = 1.2 = F$。

t 檢定關鍵值的平方也等於變異數分析 F 檢定的關鍵值，即

$$[t_{0.005}(20)]^2 = 2.845^2 = 8.09 \approx 8.10 = F_{0.01}(1, 20)$$

例2 調查時裝業、電信業、印刷業員工年薪（以萬元計），如表 12-8 所示。在顯著水準 $\alpha = 0.05$ 下，試檢定三種行業員工平均年薪是否相同，並驗證 $SS_t = SS_b + SS_w$。假設樣本資料來自於常態母體，且具有相同的變異數。

● 表 12-8

樣本	時裝業	電信業	印刷業
1	55	60	58
2	53	62	59
3	58	59	62
4	60	56	60
5	50	53	54

解 令 μ_1，μ_2，μ_3 分別代表時裝業、電信業及印刷業三母體年薪的平均數。

$H_0 : \mu_1 = \mu_2 = \mu_3$，

$H_1 :$ 至少有兩平均數不相等。

依行業別計算時裝、電信與印刷三行業的樣本平均數為 $\bar{X}_1 = 55.2$，$\bar{X}_2 = 58$，$\bar{X}_3 = 58.6$。樣本變異數分別為

$$S_1^2 = \frac{(55-55.2)^2 + (53-55.2)^2 + (58-55.2)^2 + (60-55.2)^2 + (50-55.2)^2}{5-1}$$
$$= 15.7$$

$$S_2^2 = \frac{(60-58)^2 + (62-58)^2 + (59-58)^2 + (56-58)^2 + (53-58)^2}{5-1}$$
$$= 12.5$$

$$S_3^2 = \frac{(58-58.6)^2 + (59-58.6)^2 + (62-58.6)^2 + (60-58.6)^2 + (54-58.6)^2}{5-1}$$

$$= 8.8$$

$$\text{SS}_w = (n_1-1)S_1^2 + (n_2-1)S_2^2 + (n_3-1)S_3^2$$

$$= 4 \times 15.7 + 4 \times 12.5 + 4 \times 8.8$$

$$= 148$$

$$\text{MS}_w = \frac{\text{SS}_w}{n-T} = \frac{148}{15-3} = 12.333$$

由全體樣本計算全體平均數為 $\bar{X} = 57.267$

$$\text{SS}_b = n_1(\bar{X}_1 - \bar{X})^2 + n_2(\bar{X}_2 - \bar{X})^2 + n_3(\bar{X}_3 - \bar{X})^2$$

$$= 5 \times (55.2-57.267)^2 + 5 \times (58-57.267)^2 + 5 \times (58.6-57.267)^2$$

$$= 32.933$$

$$\text{MS}_b = \frac{SS_b}{T-1} = \frac{32.933}{3-1} = 16.467$$

$$\text{SS}_t = \sum_{i=1}^{T} \sum_{j=1}^{n_i} (X_{ij} - \bar{X})^2$$

$$= (55-57.267)^2 + (53-57.267)^2 + \cdots + (50-57.267)^2$$

$$+ (60-57.267)^2 + (62-57.267)^2 + \cdots + (53-57.267)^2$$

$$+ (58-57.267)^2 + (59-57.267)^2 + \cdots + (54-57.267)^2$$

$$= 180.933$$

因此可驗証 $\text{SS}_t = 180.933 = 32.933 + 148 = \text{SS}_b + \text{SS}_w$。

變異數分析表如表 12-9 所示。

⬤ 表 12-9

變異來源	平方和(SS)	自由度	均方(MS)	F 統計量
組　　間	32.933	2	16.467	F=1.335
組　　內	148	12	12.333	
總　　和	180.933	14		

在顯著水準 $\alpha = 0.05$ 下，自由度為 $(2,12)$，查 F 分配表，得 $F_{0.05}(2,12)=3.88$，由於 $F=1.3351 < F_{0.05}(2,12)=3.88$，所以接受三個行業員工平均年薪相等的虛無假設。

由於平方和的定義經適當轉換後，可以下列公式表之，即

$$SS_t = \sum\sum X^2 - \frac{T^2}{N}$$

$$SS_b = \sum \frac{T_i^2}{n_i} - \frac{T^2}{N}$$

$$SS_w = SS_t - SS_b$$

其中 T_i 為各類的總和，T 為全體的總和，n_i 為各類樣本數，N 為總人數。

有時為簡化算式，我們亦可將所有樣本資料同時減掉一個數值（變異數不受影響）。在例 2 中，我們可以將樣本資料同時減掉 60，再用新的轉換公式去求平方和，同學會發現求解簡單多了，方法如下所示：

	時裝業	電信業	印刷業	
	−5　(25)	0　(0)	−2　(4)	
	−7　(49)	2　(4)	−1　(1)	
	−2　(4)	−1　(1)	2　(4)	
	0　(0)	−4　(16)	0　(0)	
	−10 (100)	−7　(49)	−6　(36)	
n_i	5	5	5	$N=15$
T_i	−24	−10	−7	$T=-41$
				$\sum\sum X^2 = 293$

$$\text{故 } SS_t = \sum\sum X^2 - \frac{T^2}{N}$$

$$= 293 - \frac{(-41)^2}{15}$$

$$= 180.9$$

$$SS_b = \sum\frac{T_i^2}{n_i} - \frac{T^2}{N}$$

$$= \left[\frac{(-24)^2}{5} + \frac{(-10)^2}{5} + \frac{(-7)^2}{5}\right] - \frac{(-41)^2}{15}$$

$$= 32.9$$

$$SS_w = SS_t - SS_b$$

$$= 180.9 - 32.9 = 148$$

在 SPSS 中，計算單因子變異數分析，其方法如下：

「分析」下「比較平均數法」的「單因子變異數分析」。

以例 2 為範例：

在行業欄中，1 代表紡織業、2 代表電信業、3 代表印刷業。

● **步驟一**：在年薪欄中輸入樣本年薪。在單因子變異數分析中，從主選單中選取「分析」－「比較平均數法」－「單因子變異數分析」（如圖 12-2）。

◎ 圖 12-2

◎ **步驟二：** 把年薪變數移至「依變數清單」這一格（如圖 12-3），行
業變數移至「因子」這一格（如圖 12-4）。

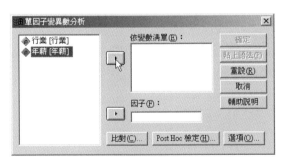

◎ 圖 12-3

點選「選項」

● 圖 12-4

● **步驟三：** 點選「選項」鍵（如圖 12-4），在「選項」畫面之「統計量」
處，勾選「描述性統計量」，按「繼續」鍵。（如圖 12-5）

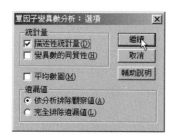

● 圖 12-5

● **步驟四：** 再按「確定」鍵即可執行。

由以上步驟，可在輸出視窗中（如圖 12-6）得 F 值為 1.335，p-value
為 0.3。

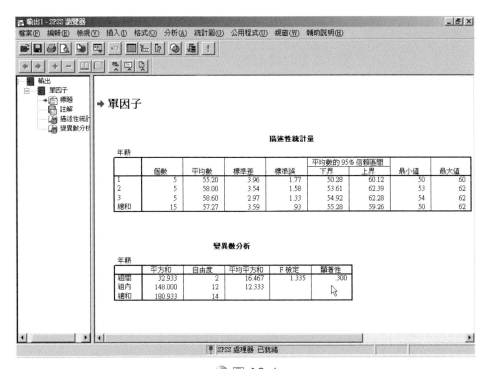

圖 12-6

因為 F = 1.335 < 3.885（查 F 分配臨界值表），p – value = 0.3 > 0.05；故接受 H_0，三種行業員工平均年薪差不多。

若單因子變異數分析之 *p*-value 達到.05 顯著水準者，表示有顯著差異，則必須進一步進行事後比較分析，SPSS 內建有多種方法，實例請參考第十三章的(2)單因子變異數分析。

12-3

二因子變異數分析

一、二因子變異數分析的概念

上一節單因子變異數分析只針對一個因子（即自變數）去探究其對因變數的影響，例如不同行業的年薪是否有顯著差異等。本節將針對兩個因子（即自變數）來研究對因變數的影響，例如不同行業及不同性別的年薪是否有顯著差異。現在假設有三種行業，即時裝業(A)，電信業(B)與印刷業(C)，有兩種性別，即男與女；則行業該因子有三個因子水準：而性別該因子有兩個水準，因此總共可組成 3×2=6 種處理。

二因子變異數分析可以檢定兩個因子的主要效果及二因子之間的交互作用，試說明如下：

1. 主要效果(main effect)：

即為各個因子（即自變數）自個產生的影響，以上述例子而言，可以檢定三種行業的主要效果，即檢定三個行業樣本的平均數 $\bar{X}_A$，$\bar{X}_B$ 及 $\bar{X}_C$ 是否達到顯著差異。亦可檢定兩種性別的主要效果，即檢定兩種性別樣本的平均數 $\bar{X}_男$ 及 $\bar{X}_女$ 是否達到顯著差異。

2. 交互作用(interaction)：

即一個因子對另一個因子的不同水準有不同的效果。以前述例子而言，例如在 A 行業中，男性的年薪較優渥，而在 B 行業中，卻是女性的年薪較優。如果有這樣的情形表示不同的行業與不同性別有交互作用。而當有交互作用時，主要效果就較沒有意義，因為同一個因子的效果要視另一因子的水準來決定。此時就須檢定單純效果(Simple effect)，即檢定男性在那一種行業中有較高的年薪，女性在那一行業中有較高的年薪。

至於交互作用的情形可分為下列三種，我們將以上例分三種情況解釋之。

1. 沒有交互作用：

●表 12-10

	男	女
A	$\overline{X}_{11}=100$	$\overline{X}_{21}=90$
B	$\overline{X}_{12}=95$	$\overline{X}_{22}=88$
C	$\overline{X}_{13}=85$	$\overline{X}_{23}=80$

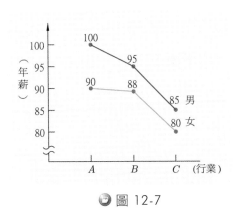

●圖 12-7

如表 12-10 及圖 12-7 所示，可看出不論男性或女性，年薪由高至低依序均為行業 A，行業 B，行業 C；且不論行業 A、B 或 C，年薪均是男性高於女性。此表示行業與性別無交互作用，因此可以檢定出主要效果，即檢定 $\overline{X}_A$，$\overline{X}_B$，$\overline{X}_C$ 的差異是否顯著，與檢定 $\overline{X}_{男}$，$\overline{X}_{女}$ 的差異是否顯著。

2. 次序性交互作用(Ordinal interaction)：

●表 12-11

	男	女
A	$\overline{X}_{11}=100$	$\overline{X}_{21}=80$
B	$\overline{X}_{12}=95$	$\overline{X}_{22}=83$
C	$\overline{X}_{13}=90$	$\overline{X}_{23}=88$

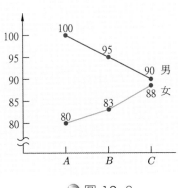

●圖 12-8

如表 12-11 及圖 12-8 所示，可看出在行業 C 中，男性與女性的年薪差不多，但在行業 A 中，兩性的年薪就相差甚多；即女性在 C 行業中月薪較優渥，男性在 A 行業中月薪較優渥。此表示行業與性別有交互作用，但從圖 12-8 可知，兩條線並未相交，故稱為次序性交互作用。

3. **無次序性交互作用**(Disordinal interaction)：

🔵 表 12-12

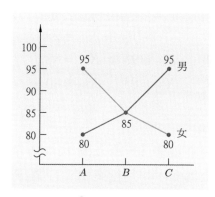

	男	女
A	$\overline{X}_{11} = 80$	$\overline{X}_{21} = 95$
B	$\overline{X}_{12} = 85$	$\overline{X}_{22} = 85$
C	$\overline{X}_{13} = 95$	$\overline{X}_{23} = 80$

🔵 圖 12-9

由表 12-12 及圖 12-9，明顯可看出在 C 行業中，男性薪水較高，在 A 行業中女性薪水較高，因兩條線相交，故稱為無次序性交互作用。

二、各細格樣本數相同之二因子變異數分析基本資料

表 12-13 為二因子變異數分析的基本資料：

⬤ 表 12-13

	1		2		……	C			
1	X_{111} X_{112} $\vdots$ X_{11n}	$\bar{X}_{11}$ T_{11}	X_{211} X_{212} $\vdots$ X_{21n}	$\bar{X}_{21}$ T_{21}	……	X_{C11} X_{C12} $\vdots$ X_{C1n}	$\bar{X}_{C1}$ T_{C1}	$\bar{X}_{.1}$	$T_{.1}$
2	X_{121} X_{122} $\vdots$ X_{12n}	$\bar{X}_{12}$ T_{12}	X_{221} X_{222} $\vdots$ X_{22n}	$\bar{X}_{22}$ T_{22}	……	X_{C21} X_{C22} $\vdots$ X_{C2n}	$\bar{X}_{C2}$ T_{C2}	$\bar{X}_{.2}$	$T_{.2}$
$\vdots$	……	……	……	……	……	……	……		
R	X_{1R1} X_{1R2} $\vdots$ X_{1Rn}	$\bar{X}_{1R}$ T_{1R}	X_{2R1} X_{2R2} $\vdots$ X_{2Rn}	$\bar{X}_{2R}$ T_{2R}	……	X_{CR1} X_{CR2} $\vdots$ X_{CRn}	$\bar{X}_{CR}$ T_{CR}	$\bar{X}_{.R}$	$T_{.R}$
	$\bar{X}_{1.}$ $T_{1.}$	$\bar{X}_{2.}$ $T_{2.}$				$\bar{X}_{C.}$ $T_{C.}$		$\bar{X}$ T	

其中每個細格(cell)的人數均為 n，細格內的變量以 X_{ijk} 表示，例如 X_{123} 表示第一直行第二列細格內的第三個變數，X_{231} 表示第二直行第三列細格內的第一個變數。

每一細格的平均數為 $\bar{X}_{ij}$，總和為 T_{ij}，$1 \le i \le C$，$1 \le j \le R$，例如第一直行第一橫列的平均數為 $\bar{X}_{11}$，總和為 T_{11}；第 C 直行第一橫列的平均數為 $\bar{X}_{C1}$，總和為 T_{C1}；第 1 直行第 R 橫列的平均數為 $\bar{X}_{1R}$，總和為 T_{1R}。至於第 1 直行的平均數為 $\bar{X}_{1.}$，總和為 $T_{1.}$，第 C 直行的平均數為 $\bar{X}_{C.}$，總和為 $T_{C.}$；第 1 橫列的平均數為 $\bar{X}_{.1}$，總和為 $T_{.1}$；第 R 橫列的平均數為 $\bar{X}_{.R}$，總和為 $T_{.R}$。全體總平均數為 $\bar{X}$，總和為 T。

三、各種變異公式

茲將各種變異的公式敘述於下：

1. 各行(column)間變異以 SS_C 表示

$$SS_C = nR \sum_{i=1}^{C} (\bar{X}_{i.} - \bar{X})^2 = \frac{1}{nR} \sum_{i=1}^{C} (T_{i.})^2 - \frac{T^2}{N} \,,$$

自由度為 $C{-}1$，其中 C 為行數。

2. 各列(row)間變異以 SS_R 表示。

$$SS_R = nC \sum_{j=1}^{R} (\bar{X}_{.j} - \bar{X})^2 = \frac{1}{nC} \sum_{j=1}^{R} (T_{.j})^2 - \frac{T^2}{N} \,,$$

自由度為 $R{-}1$，其中 R 為列數。

3. 總變異(Total sum square)以 SS_t 表示

$$SS_t = \sum_i \sum_j \sum_k (X - \bar{X}) = \sum \sum \sum X_{ijk}^2 - \frac{T^2}{N} \,,$$

自由度為 $N{-}1$，其中 N 為總次數。

4. 細格間變異以 SS_{cell} 表示

$$SS_{cell} = n\sum_{j=1}^{R}\sum_{i=1}^{C}(\bar{X}_{ij} - \bar{X})^2 = \frac{1}{n}\sum\sum(T_{ij})^2 - \frac{T^2}{N} \text{ ,}$$

自由度為 $CR-1$

5. 行與列的交互作用以 $SS_{C \times R}$ 表示

$$SS_{C \times R} = n\sum\sum(\bar{X}_{ij} - \bar{X}_{i\cdot} - \bar{X}_{\cdot j} + \bar{X})^2 \text{ ,}$$
$$= SS_{cell} - SS_C - SS_R$$

自由度為 $(C-1)(R-1)$

6. 誤差變異以 SS_E(Sum square of error)表示

$$SS_E = \sum_i\sum_j\sum_k(X - \bar{X}_{ij})^2 = \sum\sum\sum X_{ijk}^2 - \frac{1}{n}\sum\sum(T_{ij})^2 \text{ ,}$$
$$= SS_t - SS_{cell}$$

自由度為 $CR(n-1)$

而各個 F 值計算如下：

(1) $F_C = \dfrac{MS_C}{MS_w} = \dfrac{SS_C /(C-1)}{SS_w /CR(n-1)}$

(2) $F_R = \dfrac{MS_R}{MS_w} = \dfrac{SS_R /(R-1)}{SS_w /CR(n-1)}$

(3) $F_{C \times R} = \dfrac{MS_{C \times R}}{MS_w} = \dfrac{SS_{C \times R} /(C-1)(R-1)}{SS_w /CR(n-1)}$

四、二因子變異數分析表

二因子變異數分析表如表 12-14 所示，

● 表 12-14　二因子變異數分析表

變異來源	平方和 (SS)	自由度 (d.f.)	均方(MS)	F 值
主效果 行間(C) （第一因子）	SS_C	$C-1$	$MS_C = SS_C/(C-1)$	$F_C = \dfrac{MS_C}{MS_E}$
列間(R) （第二因子）	SS_R	$R-1$	$MS_R = SS_R/(R-1)$	$F_R = \dfrac{MS_R}{MS_E}$
交互作用 $C \times R$	$SS_{C \times R}$	$(C-1)(R-1)$	$MS_{C \times R} = SS_{C \times R}/(C-1)(R-1)$	$F_{C \times R} = \dfrac{MS_{C \times R}}{MS_E}$
誤差	SS_E	$CR(n-1)$	$MS_E = SS_E/CR(n-1)$	
總　和	SS_t	$CRn-1$		

　　由二因子變異數分析表可查驗下列等式關係：

(1) $SS_t = SS_E + S_{cell}$

　　　$= SS_E + SS_C + SS_R + S_{C \times R}$

(2) 總自由度 $CR_n - 1 = (C-1) + (R-1) + (C-1)(R-1) + CR(n-1)$

 例3　假設時裝業、電信業及印刷業三個行業之男性與女性各
　　　　五人的年薪（以萬元計）如表 12-15 所示，試檢定

　　(1) 時裝業、電信業及印刷業三個行業之間員工的年薪是
　　　　否有差異。

　　(2) 男、女兩性員工之間的年薪是否有差異。

　　(3) 行業與性別是否有交互作用。（α=0.05）

表 12-15

	男　性	女　性
時裝業	86	80
	84	80
	86	84
	83	82
	81	84
電信業	88	72
	80	74
	84	78
	78	74
	80	78
印刷業	82	74
	80	70
	78	72
	80	72
	80	72

解 為簡化算式，我們將表 12-15 中所有之數值（即年薪）均減 80，再求平均數，總和，結果如表 12-16 所示，其中

$$T = T_{1.} + T_{2.} = 30 + (-54) = -24$$

或　$T = T_{.1} + T_{.2} + T_{.3} = 30 + (-14) + (-40) = -24$

因 $n=5$，$C=2$，$R=3$，$N=5×2×3=30$

$$\bar{X} = \frac{T}{N} = \frac{-24}{30} = -0.8 \text{，又} \sum\sum\sum X_{ijk}^{2}=698$$

表 12-16

	男　　性		女　　性		
時裝業	6 4 6 3 1	$\bar{X}_{11}=4$ $T_{11}=20$	0 0 4 2 4	$\bar{X}_{21}=2$ $T_{21}=10$	$\bar{X}_{\cdot 1}=3$ $T_{\cdot 1}=30$
電信業	8 0 4 -2 0	$\bar{X}_{12}=2$ $T_{12}=10$	-8 -6 -2 -6 -2	$\bar{X}_{22}=-4.8$ $T_{22}=-24$	$\bar{X}_{\cdot 2}=-1.4$ $T_{\cdot 2}=-14$
印刷業	2 0 -2 0 0	$\bar{X}_{13}=0$ $T_{13}=0$	-6 -10 -8 -8 -8	$\bar{X}_{23}=-8$ $T_{23}=-40$	$\bar{X}_{\cdot 3}=-4$ $T_{\cdot 3}=-40$
	$\bar{X}_{1\cdot}=2$ $T_{1\cdot}=30$		$\bar{X}_{2\cdot}=-3.6$ $T_{2\cdot}=-54$		$\bar{X}=-0.8$ $T=-24$

三個虛無假設如下：

H_{01}： 行業間的年薪無差異，或 $\mu_1=\mu_2=\mu_3$，（μ_1，μ_2，μ_3 各代表時裝業、電信業、印刷業員工平均年薪）

H_{02}： 性別間的年薪無差異，或 $\mu_男=\mu_女$（$\mu_男$，$\mu_女$ 各代表男性與女性的平均年薪）

H_{03}： 行業與性別無交互作用

各種變異計算如下：

(1) $\mathrm{SS_C} = \dfrac{1}{nR}\sum_{i=1}^{C}(T_i.)^2 - \dfrac{T^2}{N}$

$= \dfrac{1}{5 \times 3}[30^2 + (-54)^2] - \dfrac{(-24)^2}{30}$

$= 235.2$

$d.f. = C - 1 = 2 - 1 = 1$

(2) $\mathrm{SS}_R = \dfrac{1}{nC}\sum_{j=1}^{R}(T_{.j})^2 - \dfrac{T^2}{N}$

$= \dfrac{1}{5 \times 2}[30^2 + (-14)^2 + (-40)^2] - \dfrac{(-24)^2}{30}$

$= 250.4$

$d.f. = R - 1 = 3 - 1 = 2$

(3) $\mathrm{SS}_t = \sum\sum\sum X_{ijk}{}^2 - \dfrac{T^2}{N}$

$= 698 - \dfrac{(-24)^2}{30}$

$= 678.8$

$d.f. = N - 1 = 30 - 1 = 29$

(4) $\mathrm{SS}_{\mathrm{cell}} = \dfrac{1}{n}\sum\sum(T_{ij})^2 - \dfrac{T^2}{N}$

$= \dfrac{1}{5}[20^2 + 10^2 + 0^2 + 10^2 + (-24)^2 + (-40)^2] - \dfrac{(-24)^2}{30}$

$= 536$

$d.f. = CR - 1 = 2 \times 3 - 1 = 5$

(5) $SS_{C \times R} = SS_{cell} - SS_C - SS_R$
$= 536 - 235.2 - 250.4$
$= 50.4$
$d.f. = (C-1)(R-1) = (2-1)(3-1) = 2$

(6) $SS_E = SS_t - SS_{cell}$
$= 678.8 - 536$
$= 142.8$
$d.f. = CR(n-1) = 2 \times 3 \times (5-1) = 24$

計算各個 F 值如下：

(1) $F_R = \dfrac{MS_R}{MS_E} = \dfrac{SS_R /(R-1)}{SS_E / CR(n-1)}$
$= \dfrac{250.4/2}{142.8/24} = 21.04$

而 $F_{0.05}(2,24) = 3.40$，
因 $F_R = 21.04 > 3.40$，故拒絕 H_{01}（即 21.04^*）

(2) $F_C = \dfrac{MS_C}{MS_E} = \dfrac{SS_C /(C-1)}{SS_E / CR(n-1)}$
$= \dfrac{235.2/1}{142.8/24} = 39.5$

而 $F_{0.05}(1,24) = 4.26$，
因 $F_C = 39.5 > 4.26$，故拒絕 H_{02}（即 39.5^*）

(3) $F_{C \times R} = \dfrac{\text{MS}_{C \times R}}{\text{MS}_E} = \dfrac{\text{SS}_{C \times R}/(C-1)(R-1)}{\text{SS}_E/CR(n-1)}$

$\qquad = \dfrac{50.4/2}{142.8/24} = 4.24$

而 $F_{0.05}(2,24) = 3.40$，

因 $\text{F}_{C \times R} = 4.24 > 3.40$，故拒絕 H_{03}（即 4.24^*）

二因子變異分析表如表 12-17 所示：

◎ 表 12-17

變異來源	SS	d.f.	MS	F
行業間(R)（第一因子）	250.4	2	125.2	21.04^*
性別間(C)（第二因子）	235.2	1	235.2	39.5^*
交互作用($C \times R$)	50.4	2	25.2	4.24^*
誤　差	142.8	24	5.95	
總　和	678.8	29		

$^*\text{p}<0.05$

從表 12-17 可知，行業與性別之主要效果均達顯著水準（故 H_{01}，H_{02} 無意義），而行業與性別之交互作用亦達顯著水準。

在 SPSS 中，計算二因子變異數分析，其方法如下：

「分析」下「一般線性模式」的「單變量」。

以例 3 為範例：

在性別欄中，1 代表男性、2 代表女性。

在行業欄中，1 代表時裝業、2 代表電信業、3 代表印刷業。

並切換到「變數檢視」下，分別作行業及性別的數值註解。

⊙ **步驟一：** 在年薪欄中輸入樣本年薪。在二因子變異數分析中，選取「分析」－「一般線性模式」－「單變量」（如圖 12-10）。

⊙ 圖 12-10

⊙ **步驟二：** 把年薪變數移至「依變數清單」這一格（如圖 12-11），行業變數和性別變數移至「固定因子」這一格（行業先移，性別後移，則最後輸出結果中的變異來源會行業先性別後；而與表 12-17 相吻合）（如圖 12-12）。

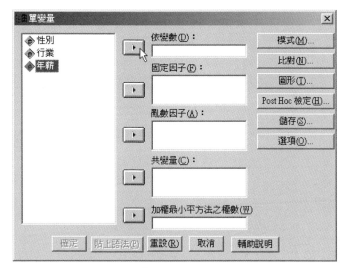

圖 12-11

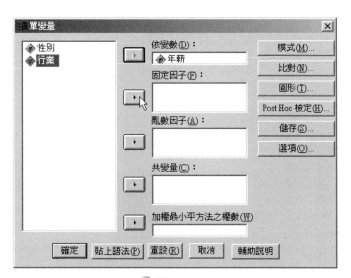

圖 12-12

步驟三：點選「選項」鍵（如圖 12-13），在「顯示」部分勾選「敘述統計」後，按「繼續」鍵。（如圖 12-14）

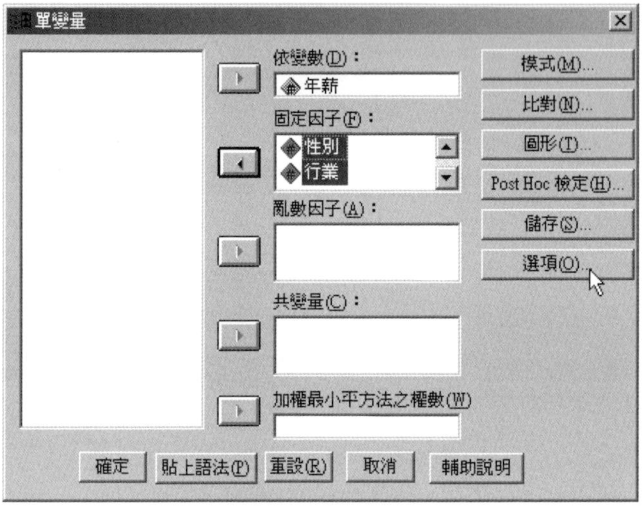

圖 12-13

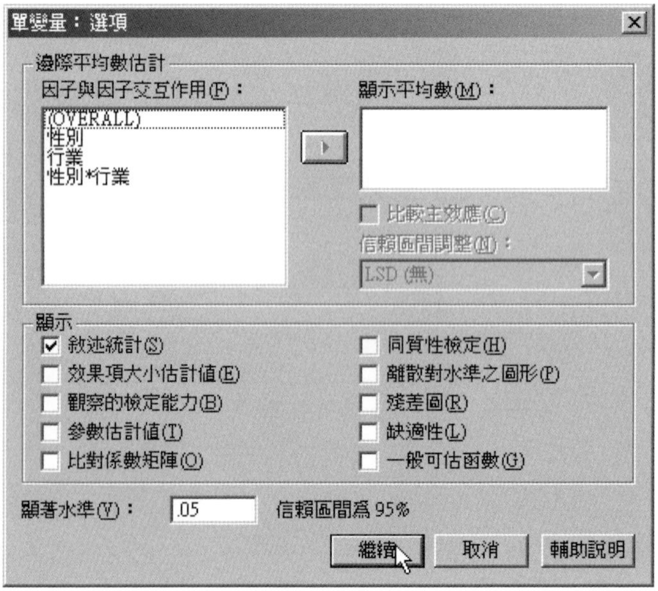

圖 12-14

● **步驟四：**再按「確定」鍵即可執行。

　　經由以上步驟，在輸出中可得到性別、行業、性別*行業的三個 F 值和三個 p 值，三個變項所得之 p 值(0,0,0.027)均小於 0.05，達顯著水準，故拒絕三個虛無假設（如圖 12-15）。

　　由於性別與行業二者有交互作用，則主要效果就無意義，因此繼續進行單純因子檢定：亦即針對個別行業，對「性別」進行獨立樣本 t 檢定；共進行三次 t 檢定，即檢定時裝業的男性與女性員工的年薪是否有差異？電信業的男性與女性員工的年薪是否有差異？印刷業的男性與女性員工的年薪是否有差異？以及針對個別性別，對「行業」進行單因子變異數分析；共進行兩次單因子變分析，即檢定男性的時裝、電信業與印刷業員工的年薪是否有差異？女性的時裝業、電信業與印刷業員工的年薪是否有差異？藉此檢定在單純因子的因素下，自變項對員工年薪的差異是否顯著。

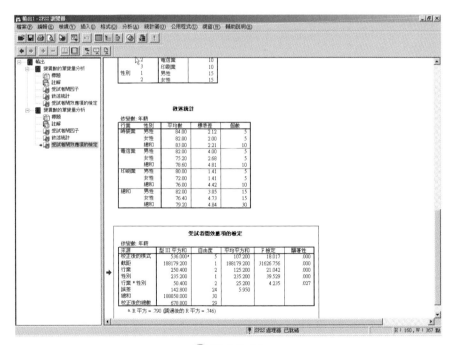

● 圖 12-15

以下將進行單純因子檢定。

檢定時裝業的男性與女性員工的年薪是否有差異？首先須從原來 30 筆觀察值中篩選出時裝業員工的 10 筆資料。

🔘 **步驟一**：點選主選單下的「資料」─「選擇觀察值」（如圖 12-16）。

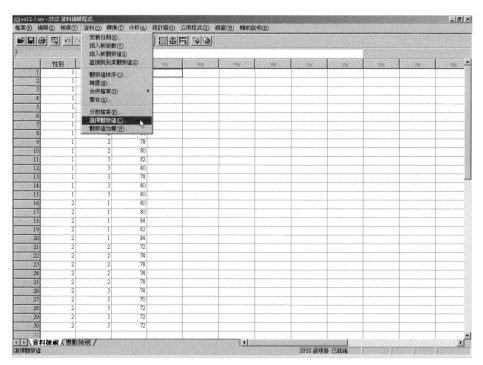

● 圖 12-16

🔘 **步驟二**：點選「選擇」下的「如果滿足設定條件」後，選取「若」
（如圖 12-17）。

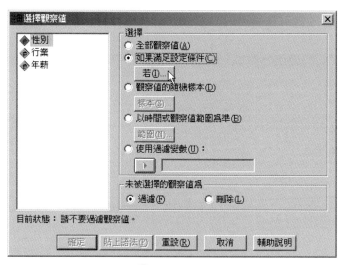

◎ 圖 12-17

◎ **步驟三**：將行業移入右上格，並輸入 "=1"，即 "行業=1"，按「繼
續」（如圖 12-18）。

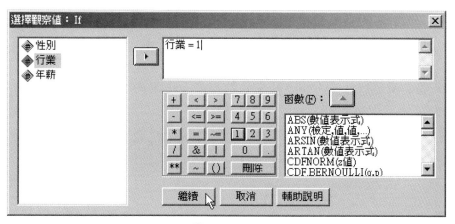

◎ 圖 12-18

● **步驟四**：選取「確定」（如圖 12-19）。

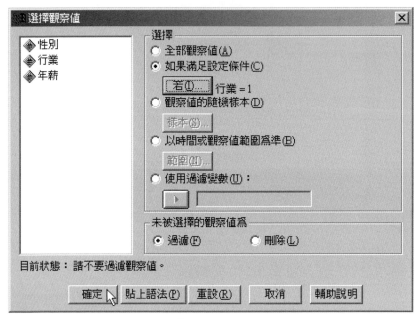

● 圖 12-19

　　經由以上步驟，在資料檢視中會看到一欄變數 "filter_$" ，其中 1 表滿足設定條件 1（即時裝業）的料資，0 則表不滿足者，且在觀察值的序號上也可看到過濾 "／" 記號（如圖 12-20）。接著才利用篩選出來的 10 筆時裝業員工的資料（包括 5 筆男性及 5 筆女性）來進行 t-檢定。以下將略述，至於詳細步驟可參見第九章的例 5 或例 7。

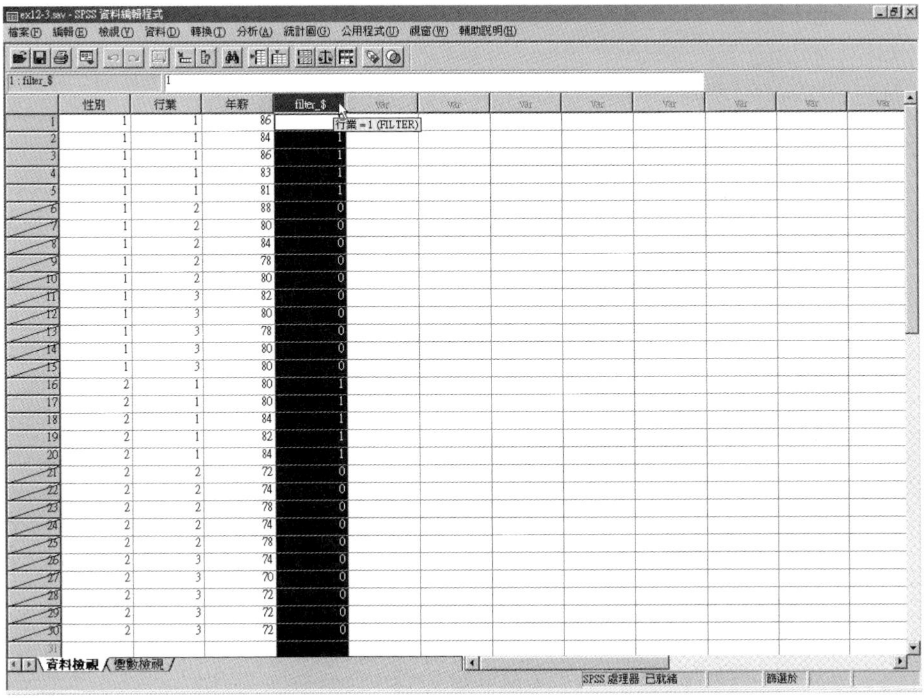

圖 12-20

　　首先在主選單中選取「分析」－「比較平均數法」－「獨立樣本 T 檢定」，再將欲檢定的變數（年薪）移入檢定變數欄，及將分組變數（性別）移入分組變數欄，並定義組別（1 及 2），然後按「確定」（如圖 12-21 所示）。最後在輸出視窗可發現圖 12-22 的資料，因 p-value=0.164>0.05），故可知時裝業之男性與女性員工的年薪未達顯著差異，即二者年薪差不多。

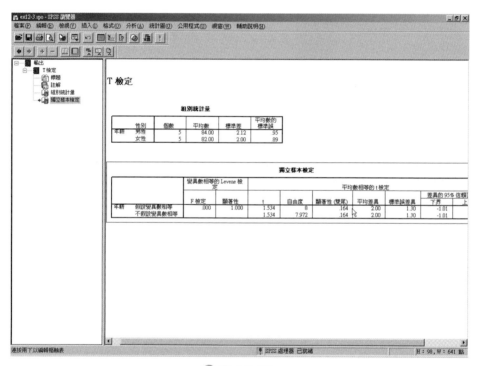

● 圖 12-21

● 圖 12-22

　　重複以上方法，但須將步驟三改為："行業=2"或"行業=3"，最後從輸出結果，則可知電信業的男性與女性員工的年薪達顯著差異(p-value=0.013<0.05)，其中男性年薪（82 萬）顯著高於女性年薪（75.2

萬）。印刷業的男性與女性員工的年薪亦達顯著差異(p-value=0<0.05)，其中男性年薪（80 萬）亦顯著高於女性年薪（72 萬）。（如圖 12-23 所示）。

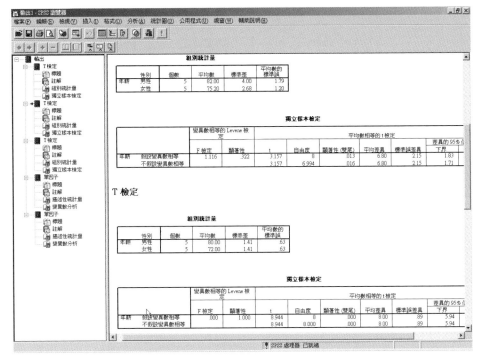

圖 12-23

　　至於男性的時裝、電信業及印刷業員工的年薪是否有差異，其篩選男性之方法與上述篩選行業（如時裝業）相同，但須將步驟三改為"性別=1"，再利用篩選出的 15 筆男性資料（包括 5 筆時裝業，5 筆電信業及 5 筆印刷業）進行單因子變異分析（詳細步驟可參考本章的例 2），其中依變數為"年薪"，但因子則為"行業"。最後輸出結果如圖 12-24 所示，可知男性員工在三種行業的年薪差不多（p-value=0.110>0.05），各為 84 萬、82 萬及 80 萬。

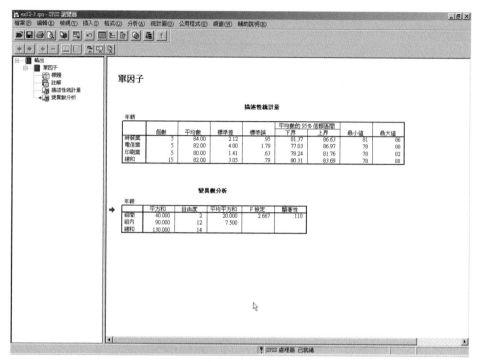

圖 12-24

　　重複上述方法，再將步驟三為改為 "性別=2" ，最後從輸出結果
則可知女性員工在三種行業年薪達顯著差異(p-value=0<0.05)，分別為
82 萬、75.2 萬及 72 萬（如圖 12-25 所示）。

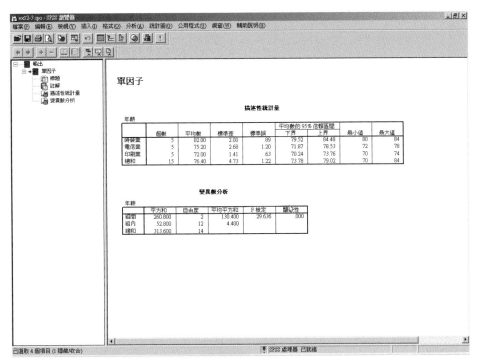

圖 12-25

　　由上述 3 個 *t*-檢定及 2 個單因子變異數分析可知，不同行業的男性與女性員工年薪情況不同，其中時裝業的男、女兩性員工年薪差不多，但其他兩行業則是男性高於女性；而不同性別的時裝業、電信業與印刷業員工年薪情況亦不同，其中男性員工在三種行業的年薪差不多，但女性員工則是時裝業最高。

　　因而由此可解釋行業與性別兩個因子之間的交互作用存在，即行業（性別）因子的效果要視性別（行業）因子的水準來決定。

　　上例為有交互作用的情形，若兩變數沒有交互作用，則須刪除交互作用項，其方法請參閱第 13 章的(4)雙因子變異數分析的步驟四～步驟九。

習題十二

1. 自 A、B 兩校（已知為變異數相同的常態分配）隨機抽取學生實施性向測驗，資料如表 12-18 所示。試以兩樣本 t 檢定及變異數分析法檢定 A、B 兩校學生的性向是否有顯著差異($\alpha = 0.01$)。並驗證 t 及 F 的關係。

● 表 12-18

A	B
$\bar{X}_1 = 78.6$	$\bar{X}_2 = 80.2$
$S_1^2 = 51.8$	$S_2^2 = 48.3$
$n_1 = 50$	$n_2 = 40$

2. 表 12-19 為某位教授分別在甲、乙及丙三班採用不同三種教學法的抽樣成績，試檢定三種教學法的成績是否達顯著差異。(α=0.05)

● 表 12-19

甲	乙	丙
79	71	82
86	77	68
74	81	70
89	83	76

3. 從 A、B、C 與 D 四家電池製造業中各選出 5 顆電池，分別測試它們的壽命，資料如表 12-20 所示，假設樣本來自常態母體，變異數相同。試在 0.05 顯著水準下，檢定該四家電池製造業所生產的電池壽命是否達顯著差異。

表 12-20

A	B	C	D
25	32	24	28
23	33	24	31
20	30	23	27
27	28	27	28
20	32	22	26

4. 當在進行獨立樣本單因子變異數分析時，若變數分成三組，且抽樣人數為 $n_1=8$，$n_2=6$，$n_3=9$。試問 F 值要多少以上，才會達到 0.05 顯著水準。

5. 某大公司調查 20～29 歲，30～39 歲，40～49 歲三個年紀層的員工每個月在食、衣、住、行四方面的花費，如表 12-21 所示。試檢定主效果是否有顯著差異及年紀層與日常生活花費是否有交互作用。($\alpha=0.01$)

表 12-21

	食	衣	住	行
	13,000	10,000	5,000	1,500
20～29	15,400	9,000	3,000	2,500
	11,000	8,500	6,800	4,000
	11,500	12,300	5,600	5,000
30～39	14,000	10,000	7,800	4,500
	15,600	9,800	4,500	3,600
	10,000	15,000	8,000	1,400
40～49	11,200	13,200	7,600	2,200
	13,000	14,000	11,000	3,100

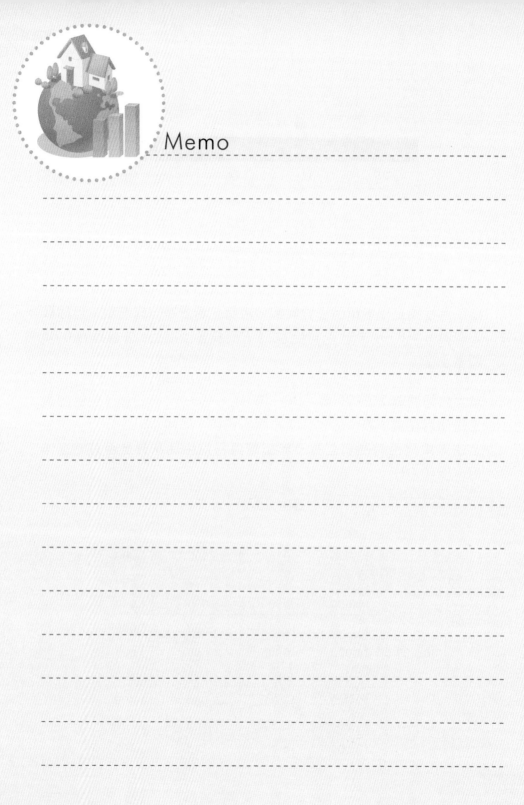

Memo

抽樣調查的
實際演練

為了讓同學能將 Spss 上的統計方法在現實生活或研究裡學以致用，本章將以一個抽樣調查的例子來作實際的演練。

13-1
研究流程

1. 決定研究題目、動機及其目的，我們以國立台中師範學院九十學年度一篇碩士論文為例，如研究題目為「國民小學行政人員對校務行政電腦化態度與因應方式之研究」（吳亞玲, 2002）。

2. 探討前人做過相關的文獻。

3. 研究方法。

4. 資料分析。

5. 結論及建議。

13-2
研究方法

決定研究的方法（例如問卷調查）及問題，並編製問卷，其間尚須設定調查的母體並決定抽樣的方式，及列出虛無假設。問卷如表 13-1 所示，其中除了個人資料外，尚有校務行政電腦化態度問卷。該研究兼採文獻分析法與調查法，以南投縣國民小學行政人員為調查研究對象，以「國民小學對校務行政電腦化態度與因應方式問卷」為研究工具，所得資料以統計套裝軟體 Spss for windows，進行 t 考驗、單因子變異數分析、典型相關分析等統計方法加以處理。

　　為了考驗效度及信度，預試問卷完成之後，選擇南投縣 9 所國民小學為調查樣本，於 2001 年 11 月下旬進行預試，共發出 81 份問卷，一週後共回收 74 份，回收率 91.35%，經剔除廢卷，得有效問卷 74 份，有效問卷率 91.35%。

　　本書僅摘錄「校務行政電腦化態度問卷」部分之效度及信度考驗分析，資料檔案之檔名為：「問卷.sav」，讀者可直接「開啟舊檔」使用。

　　該研究探討之問題臚列如下：

一、國民小學行政人員，對校務行政電腦化態度如何？

二、國民小學行政人員，對校務行政電腦化因應方式如何？

三、校務行政電腦化態度不同之國民小學行政人員，其因應方式是否有顯著差異？

四、國民小學行政人員，對校務行政電腦化態度與因應方式的關聯性為何？

🔵 表 13-1　國民小學行政人員對校務行政電腦化態度與
因應方式之研究問卷

敬愛的教育先進：

　　您好！感謝您在百忙中協助填寫本問卷。本研究之目的，旨在瞭解國民小學行政人員對校務行政電腦化態度及其因應方式。本問卷不必具名，您所填的資料亦不做個別探討，僅供學術研究之用。

　　您的意見非常寶貴，懇請您依據貴校實際情況與個人感受作答，填答前請先詳閱填答說明，並請於三日內填妥，送交委託人以回郵信封寄回。

　　謹此感謝您撥冗填答本調查問卷，您的鼎力協助是對本人莫大的鼓勵，不勝感激！耑此

　　敬祝　　　教安

國立台中師範學院國民教育研究所

指導教授：葉重新　博士

研　究　生：吳亞玲　敬上

中　華　民　國九十一年一月

第一部分　基本資料

　　填答說明：請根據貴校及個人狀況，將最適合的答案填入(　)中

(　)1.　服務地區：(1)一般地區　　(2)偏遠地區

(　)2.　學校規模：(1)6 班以下（含 6 班）　　(2)7 至 12 班　　(3)13 至 24
班　　(4)25 至 48 班　　(5)49 班以上

(　)3.　性　　別：(1)男　　(2)女

(　)4.　年　　　齡：(1)30 歲以下（含 30 歲）　　(2)31 至 40 歲　　(3)41
至 50 歲　　(4)51 歲以上

(　)5.　行政年資：(1)5 年以下（含 5 年）　　(2)6 至 10 年　　(3)11 至 15
年　　(4)16 年以上

( )6. 教育程度：(1)師範院校（含師範、師專、師院、師大） (2)一般大學或學院 (3)研究所（含 40 學分班） (4)其他

( )7. 行政職務：(1)主計 (2)人事 (3)組長 (4)主任 (5)校長

( )8. 電腦課程經驗：(1)有 (2)無

( )9. 接觸電腦年資：(1)無 (2)1 年以下（含 1 年） (3)1 年至 3 年 (4)3 年至 5 年 (5)5 年以上

( )10. 家中擁有電腦設備：(1)有 (2)無

第二部分 國民小學行政人員對校務行政電腦化態度量表

填答說明：本部分共計有三十五題，請依自己針對實施校務行政電腦化時，在使用電腦上的看法、觀點及情緒感受等心理狀態的實際情形，在最適當□內打 "∨"，每一題都要作答，而且只能勾選一項，謝謝您的合作！

	非常不同意	不同意	無意見	同意	非常同意
1. 我對行政電腦化沒有興趣。	□	□	□	□	□
2. 我喜歡學習如何使用電腦。	□	□	□	□	□
3. 使用電腦讓我感到不愉快。	□	□	□	□	□
4. 只要我一使用電腦，就有欲罷不能的感覺。	□	□	□	□	□
5. 我不喜歡和別人談論有關行政電腦化這方面的話題。	□	□	□	□	□
6. 我喜歡使用電腦來協助處理我的行政工作。	□	□	□	□	□
7. 我一點都不會害怕使用電腦。	□	□	□	□	□

8. 使用電腦讓我覺得自己很笨拙。 .... □ □ □ □ □

9. 我覺得我不可能學會操作電腦。 .... □ □ □ □ □

10. 我覺得我無法處理與電腦有關的事物。 .... □ □ □ □ □

11. 我覺得使用電腦是一件很困難的事。 .... □ □ □ □ □

12. 我相信自己有能力運用電腦來處理我的工作。 .. □ □ □ □ □

13. 實施校務行政電腦化會使自己對工作更有信心。 □ □ □ □ □

14. 操作電腦時我會很緊張。 .... □ □ □ □ □

15. 當別人在談論行政電腦化時，我不會感到有壓力。 □ □ □ □ □

16. 當我想到行政工作必須要使用電腦，心情就沉重起。 □ □ □ □ □

17. 我會害怕因為電腦技巧不熟或發生錯誤，而被同事嘲笑。
    .... □ □ □ □ □

18. 當我想到因行政電腦化而需要學習電腦，我就擔心起來。
    .... □ □ □ □ □

19. 看到同事熟練地在使用電腦時，我會感到有壓力。 □ □ □ □ □

20. 面對電腦設備，常常讓我因為不知如何操作而覺得不知所措。
    .... □ □ □ □ □

21. 電腦的軟硬體設備不斷推陳出新，讓我有恐懼感。 □ □ □ □ □

22. 我認為電腦有助於提升我的工作效率。 .... □ □ □ □ □

23. 電腦對於我的工作並不重要。 .... □ □ □ □ □

24. 我認為電腦可以協助提升行政工作的品質。 ...... □ □ □ □ □

25. 我覺得電腦可以處理大量的行政資料，減輕我的工作負擔。
    .... □ □ □ □ □

26. 我相信電腦可以幫助我處理很多事情。 .... □ □ □ □ □

27. 為了我的工作，我需要熟練電腦的操作。......... □ □ □ □ □

28. 如果為了行政電腦化而學校要我去學電腦，我願意配合。
.... □ □ □ □ □

29. 我覺得校務行政電腦化是有必要的。.............. □ □ □ □ □

30. 我支持實施校務行政電腦化。...................... □ □ □ □ □

31. 我認為學校應該再添購校務行政電腦化設備。. □ □ □ □ □

32. 我認為行政人員都應該會使用電腦。.............. □ □ □ □ □

33. 我覺得使用電腦很麻煩，所以寧願以人工方式來處理我的工作。
.... □ □ □ □ □

34. 我認為校務行政電腦化可以促使校務變得簡化、方便。
.... □ □ □ □ □

35. 我覺得校長應該大力支持校務行政電腦化。..... □ □ □ □ □

第三部分　國民小學行政人員對校務行政電腦化因應方式量表

　　填答說明：本部分共計有三十題，是在描述面對校務行政電腦化，您所遇到電腦方面的壓力或困擾情境時，實際上所採取的因應方式為何？請依自己平日所使用該方式的頻率多寡，在最適當□內打"∨"。每一題都要作答，而且只能勾選一項，謝謝您的合作！

經常如此　有時如此　很少如此　從未如此

1. 遇到使用電腦的問題時，我會用心分析造成問題的各項因素。
.... □ □ □ □

2. 當我使用電腦遇到問題時，會盡力想辦法來解決。....□ □ □ □

3. 當使用電腦遇到困難時，會促使我主動參加有關的電腦研習。
.... □ □ □ □

4. 我有信心來解決我所遭遇電腦方面的問題。 .... □ □ □ □

5. 遇到電腦方面的問題，我會參考以前的經驗來解決問題。
.... □ □ □ □

6. 平日我會多蒐集相關資訊，以增進解決電腦有關問題的能力。
.... □ □ □ □

7. 當使用電腦遇到困難時，我會等待別人的主動支援。
.... □ □ □ □

8. 當使用電腦遇到困難時，我會認為電腦很笨，不如以人工方式來處理。 .... □ □ □ □

9. 我不會主動爭取參加電腦方面的研習，而是被動接受學校的安排。
.... □ □ □ □

10. 當使用電腦遇到困難時，我會承認自己無法解決，但是我不願意再嘗試。 .... □ □ □ □

11. 當使用電腦遇到困難時，往往我不知道應該如何尋求解決之道。
.... □ □ □ □

12. 當使用電腦遇到困難時，我不願意把它說出來，以免被同事看輕。
.... □ □ □ □

13. 使用電腦若遇到問題時，我會藉由休閒活動來紓解壓力。
.... □ □ □ □

14. 我會從事其他的工作，使自己因為忙碌而忘記對電腦的困擾。
.... □ □ □ □

15. 我會做好個人之情緒管理，來面對使用電腦上所遭遇的困難。
.... □ □ □ □

16. 我會參加宗教活動來紓解面對電腦所產生的焦慮。 ..□ □ □ □

17. 我會為自己安排一個假期，來舒緩電腦所帶來的焦慮。
.... □ □ □ □

18. 使用電腦遇到問題時，我會先暫時拋開問題以緩和緊張的情緒。
.... □ □ □ □

19. 使用電腦遇到問題時，我以能緩則緩、得過且過的方式來應付。
.... □ □ □ □

20. 使用電腦遇到問題時，我會逃離現場來暫時忘記問題的存在。
.... □ □ □ □

21. 如果無法解決電腦上的困擾時，我會想要提早退休或轉業。
.... □ □ □ □

22. 我會找藉口來推託需要使用電腦的工作。................ □ □ □ □

23. 遇到電腦方面的問題，我會將問題交給別人處理，以減輕自己的困擾。 .... □ □ □ □

24. 遇到電腦方面的問題，我會希望問題能夠自動消失。
.... □ □ □ □

25. 遇到電腦上的問題時，我會向電腦專業人員尋求協助。
.... □ □ □ □

26. 使用電腦遇到困難時，我會找主管或同事給予協助。. □ □ □ □

27. 當我有電腦焦慮時，我會試圖從親朋好友中尋求情緒上的支持。
.... □ □ □ □

28. 我會和家人討論自己的電腦焦慮。........................ □ □ □ □

29. 當我有電腦焦慮時，我會向外界尋求支持或協助。.. □ □ □ □

30. 當我使用電腦遇到困難時，我會尋求有相同經驗的朋友的支援。
.... □ □ □ □

【填答完畢，非常感謝您的協助！】

13-3

資料分析

問卷回收後，以 SPSS 軟體登錄原始資料，再以其中的統計功能進行各種資料分析。

一、資料登錄及轉換

調查問卷中的"基本資料"部分，一般皆屬類別資料，登錄時只須按樣本勾選的數字輸入即可。此範例問卷中，"國民小學行政人員對校務行政電腦化態度量表"部分，是採用 5 點計分方式，即「非常不同意」為 1 分，「不同意」為 2 分，「差不多」為 3 分，「同意」為 4 分，「非常同意」為 5 分。

1. 輸入資料

🔘 **步驟一**：開啟一個新檔，以游標選取左下角之「變數檢視」，開始登錄變數名稱。（如圖 13-1）

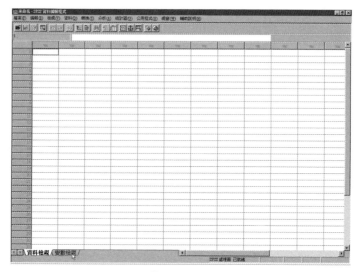

🔵 圖 13-1

步驟二：在「名稱」欄中輸入各變數名稱，由於此範例問卷中所有的變數都是類別變數，所以將「小數」欄中的位數均改為0（如圖 13-2）。變數名稱之第一個字可為中文或英文字母，但不可用數字，且變數中不可包含-、~…等符號。

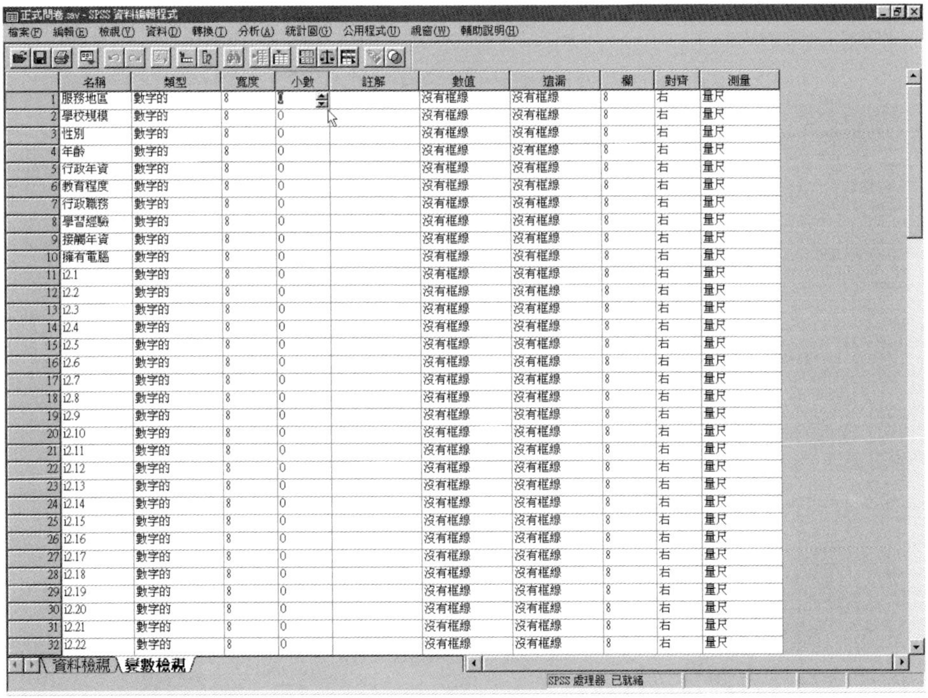

	名稱	類型	寬度	小數	註解	數值	遺漏	欄	對齊	測量
1	服務地區	數字的	8			沒有框線	沒有框線	8	右	量尺
2	學校規模	數字的	8	0		沒有框線	沒有框線	8	右	量尺
3	性別	數字的	8	0		沒有框線	沒有框線	8	右	量尺
4	年齡	數字的	8	0		沒有框線	沒有框線	8	右	量尺
5	行政年資	數字的	8	0		沒有框線	沒有框線	8	右	量尺
6	教育程度	數字的	8	0		沒有框線	沒有框線	8	右	量尺
7	行政職務	數字的	8	0		沒有框線	沒有框線	8	右	量尺
8	學習經驗	數字的	8	0		沒有框線	沒有框線	8	右	量尺
9	接觸年資	數字的	8	0		沒有框線	沒有框線	8	右	量尺
10	擁有電腦	數字的	8	0		沒有框線	沒有框線	8	右	量尺
11	i2.1	數字的	8	0		沒有框線	沒有框線	8	右	量尺
12	i2.2	數字的	8	0		沒有框線	沒有框線	8	右	量尺
13	i2.3	數字的	8	0		沒有框線	沒有框線	8	右	量尺
14	i2.4	數字的	8	0		沒有框線	沒有框線	8	右	量尺
15	i2.5	數字的	8	0		沒有框線	沒有框線	8	右	量尺
16	i2.6	數字的	8	0		沒有框線	沒有框線	8	右	量尺
17	i2.7	數字的	8	0		沒有框線	沒有框線	8	右	量尺
18	i2.8	數字的	8	0		沒有框線	沒有框線	8	右	量尺
19	i2.9	數字的	8	0		沒有框線	沒有框線	8	右	量尺
20	i2.10	數字的	8	0		沒有框線	沒有框線	8	右	量尺
21	i2.11	數字的	8	0		沒有框線	沒有框線	8	右	量尺
22	i2.12	數字的	8	0		沒有框線	沒有框線	8	右	量尺
23	i2.13	數字的	8	0		沒有框線	沒有框線	8	右	量尺
24	i2.14	數字的	8	0		沒有框線	沒有框線	8	右	量尺
25	i2.15	數字的	8	0		沒有框線	沒有框線	8	右	量尺
26	i2.16	數字的	8	0		沒有框線	沒有框線	8	右	量尺
27	i2.17	數字的	8	0		沒有框線	沒有框線	8	右	量尺
28	i2.18	數字的	8	0		沒有框線	沒有框線	8	右	量尺
29	i2.19	數字的	8	0		沒有框線	沒有框線	8	右	量尺
30	i2.20	數字的	8	0		沒有框線	沒有框線	8	右	量尺
31	i2.21	數字的	8	0		沒有框線	沒有框線	8	右	量尺
32	i2.22	數字的	8	0		沒有框線	沒有框線	8	右	量尺

圖 13-2

步驟三： 輸入完畢後，以游標選取左下角之「資料檢視」，開始輸入資料（如圖 13-3）。

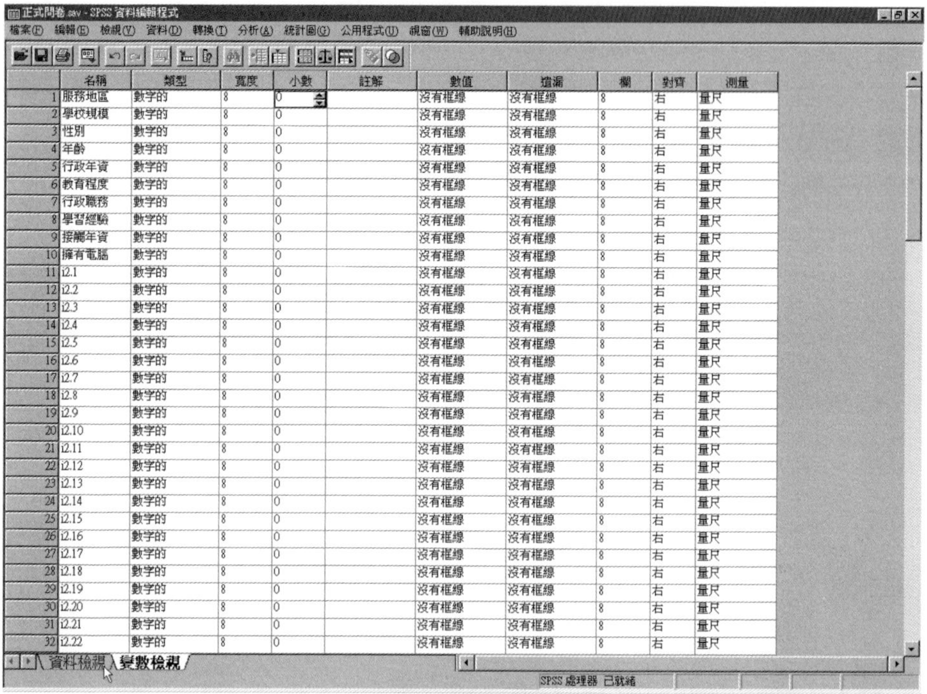

正式問卷.sav - SPSS 資料編輯程式

檔案(F) 編輯(E) 檢視(V) 資料(D) 轉換(T) 分析(A) 統計圖(G) 公用程式(U) 視窗(W) 輔助說明(H)

	名稱	類型	寬度	小數	註解	數值	遺漏	欄	對齊	測量
1	服務地區	數字的	8	0		沒有框線	沒有框線	8	右	量尺
2	學校規模	數字的	8	0		沒有框線	沒有框線	8	右	量尺
3	性別	數字的	8	0		沒有框線	沒有框線	8	右	量尺
4	年齡	數字的	8	0		沒有框線	沒有框線	8	右	量尺
5	行政年資	數字的	8	0		沒有框線	沒有框線	8	右	量尺
6	教育程度	數字的	8	0		沒有框線	沒有框線	8	右	量尺
7	行政職務	數字的	8	0		沒有框線	沒有框線	8	右	量尺
8	學習經驗	數字的	8	0		沒有框線	沒有框線	8	右	量尺
9	接觸年資	數字的	8	0		沒有框線	沒有框線	8	右	量尺
10	擁有電腦	數字的	8	0		沒有框線	沒有框線	8	右	量尺
11	i2.1	數字的	8	0		沒有框線	沒有框線	8	右	量尺
12	i2.2	數字的	8	0		沒有框線	沒有框線	8	右	量尺
13	i2.3	數字的	8	0		沒有框線	沒有框線	8	右	量尺
14	i2.4	數字的	8	0		沒有框線	沒有框線	8	右	量尺
15	i2.5	數字的	8	0		沒有框線	沒有框線	8	右	量尺
16	i2.6	數字的	8	0		沒有框線	沒有框線	8	右	量尺
17	i2.7	數字的	8	0		沒有框線	沒有框線	8	右	量尺
18	i2.8	數字的	8	0		沒有框線	沒有框線	8	右	量尺
19	i2.9	數字的	8	0		沒有框線	沒有框線	8	右	量尺
20	i2.10	數字的	8	0		沒有框線	沒有框線	8	右	量尺
21	i2.11	數字的	8	0		沒有框線	沒有框線	8	右	量尺
22	i2.12	數字的	8	0		沒有框線	沒有框線	8	右	量尺
23	i2.13	數字的	8	0		沒有框線	沒有框線	8	右	量尺
24	i2.14	數字的	8	0		沒有框線	沒有框線	8	右	量尺
25	i2.15	數字的	8	0		沒有框線	沒有框線	8	右	量尺
26	i2.16	數字的	8	0		沒有框線	沒有框線	8	右	量尺
27	i2.17	數字的	8	0		沒有框線	沒有框線	8	右	量尺
28	i2.18	數字的	8	0		沒有框線	沒有框線	8	右	量尺
29	i2.19	數字的	8	0		沒有框線	沒有框線	8	右	量尺
30	i2.20	數字的	8	0		沒有框線	沒有框線	8	右	量尺
31	i2.21	數字的	8	0		沒有框線	沒有框線	8	右	量尺
32	i2.22	數字的	8	0		沒有框線	沒有框線	8	右	量尺

資料檢視 變數檢視

SPSS 處理器 已就緒

圖 13-3

2. 合併資料

有時樣本數很多，需要幾個人一起分工合作，欲將所有資料合併在一起，可選取「資料」－「合併檔案」－「新增觀察值」，再點選檔案來源即可。（如圖 13-4）

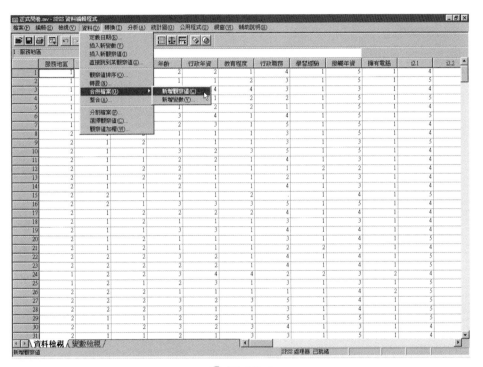

◎ 圖 13-4

3. 反向題轉碼

在此範例問卷中，反向題有 4～10、14、23、33 等 10 題，其計分方式與正向題的計分方式恰好相反，即「非常不同意」為 5 分，「不同意」為 4 分，「差不多」為 3 分，「同意」為 2 分，「非常同意」為 1 分，所以必須進行轉碼的工作。

轉碼的步驟如下：

● **步驟一**：選取「轉換」—「重新編碼」—「成同一變數」（如圖 13-5）。

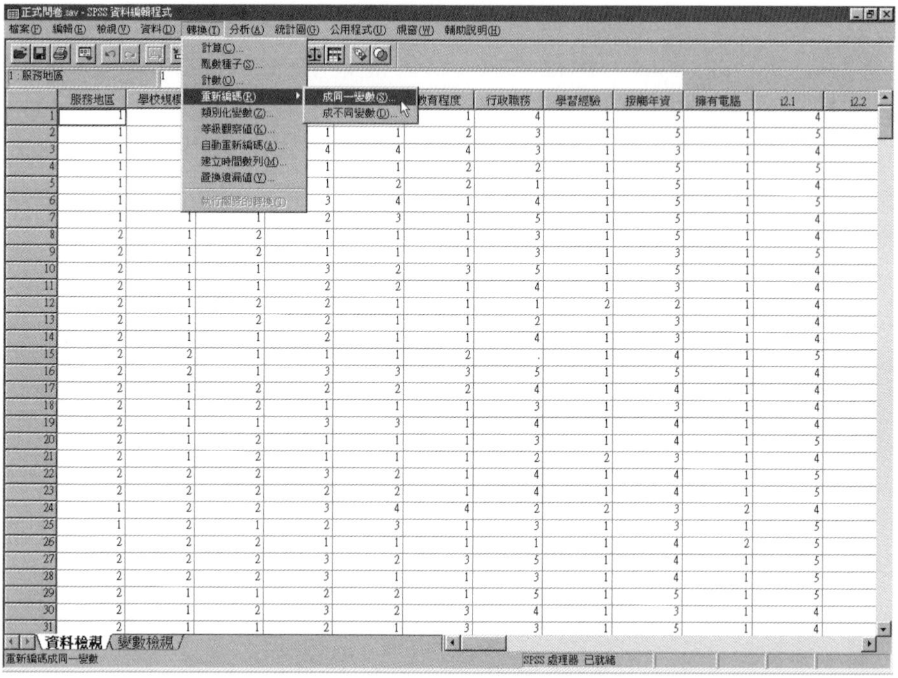

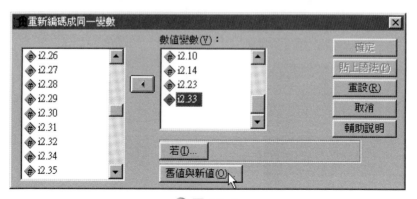

● 圖 13-5

● **步驟二**： 所有的反向題(i2.4,i2.5,…,i2.23,i2.33)移入「數值變數」
中，並點選「舊值與新值」（如圖 13-6）。

● 圖 13-6

● **步驟三：**在「舊值」中的數值填入 5，在「新值」中的數值填入 1，按「新增」（如圖 13-7）。

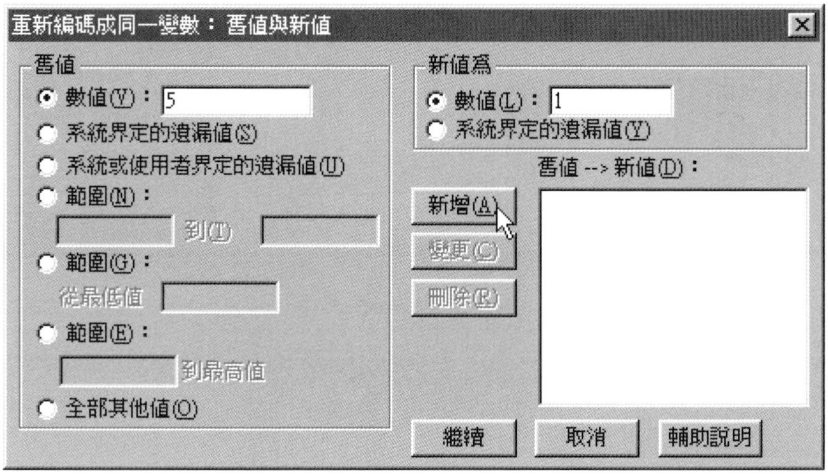

● 圖 13-7

● **步驟四：**依此類推，於「舊值」填入 4、3、2、1，「新值」填入 2、3、4、5，按「繼續」（如圖 13-8）。

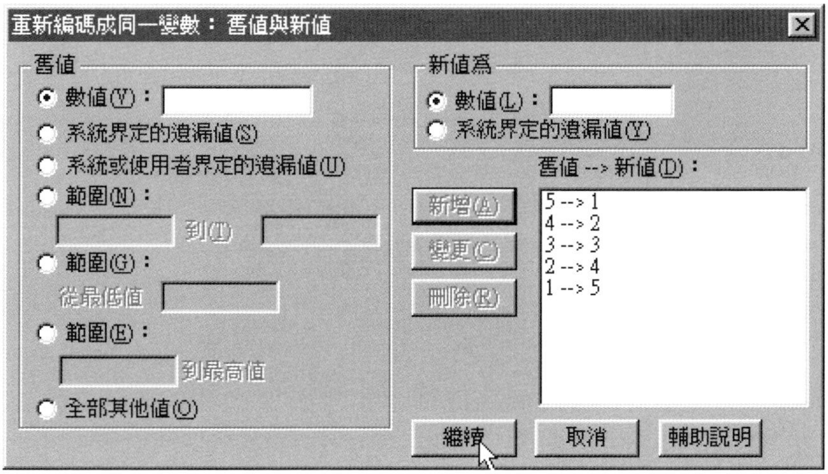

● 圖 13-8

● **步驟五**：選取「確定」（如圖 13-9）最後會在原來所有反向題（即 $i2.4$，$i2.5$，…$i2.23$，$i2.33$ 欄）看到轉碼結果。

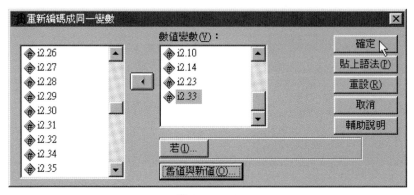

● 圖 13-9

註：若遇到須將原選項 1，2，3，4，5 的其中幾項合併，其方法如下（此將任舉一例說明）：

例如欲將 1，2 合併，3 保留，4，5 合併，則在步驟三時須點選「舊值」之「範圍」，輸入範圍從 1 到 2，並在「新值」之「數值」輸入 1 後按「新增」，得「1 through 2→1」；依此類推，使得「3 through 3.5→2」、「4 through 5→3」。（可參閱第一章的圖 1-12 至圖 1-16）

4. 總分

欲計算各分量表或總量表之總分，其步驟如下：

● **步驟一**：選取「轉換」－「計算」（如圖 13-10）。

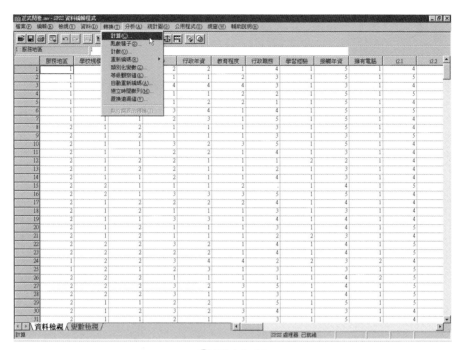

圖 13-10

步驟二：在「目標變數」中填入新變數名稱（可自訂，例如：total1），
在「函數」中選取「SUM（數值表示式，數值表示式）」，
並移入「數值運算式」中（如圖 13-11）。

圖 13-11

● **步驟三**：將欲加總的所有變數，依序移入「數值運算式」中，並以逗號區隔（如圖 13-12）。

● 圖 13-12

● **步驟四**：輸入完成後，選取「繼續」（如圖 13-13）。

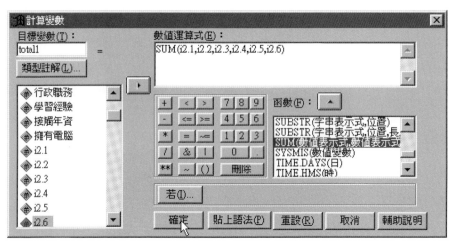

● 圖 13-13

經由以上步驟，在變數欄中就多了一欄「total1」（如圖 13-14）。

　　　　　　　　　　註：　步驟二及步驟三亦可直接輸入算式，即將 i2.1 移入數值
　　　　　　　　　　　　　運算式格內，再點選 "＋" 號，再將 i2.2 移入數值運算
　　　　　　　　　　　　　式格內，再點選 "＋" 號，依此類推，使得
　　　　　　　　　　　　　「i2.1+i2.2+i2.3+i2.4+i2.5+i2.6」算式。

	i3.26	i3.27	i3.28	i3.29	i3.30	total1	var	var	var	var	var	var
1	3	3	2	3	3	24.00						
2	3	1	1	2	3	30.00						
3	3	3	3	3	3	19.00						
4	3	3	2	2	3	25.00						
5	3	3	2	3	3	24.00						
6	2	2	2	3	3	25.00						
7	3	3	2	3	3	24.00						
8	3	3	3	3	4	22.00						
9	4	2	1	3	4	27.00						
10	3	1	1	3	3	23.00						
11	3	3	3	3	3	21.00						
12	4	4	1	4	4	23.00						
13	4	2	3	4	4	24.00						
14	3	2	3	3	4	24.00						
15	1	2	1	1	3	25.00						
16	4	2	1	2	3	27.00						
17	4	3	2	2	3	23.00						
18	4	2	1	3	4	21.00						
19	4	2	2	2	4	26.00						
20	3	2	3	3	3	27.00						
21	4	3	2	3	4	19.00						
22	4	4	1	2	4	26.00						
23	4	1	1	1	4	26.00						
24	4	1	1	1	1	20.00						
25	3	3	2	4	4	26.00						
26	4	4	2	3	4	27.00						
27	4	3	3	4	4	30.00						
28	4	1	1	1	3	30.00						
29	3	2	1	2	3	26.00						
30	3	3	2	2	3	23.00						
31	2	2	2	2	4	25.00						

資料檢視 / 變數檢視 /

SPSS 處理器 已就緒

○ 圖 13-14

二、統計分析

　　本書摘錄自「國民小學行政人員對校務行政電腦化態度與因應方式之研究問卷」，預試資料檔案之檔名為「預試問卷.sav」，正式資料檔案之檔名為：「正式問卷.sav」。

　　預試問卷之有效問卷共 74 份，經由信度分析可得知該問卷之優劣程度。

1. 預試問卷信度分析

　　預試問卷所必須做的一個動作就是信度分析，其步驟如下：

🔵 **步驟一：**選取「分析」－「量尺法」－「信度分析」（如圖 13-15）。

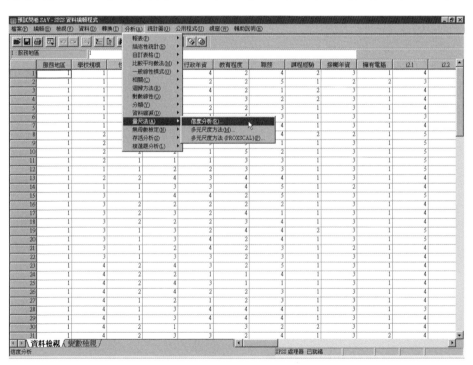

🔵 圖 13-15

◉ **步驟二**：將"國民小學行政人員對校務行政電腦化態度量表"之
所有試題均移入「項目」中（如圖 13-16）。

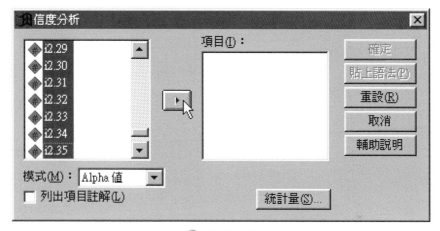

◉ 圖 13-16

◉ **步驟三**：點選模式中的「Alpha 值」，並選取「統計量」（如圖 13-17）。

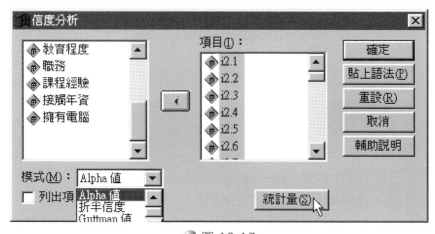

◉ 圖 13-17

◉ **步驟四**：選取「描述統計量對象」中的所有選項，按「繼續」（如
　　　　　圖 13-18）。

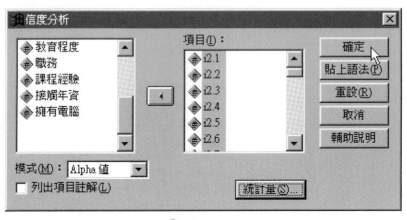

◉ 圖 13-18

◉ **步驟五**：選取「確定」（如圖 13-19）。

◉ 圖 13-19

　　經由以上步驟，在輸出的上半部中可得到各題次之平均數及標準差，在下半部可得到刪除該題後之量尺平均數、量尺變異數、修正該題後之總相關以及刪除該題後之信度係數（Alpha 值），且可得知總信度係數為.7997（如圖 13-20）。

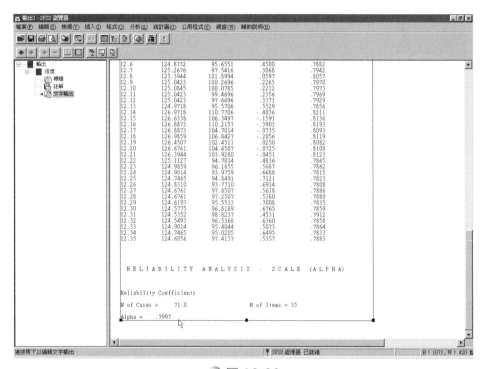

◎ 圖 13-20

　　正式施測之有效問卷共 422 份，係針對研究者之研究問題，採取各種統計分析方法。

2. 正式施測信度分析

　　步驟同預試之信度分析。

3. 敘述性統計（次數分配、平均數、標準差…）

　　以平均數、標準差分析國民小學行政人員校務行政電腦化態度之現況，其步驟如下：

● **步驟一**：選取「分析」－「描述性統計」－「次數分配表」（如圖
13-21）。

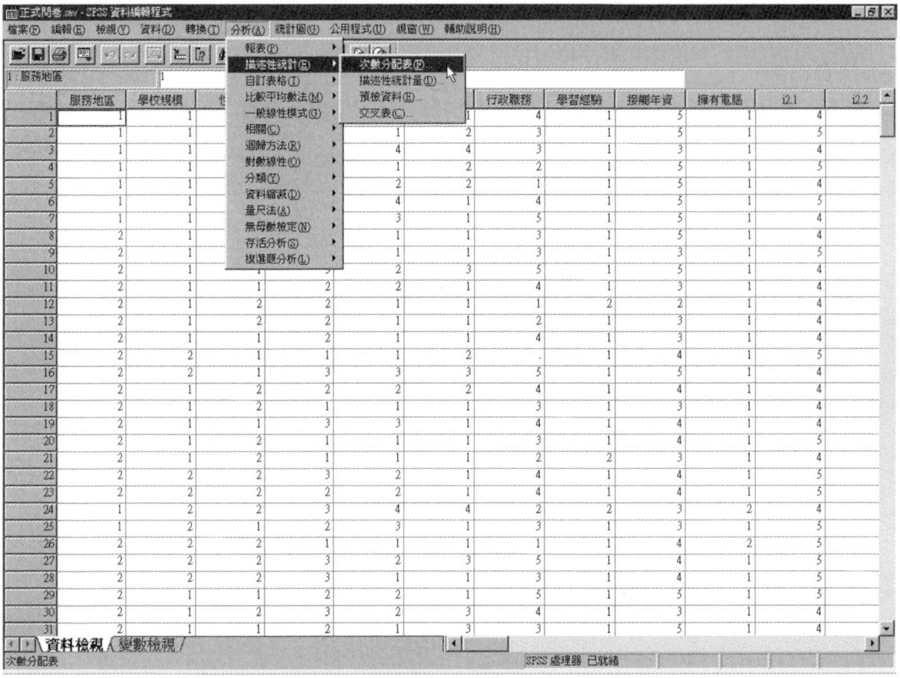

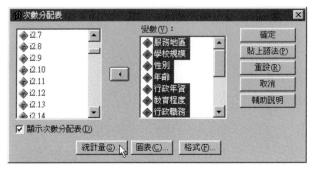

● 圖 13-21

● **步驟二**：將所有基本資料變項移入「變數」中，選取「統計量」（如
圖 13-22）。

● 圖 13-22

◉ **步驟三：** 選取需要的統計量，如「平均數」、「標準差」，按「繼續」（如圖 13-23）。

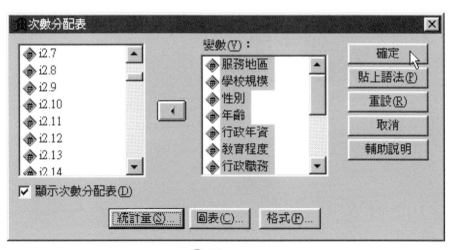

◉ 圖 13-23

◉ **步驟四：** 點選「顯示次數分配表」，按「確定」（如圖 13-24）。

◉ 圖 13-24

經由以上步驟，在輸出中可得到各變數的個數（包括有效的及遺漏值）、平均數、標準差、百分比及累積百分比…等數據。（如圖 13-25）

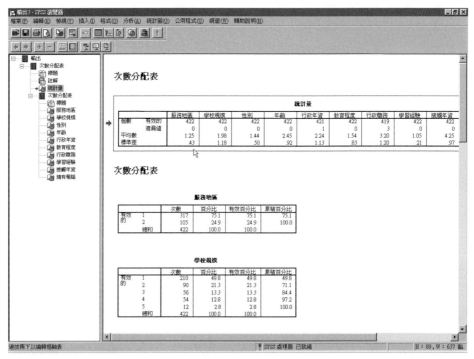

圖 13-25

4. 統計圖（直方圖或條形圖）

統計圖以繪製年齡的個數「直方圖」為例，步驟如下：

🔘 **步驟一：**選取「統計圖」－「互動式」－「直方圖」（如圖 13-26）。

🔘 圖 13-26

● **步驟二**：點選變項（如年齡），再將其移到橫座標軸的位置（如圖
　　　　　13-27）。

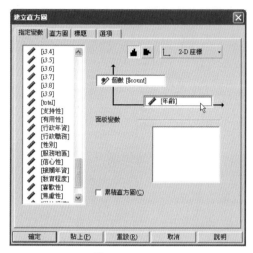

● 圖 13-27

● **步驟三**：可至「標題」填入直方圖之標題，當所有選項都選定後按
　　　　　「確定」（如圖 13-28）。

● 圖 13-28

經由以上步驟，在輸出中可得到樣本之各年齡層個數（如圖
13-29），欲修改直方圖之橫軸、縱軸間距，代表顏色…等，在圖上
點兩下即出現工具列以供修改（如圖 13-30）。

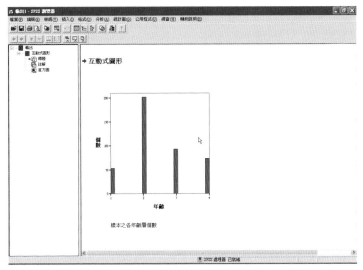

圖 13-29

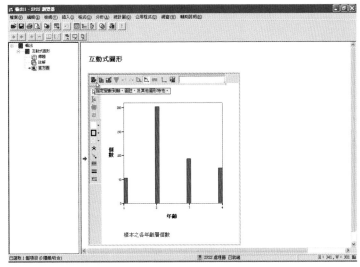

圖 13-30

　　統計圖以繪製年齡的「條形圖」為例，步驟如下：

🔵 **步驟一**：選取「統計圖」—「條形圖」（如圖 13-31）；點選「簡
　　　　　單」後按「定義」（如圖 13-32）。

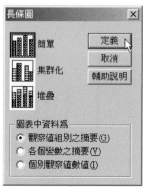

🔵 圖 13-31

🔵 圖 13-32

◉ **步驟二**：點選 "年齡" 後移入「類別軸」（如圖 13-33），之後就可按「確定」（如圖 13-34）。

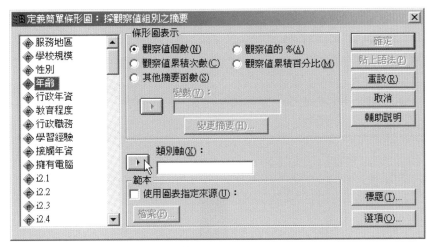

◉ 圖 13-33

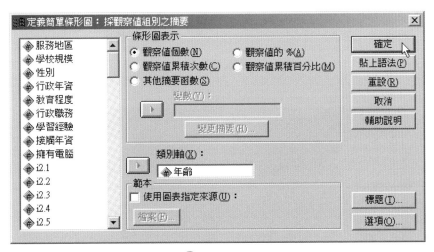

◉ 圖 13-34

　　經由以上步驟，在輸出中可得到樣本之各個年齡層個數的條形圖（如圖 13-35）。

　　若想得到樣本之各個年齡層態度平均數之條形圖，則須在上述步驟二中改點選「其他摘要函數」（如圖 13-36），然後再點選 "態度" 後移入「變數」（如圖 13-37），接著點選「變更摘要」（如圖 13-38），再點選「平均數」後按「繼續」（如圖 13-39），最後按「確定」。

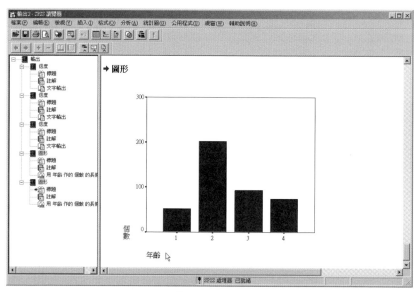

圖 13-35

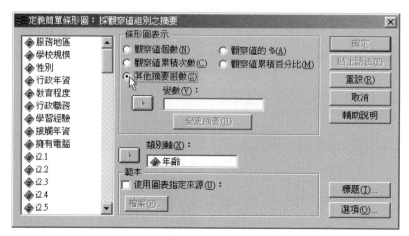

圖 13-36

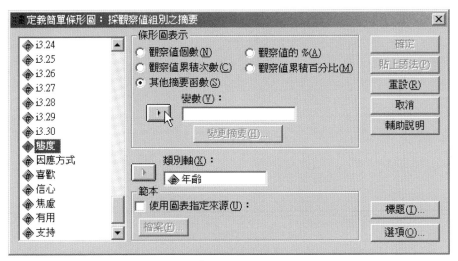

◎ 圖 13-37

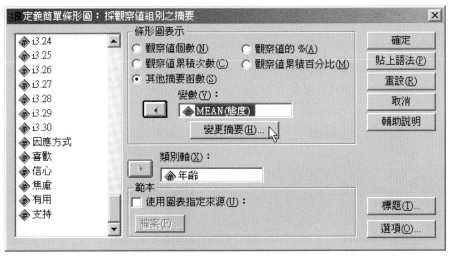

◎ 圖 13-38

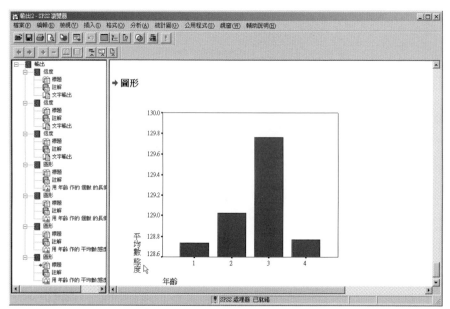

◉ 圖 13-39

　　經由以上步驟，在輸出中可得到樣本之各個年齡層的態度平均數
（如圖 13-40）。

◉ 圖 13-40

　　至於想要得到樣本之各個年齡層中的男生、女生個數條形圖，其步驟如下：

🔘 **步驟一**：點選「統計圖」－「條形圖」，點選「集群化」後按「定義」（如圖 13-41）。

🔵 圖 13-41

步驟二：點選 "年齡" 後移入「類別軸」，點選 "性別" 後移入「定義集群依據」（如圖 13-42），之後就可按「確定」。（如圖 13-43）。

🔵 圖 13-42

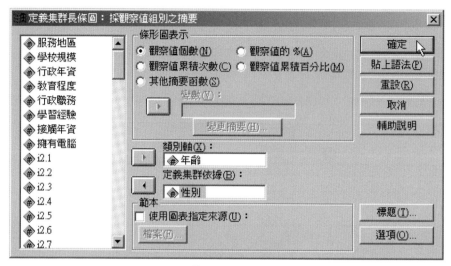

◯ 圖 13-43

　　經由以上步驟，在輸出中可得到樣本之各個年層中的男生、女生個數條形圖。（如圖 13-44）

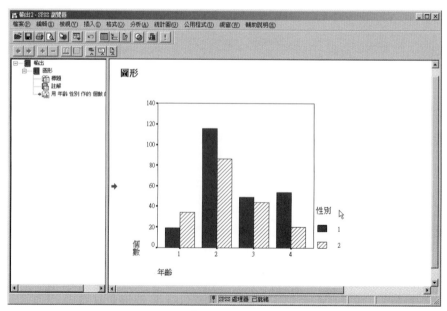

◯ 圖 13-44

　　若想得到樣本之各個年齡層中男生、女生的態度分數大於 130 的
個數條形圖，其方法與上述求態度平均數步驟差不多，只是點選「變
更摘要」後，須點選「數目大於」（如圖 13-45），並在「數值」格內輸
入 "130" （如圖 13-46），最後就可按「確定」（如圖 13-47）。

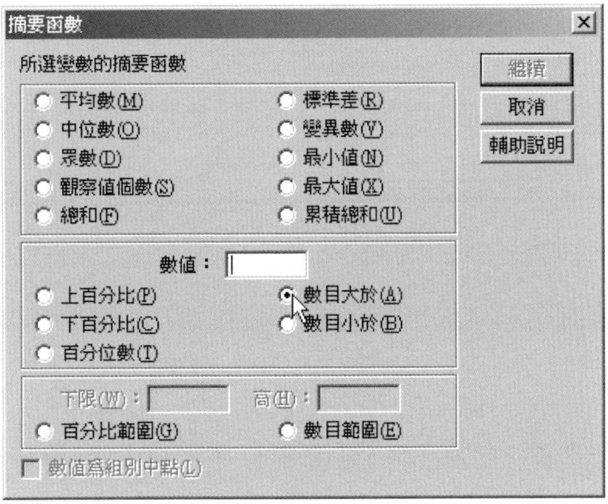

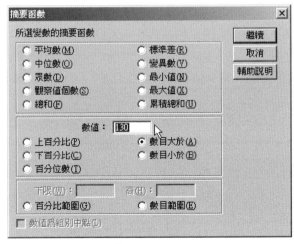

● 圖 13-45

● 圖 13-46

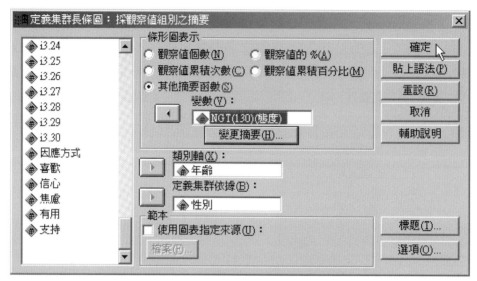

圖 13-47

經由以上步驟，在輸出中可得到樣本之各個年齡層中男生、女生的態度大於 130 的個數條形圖（如圖 13-48）。

至於欲修改有關圖形的字體、顏色、填滿形式、條形樣式等，則必須在圖上點兩下即出現「圖表編輯程式」畫面，再用其工具列修改（如圖 13-49）。但欲修正有關坐標軸上的量尺軸或類別軸的一切，則須在軸上或軸旁的文字上再點兩下，即可出現「量尺軸」畫面（如圖 13-50a）或「類別軸」畫面，再從中作修正（如圖 13-50b）。

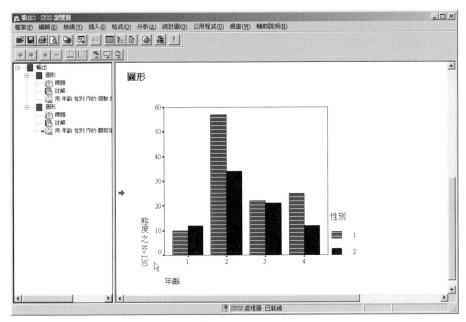

圖 13-48

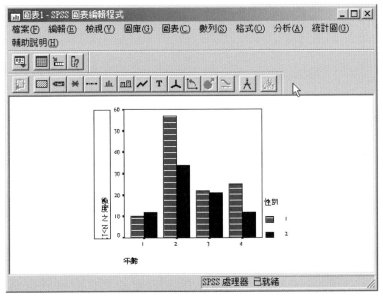

圖 13-49

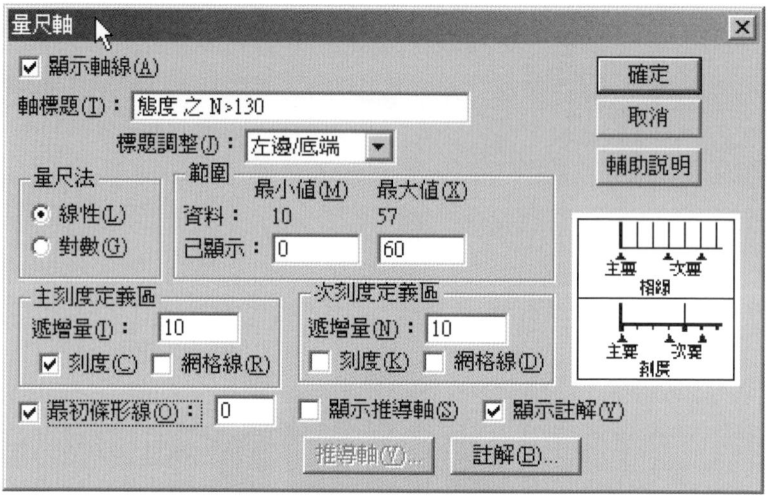

● 圖 13-50a

● 圖 13-50b

5. 該研究探討之校務行政電腦化態度量表相關問題臚列如下：

一、國民小學行政人員，對校務行政電腦化態度如何？

　　根據研究目的與研究問題，該研究提出下列研究假設：

假設：不同背景之國民小學行政人員，其對校務行政電腦化態度無顯
　　　著差異。

假設 1-1：　不同服務地區之國民小學行政人員，其對校務行政電腦化
　　　　　　態度無顯著差異。

假設 1-2： 不同學校規模之國民小學行政人員，其對校務行政電腦化態度無顯著差異。

假設 1-3： 不同性別之國民小學行政人員，其對校務行政電腦化態度無顯著差異。

假設 1-4： 不同年齡之國民小學行政人員，其對校務行政電腦化態度無顯著差異。

假設 1-5： 不同行政年資之國民小學行政人員，其對校務行政電腦化態度無顯著差異。

假設 1-6： 不同教育程度之國民小學行政人員，其對校務行政電腦化態度無顯著差異。

假設 1-7： 不同職務之國民小學行政人員，其對校務行政電腦化態度無顯著差異。

假設 1-8： 不同電腦學習經驗之國民小學行政人員，其對校務行政電腦化態度無顯著差異。

假設 1-9： 接觸電腦年資不同之國民小學行政人員，其對校務行政電腦化態度無顯著差異。

假設 1-10：家中是否擁有電腦設備之國民小學行政人員，其對校務行政電腦化態度無顯著差異。

欲檢驗以上假設所需之統計分析方法如下：

(1) 獨立樣本 T 檢定(t -test)

在檢定之前，須先計算該態度量表之總分（如之前(一)資料登錄及轉換的 4.總分所述）。獨立樣本 T 檢定之主要目的，在於探討兩個選項之不同背景變項（如服務地區、性別、電腦學習經驗、家中擁有電腦設備）的國民小學行政人員電腦態度是否有顯著差異，也就是要檢驗假設 1-1、假設 1-3、假設 1-8 及假設 1-10。由於以上假設均採獨立樣本 T 檢定檢驗差異之顯著性，因此僅取服務地區為例進行檢定。

　　欲檢定不同服務地區的國民小學行政人員電腦態度是否有顯著差異，其步驟如下：

● **步驟一**：選取「分析」－「比較平均數法」－「獨立樣本 T 檢定」（如圖 13-51）。

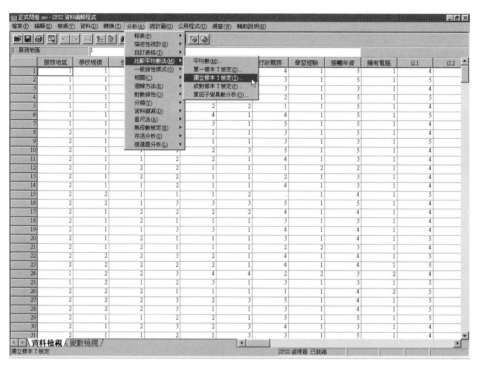

● 圖 13-51

步驟二：將總分(total)移至「檢定變數」中（如圖 13-52）。

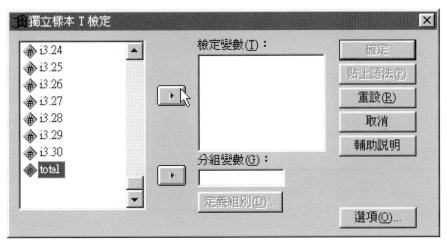

◉ 圖 13-52

◉ **步驟三**：將背景變項(服務地區)移至「分組變數」中（如圖 13-53）。

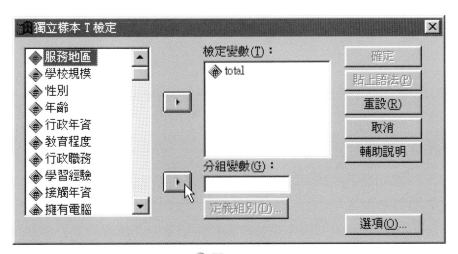

◉ 圖 13-53

● 步驟四：選取「定義組別」（如圖 13-54）。

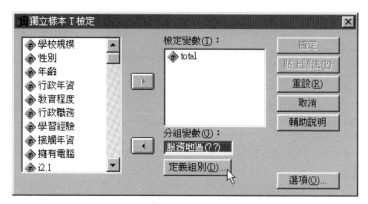

● 圖 13-54

● 步驟五：在「使用指定的數值」中，於「組別 1」填入 1，「組別 2」
填入 2，再選取「繼續」（如圖 13-55）。

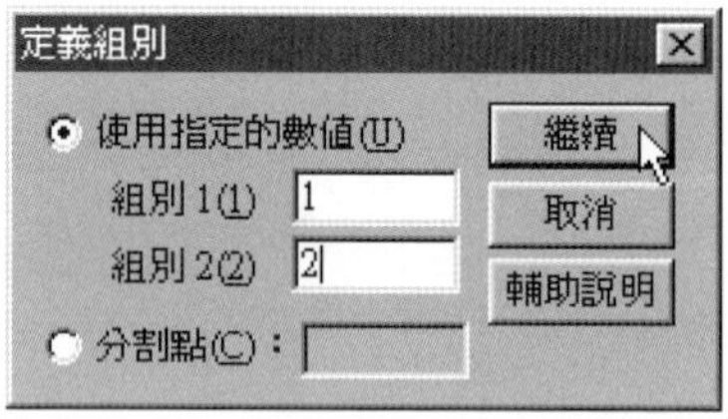

● 圖 13-55

● 步驟六：選取「確定」。

經由以上步驟，在輸出中可得到不同服務地區的樣本個數、平
均數及標準差，其雙尾顯著性值(p-value)為 0.765 > .05，也就是說，
不同服務地區的國民小學行政人員電腦態度並沒有顯著差異（如圖
13-56）；注意其中必須先 F 檢定，才 T 檢定（請參閱第九章的例 5
及例 7）。

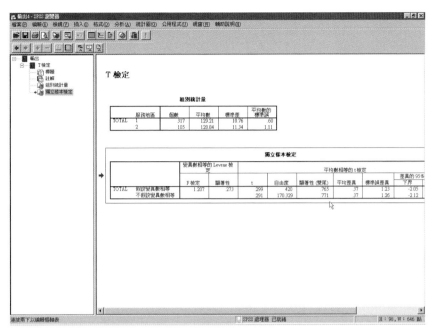

圖 13-56

　　欲檢定不同的性別、電腦學習經驗或家中是否擁有電腦設備之
國民小學行政人員電腦態度是否有顯著差異，其步驟同上。在輸出
的結果中，若雙尾顯著性之值(p-value)大於.05，表示不同背景變項
之國民小學行政人員電腦態度並沒有顯著差異；反之，若雙尾顯著
性之值(p-value)小於.05，則表示不同背景變項之國民小學行政人員
電腦態度有顯著差異。

(2) 單因子變異數分析（one-way ANOVA）

　　在檢定之前，也必先計算該態度量表之總分。單因子變異數分
析（one-way ANOVA）之主要目的，在於探討超過兩個選項以上之
不同背景變項（如學校規模、年齡、行政年資、教育程度、行政職
務、接觸電腦年資）的國民小學行政人員電腦態度是否有顯著差
異，也就是要檢驗假設 1-2、假設 1-4、假設 1-5、假設 1-6、假設
1-7、假設 1-9。由於以上假設亦均採單因子變異數分析檢驗差異之
顯著性，因此僅取不同學校規模為例進行檢定。

檢定不同教育程度的國民小學行政人員電腦態度是否有顯著差異，其步驟如下：

● 步驟一：選取「分析」—「比較平均數法」—「單因子變異數分析」（如圖 13-57）。

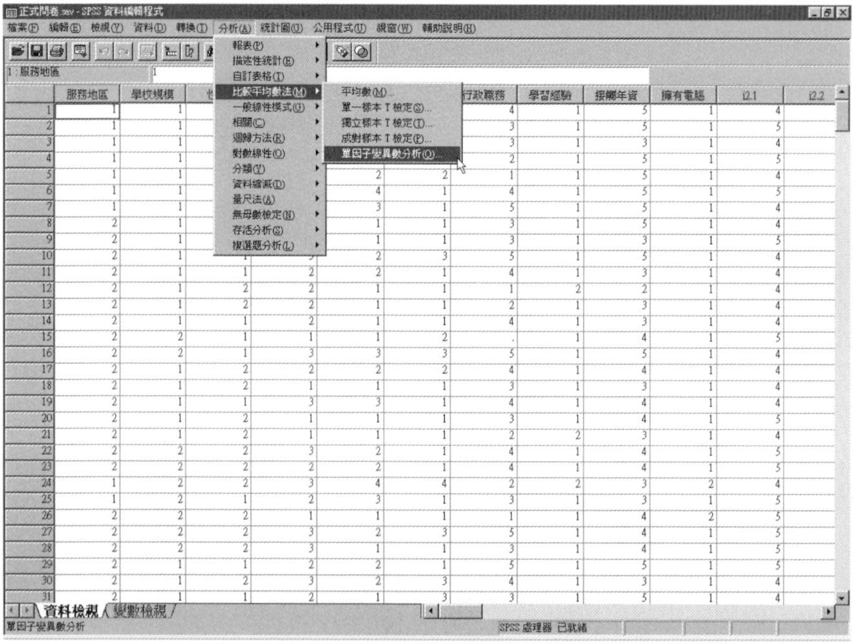

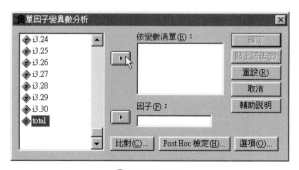

● 圖 13-57

步驟二：將總分(total)移至「依變數清單」中（如圖 13-58）。

● 圖 13-58

◉ **步驟三**：將背景變項（教育程度）移至「因子」中（如圖 13-59）。

◉ 圖 13-59

◉ **步驟四**：選取「確定」（如圖 13-60）。

◉ 圖 13-60

　　經由以上步驟，在輸出中可得到不同教育程度之變異數分析表，其中可知 F 值及顯著性之值(p-value)，其 p-value=.010＜.05，也就是說，不同教育程度的國民小學行政人員電腦態度有顯著差異，因此必須再繼續進行事後比較（如圖 13-61）。

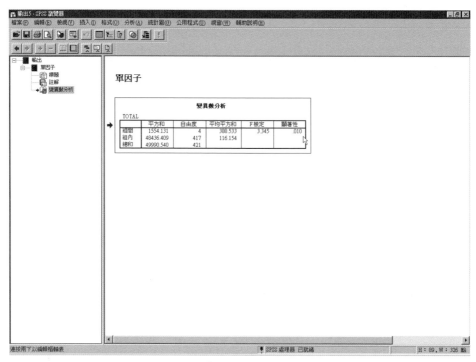

圖 13-61

　　欲檢定不同的學校規模、年齡、行政年資、行政職務及接觸電腦年資之國民小學行政人員電腦態度是否有顯著差異，其步驟同上。在輸出的結果中，若顯著性之值(p-value)大於.05，表示不同背景變項之國民小學行政人員電腦態度並沒有顯著差異；反之，若顯著性之值(p-value)小於.05，則表示不同背景變項之國民小學行政人員電腦態度有顯著差異。若顯著性之值(p-value)達到.05 顯著水準，則必須再進行事後比較。

(3) 事後比較分析

　　單因子變異數分析之 p-value 達到.05 顯著水準者，必須繼續進行事後比較分析，SPSS 內建有多種方法（如圖 13-62）。

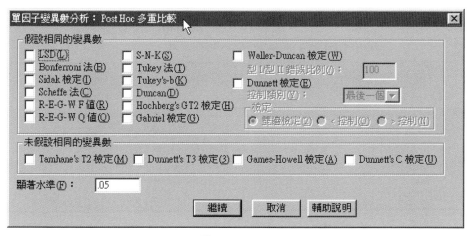

◉ 圖 13-62

　　由於以上的檢定中，不同教育程度的國民小學行政人員電腦態度有顯著差異，欲知其詳細差異，此研究選擇「薛費法(Scheffe method)」之事後比較作分析，其步驟如下：

◉ **步驟一**：選取「分析」－「比較平均數法」－「單因子變異數分析」（如圖 13-57）。

◉ **步驟二**：選定各變數後，選取「Post Hoc 檢定」（如圖 13-63）。

◉ 圖 13-63

🔵 **步驟三**：勾選所選擇的事後比較法（例如：Scheffe 法），選取「繼續」（如圖 13-64）。

🔵 圖 13-64

🔵 **步驟四**：選取「確定」（如圖 13-65）。

🔵 圖 13-65

　　經由以上步驟，在輸出中可得到各選項之間的比較結果及其顯著性，其中有「＊」標示者，表示其差異達到顯著水準，例如：教育程度為師範院校(1)的國民小學行政人員，其對於行政電腦化的態度，與教育程度為一般大學或學院(2)及其他(4)的國民小學行政人員差不多，卻低於教育程度為研究所(3)的國民小學行政人員，

因其中平均差異(I-J)為-5.35*，即表示二者(1)與(3)，達顯著差異，且(1)低於(3)。（如圖 13-66）。

其他亦可知(2)顯著低於(3)，因-8.06*。或(3)顯著高於(1)及(2)，因 5.35*與 8.06*。

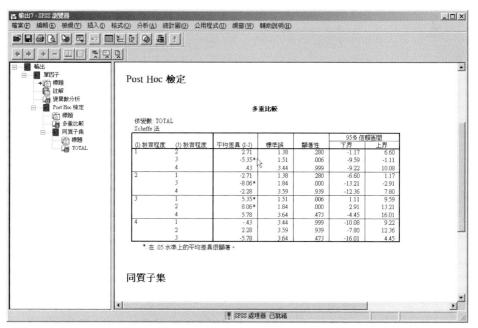

圖 13-66

由於該論文中沒有使用雙因子變異數分析、相關分析、迴歸分析及卡方檢定的統計方法，為使讀者了解如何實際應用，因此以下將任意挑選適當的變數執行。

(4) 雙因子變異數分析(two-way ANOVA)

以態度量表總分(total)為依變項，並挑選性別與年齡當自變項，其步驟如下：

● **步驟一**：選取「分析」–「一般線性模式」–「單變量」（如圖 13-67）。

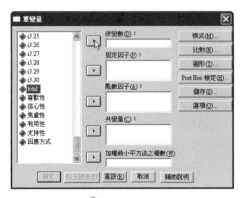

● 圖 13-67

● **步驟二**：將 "total" 移入「依變數」（如圖 13-68），性別、年齡
兩個變數移入「固定因子」（如圖 13-69）。

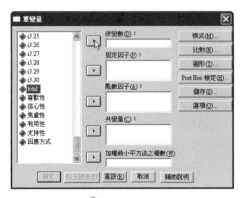

● 圖 13-68

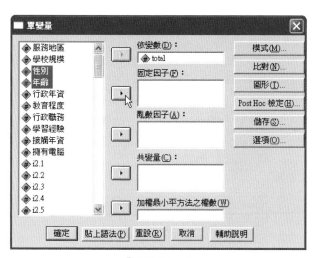

◐ 圖 13-69

◐ **步驟三**：選取「確定」（如圖 13-70）。

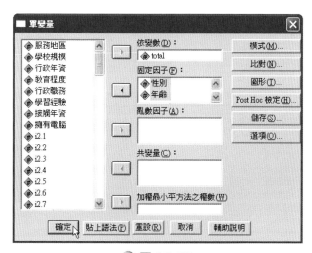

◐ 圖 13-70

經由以上步驟，在輸出中可得知性別與年齡的交互作用未達顯著差異(p-value=0.177>0.05)，亦即性別與年齡之交互作用對態度的差異不明顯（如圖 13-71）。因此只要考慮主要效果項（即性別與年齡），其後續步驟如下。

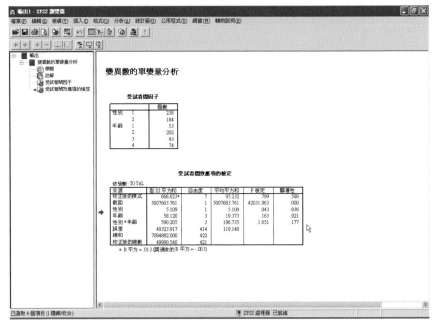

● 圖 13-71

● 步驟四：重複步驟一、步驟二，並點選「模式」（如圖 13-72）。

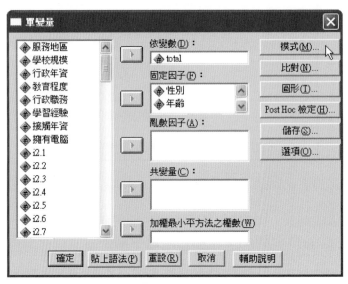

● 圖 13-72

◉ **步驟五**：在「指定模式」中選取「自訂」（如圖 13-73）。

◉ 圖 13-73

◉ **步驟六**：在「建立效果項」中點選「交互作用」旁之小三角形，選取「主要效果項」（如圖 13-74）。

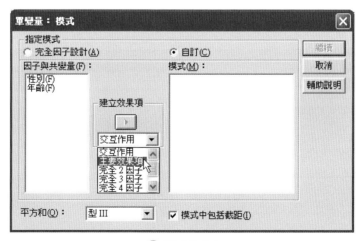

◉ 圖 13-74

● 步驟七：將「因子與共變量」中之性別與年齡兩變數移入「模式」中（如圖 13-75）。

● 圖 13-75

● 步驟八：選取「繼續」（如圖 13-76），選取「確定」（如前述圖 13-70）。

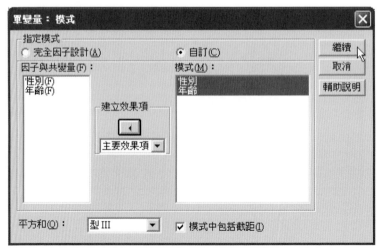

● 圖 13-76

經由以上步驟，在輸出中可得到雙因子變異數分析的結果，其中性別與年齡之主要效果項對態度的差異也均未達顯著（p-value 為 0.673 及 0.921 均大於 0.05），如圖 13-77，即不同性別或不同年齡的國民小學行政人員，其對校務行政電腦化的態度差不多。

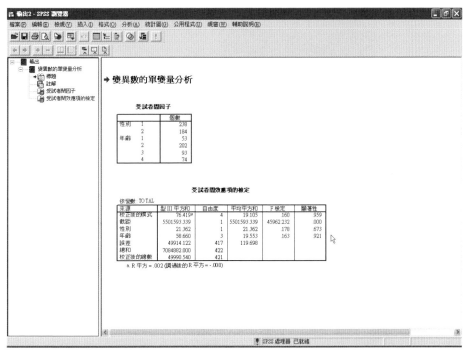

圖 13-77

(5) 相關分析

在問卷之態度量表部分分有五個分量表，依序為喜歡性（第 1-6 題）、信心性（第 7-13 題）、焦慮性（第 14-21 題）、有用性（第 22-27 題）、支持性（第 28-35 題），欲了解五個分量表之間的相關程度，採用 Pearson 相關係數來分析。在計算五個分量表間的相關係數之前，必須先計算各分量表之總分（如圖 13-78），而後始進行相關分析，其步驟如下：

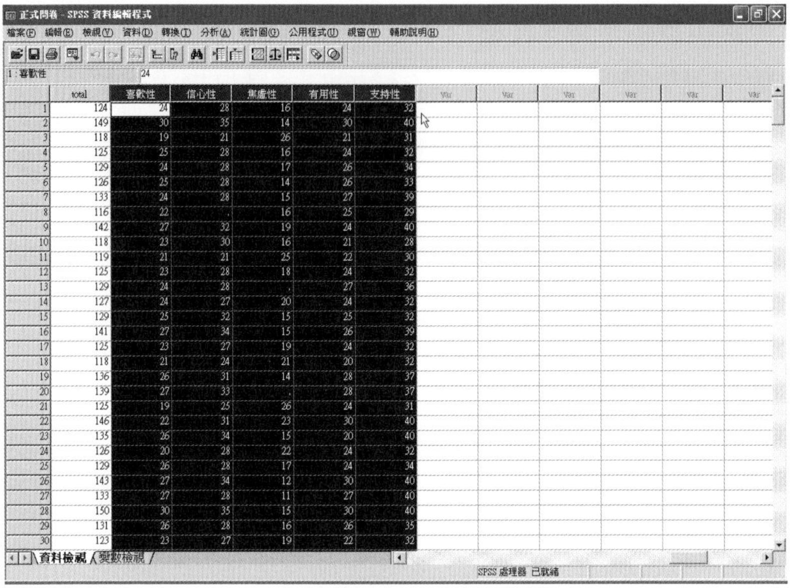

圖 13-78

步驟一：選取「分析」－「相關」－「雙變數」（如圖 13-79）。

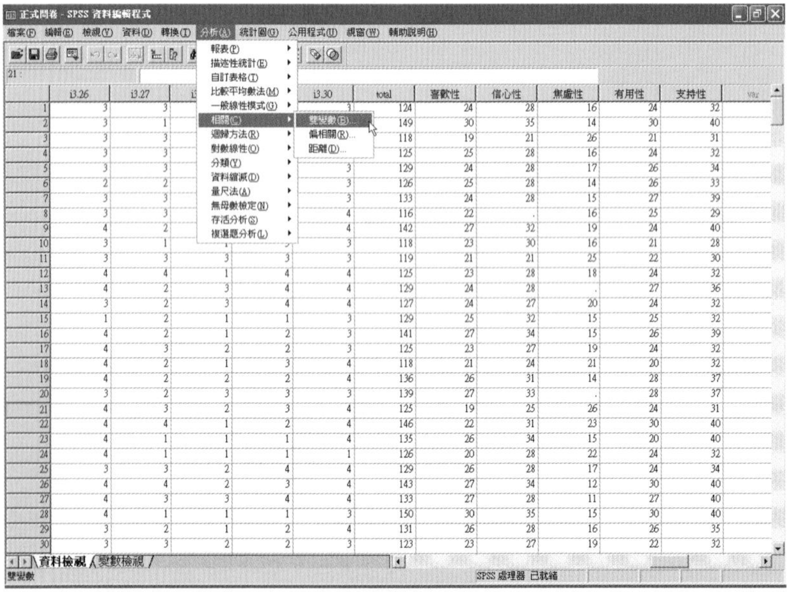

圖 13-79

🔵 **步驟二**：將欲求相關係數之變數（分量表總分）移入「變數」中（如圖 13-80）。

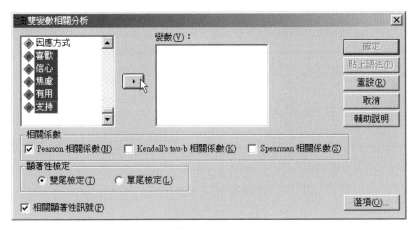

🔵 圖 13-80

🔵 **步驟三**：勾選「Pearson 相關係數」，選取「確定」（如圖 13-81）。

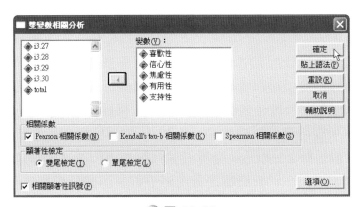

🔵 圖 13-81

　　經由以上步驟，在輸出中可得到各分量表之間的相關係數矩陣及其顯著性，其中有「＊」或「＊＊」標示者，表示其相關程度達到 0.05 或 0.01 顯著水準。因相關係數均標示「＊＊」，因此可知此五分量表兩兩間均有高度相關（如圖 13-82）。

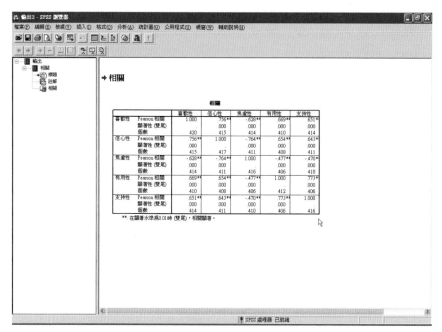

(6) 迴歸分析

　　進行迴歸分析之前，先進行自變項與依變項間的相關分析，若自變項與依變項達顯著相關，才能繼續進行迴歸分析。將以因應方式為依變項，態度量表之五個分量表（喜歡性、信心性、焦慮性、有用性、支持性）為自變項，而以上述(5)相關分析的步驟（其中共有六個變數）分析後，發現五個分量表與因應方式均達顯著相關（如圖 13-83），因此繼續進行迴歸分析。迴歸分析之步驟如下：

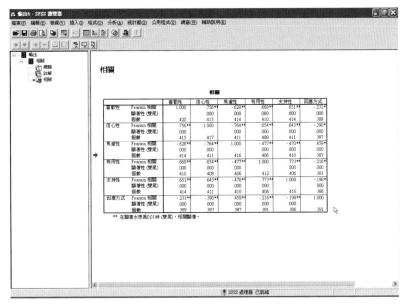

● 圖 13-83

● **步驟一**：選取「分析」－「迴歸方法」－「線性」（如圖 13-84）。

● 圖 13-84

● **步驟二：**將 "因應方式" 移入「依變數」（如圖 13-85），五個分
量表移入「自變數」（如圖 13-86）、。

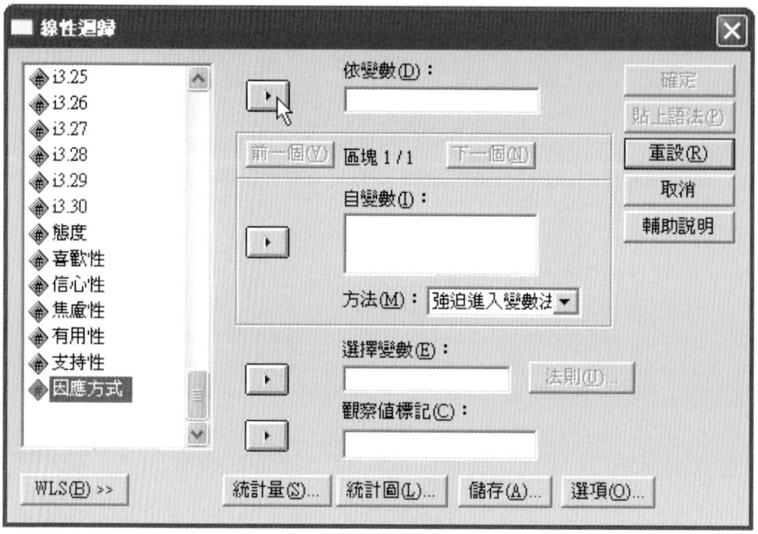

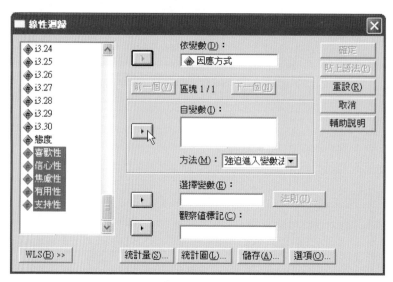

● 圖 13-85

● 圖 13-86

◉ **步驟三**：選取迴歸方法，一般採用「逐步迴歸分析法」（如圖
13-87）。

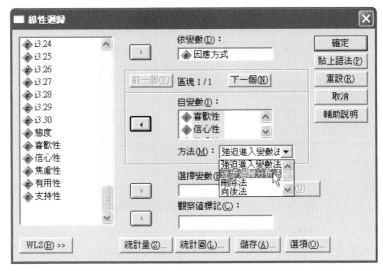

◉ 圖 13-87

◉ **步驟四**：選取「確定」（如圖 13-88）。

◉ 圖 13-88

　　經由以上步驟，可得到逐步迴歸分析的結果：決定係數 R^2 為 0.229，因「橫式摘要」表格之結果只顯示「預測變數」為"常數"和"焦慮性"兩項，且從「係數 [a]」表格中之 B 之估計值可知係數分別為 61.227 及 0.758 故所得迴歸式為 y=61.227+0.758x 焦慮性，即五個自變項中僅有"焦慮性"被選入迴歸式（如圖 13-89）。

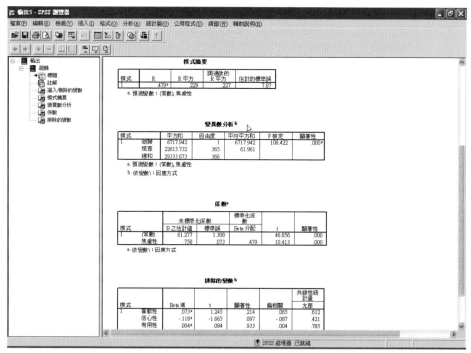

圖 13-89

(7) 卡方檢定

　　若欲檢定樣本之男、女生年齡的人數比例是否有差異，則使用卡方檢定，其步驟如下：

● **步驟一**：選取「分析」－「描述性統計」－「交叉表」（如圖 13-90）。

● 圖 13-90

● **步驟二**：將 "性別" 移入「列」（如圖 13-91），"年齡" 移入「直行」（如圖 13-92）。

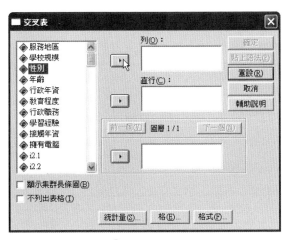

● 圖 13-91

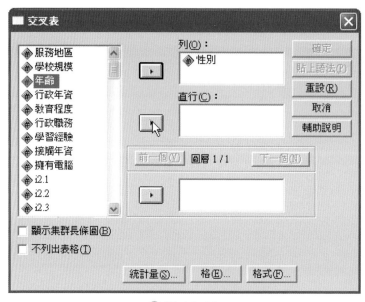

● 圖 13-92

● **步驟三**：選取「統計量」（如圖 13-93）。

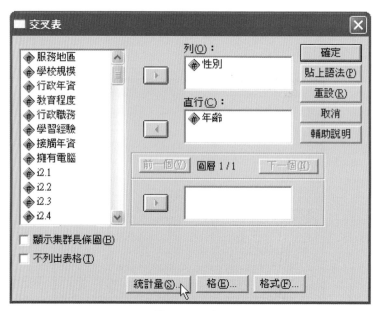

● 圖 13-93

● **步驟四**：選取「卡方統計量」後，按「繼續」（如圖 13-94）。

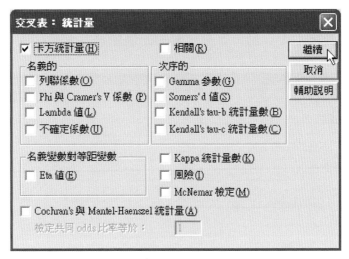

● 圖 13-94

● **步驟五**：選取「確定」（如圖 13-95）。

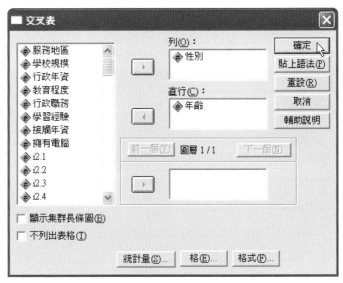

● 圖 13-95

經由以上步驟，可得到性別與年齡的交叉表及卡方檢定的結果，其中 pearson 卡方值之顯著性為 0，小於 0.05，達顯著水準，亦即施測樣本中，男、女生年齡的比例顯著差異（如圖 13-96）。

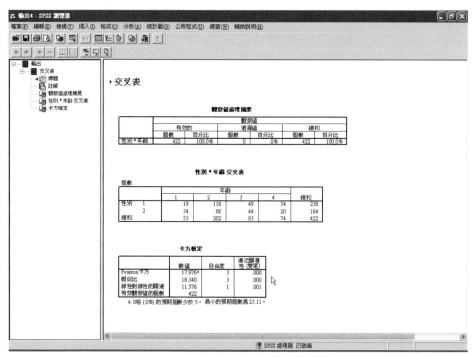

圖 13-96

附 錄

附錄 A │ 標準常態分配表

標準常態(z)分配

z	.00	.01	.02	.03	.04	.05	.06	.07	.08	.09
0.0	.0000	.0040	.0080	.0120	.0160	.0199	.0239	.0279	.0319	.0359
0.1	.0398	.0438	.0478	.0517	.0557	.0596	.0636	.0675	.0714	.0753
0.2	.0793	.0832	.0871	.0910	.0948	.0987	.1026	.1064	.1103	.1141
0.3	.1179	.1217	.1255	.1293	.1331	.1368	.1406	.1443	.1480	.1517
0.4	.1554	.1591	.1628	.1664	.1700	.1736	.1772	.1808	.1844	.1879
0.5	.1915	.1950	.1985	.2019	.2054	.2088	.2123	.2157	.2190	.2224
0.6	.2257	.2291	.2324	.2357	.2389	.2422	.2454	.2486	.2517	.2549
0.7	.2580	.2611	.2642	.2673	.2704	.2734	.2764	.2794	.2823	.2852
0.8	.2881	.2910	.2939	.2967	.2995	.3023	.3051	.3078	.3106	.3133
0.9	.3159	.3186	.3212	.3238	.3264	.3289	.3315	.3340	.3365	.3389
1.0	.3413	.3438	.3461	.3485	.3508	.3531	.3554	.3577	.3599	.3621
1.1	.3643	.3665	.3686	.3708	.3729	.3749	.3770	.3790	.3810	.3830
1.2	.3849	.3869	.3888	.3907	.3925	.3944	.3962	.3980	.3997	.4015
1.3	.4032	.4049	.4066	.4082	.4099	.4115	.4131	.4147	.4162	.4177
1.4	.4192	.4207	.4222	.4236	.4251	.4265	.4279	.4292	.4306	.4319
1.5	.4332	.4345	.4357	.4370	.4382	.4394	.4406	.4418	.4429	.4441
1.6	.4452	.4463	.4474	.4484	.4495 *	.4505	.4515	.4525	.4535	.4545
1.7	.4554	.4564	.4573	.4582	.4591	.4599	.4608	.4616	.4625	.4633
1.8	.4641	.4649	.4656	.4664	.4671	.4678	.4686	.4693	.4699	.4706
1.9	.4713	.4719	.4726	.4732	.4738	.4744	.4750	.4756	.4761	.4767
2.0	.4772	.4778	.4783	.4788	.4793	.4798	.4803	.4808	.4812	.4817
2.1	.4821	.4826	.4830	.4834	.4838	.4842	.4846	.4850	.4854	.4857
2.2	.4861	.4864	.4868	.4871	.4875	.4878	.4881	.4884	.4887	.4890
2.3	.4893	.4896	.4898	.4901	.4904	.4906	.4909	.4911	.4913	.4916
2.4	.4918	.4920	.4922	.4925	.4927	.4929	.4931	.4932	.4934	.4936
2.5	.4938	.4940	.4941	.4943	.4945	.4946	.4948	.4949 *	.4951	.4952
2.6	.4953	.4955	.4956	.4957	.4959	.4960	.4961	.4962	.4963	.4964
2.7	.4965	.4966	.4967	.4968	.4969	.4970	.4971	.4972	.4973	.4974
2.8	.4974	.4975	.4976	.4977	.4977	.4978	.4979	.4979	.4980	.4981
2.9	.4981	.4982	.4982	.4983	.4984	.4984	.4985	.4985	.4986	.4986
3.0	.4987	.4987	.4987	.4988	.4988	.4989	.4989	.4989	.4990	.4990
3.1	.49903									
3.2	.49931									
3.3	.49952									
3.4	.49966									
3.5	.49977									
3.6	.49984									
3.7	.49989									
3.8	.49993									
3.9	.49995									
4.0	.49997									
4.5	.4999966023									
5.0	.4999997133									
5.5	.4999999810									
6.0	.4999999990									

6.0 以上：利用 0.4999999990

註：
1. z 值超過 6.0 者，其面積均視為 0.4999999990。
2. 右列兩個常用 z 值係依內插補法求得。
   z 值 面積 0.6 以上：利用 0.4999999990

z 值	面積
1.645	0.4500
2.575	0.4950

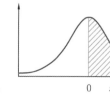

資料來源：莫士托羅(Frederick Mosteller)和魯爾科(Rober E. K. Rourke)著，力行統計學，
附表1-1（愛迪生—衛斯理1973年出版）。已獲同意引用。

附錄 B ｜ 亂數表

3388	4986	5345	9534	0977	3841	0887	2331	5834	6124
0682	6073	6631	9584	7806	4537	3160	3108	5824	7492
2460	7526	1442	8365	8048	9836	6873	9567	6918	4507
6195	2329	6831	2659	9654	9132	5331	1970	6263	0088
6824	7709	3937	3289	9545	0620	3904	5203	6590	8769
0237	7574	8607	1502	4776	0944	4946	1519	4834	2810
1336	8960	2192	7132	9267	4262	6070	7664	7690	3873
6840	3016	3991	8582	1813	0012	3781	8635	0286	3932
5577	7452	9477	7942	7328	0822	7876	6379	9014	6845
3495	3500	9497	8688	7764	0017	1221	5816	8840	8573
5163	5127	5955	7826	0982	3563	7783	1575	7738	9146
3746	5767	5137	3846	9113	3394	5172	3745	2574	5275
0596	6736	4273	7665	8229	6933	6510	0093	4091	4567
6553	4267	4071	3532	0593	3874	5368	5295	6303	2629
5357	7401	0355	7216	4634	6024	2925	6588	1415	5648
2494	9279	9367	7668	7780	6154	5109	2932	5425	7431
0688	6159	2461	8408	7034	7089	5585	5668	1334	9079
8071	6291	4453	6196	3226	7963	2899	7833	3772	2999
3161	1488	9575	0912	2917	2319	8537	8896	4831	5172
8867	5812	0932	0728	8392	4715	7771	5771	1057	7717
5162	5173	5275	3945	4687	3300	5157	1636	8427	0739
4378	3392	8180	2214	3922	8559	8892	2618	2828	1661
5945	8120	0793	3219	3810	0202	6850	6919	9255	4713
4687	6862	3873	7956	4311	0562	8675	0074	2288	0684
9275	6841	7603	8996	9925	6219	6061	6647	9953	3871
0216	5472	1801	7372	2573	8347	4624	2612	6511	0523
9879	0853	0743	9907	2618	8813	0832	8420	5545	7492
1701	1794	5006	8364	4493	0984	6506	2403	6851	4421
9391	1530	5183	8816	9131	9608	3308	6067	9742	0662
4288	8170	1742	6691	1183	7385	1514	0106	3648	9607
8233	0445	0649	5895	2419	3849	4067	8431	9016	3973
6380	0131	4103	1461	5276	7355	3635	9913	0591	2907
9453	3330	5809	0160	7110	9020	5573	5054	4924	2598
6341	0834	2696	4557	8818	7709	4831	7554	1991	6323
1831	7438	8725	9746	6719	9912	5206	6236	9215	0378
0051	5390	8982	3225	4648	5347	7855	6555	1405	3659
8684	9840	4336	0138	6484	8792	2118	2436	0141	0093
4906	5407	0293	8540	7694	5525	4036	6789	1328	3074
9183	3995	4619	8489	1138	8616	8165	6304	9085	6124

附錄 C | t 分配臨界值表

$P(t > t_\alpha) = \alpha$

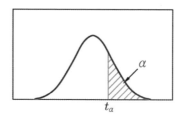

d.f.	$t_{.100}$	$t_{.050}$	$t_{.025}$	$t_{.010}$	$t_{.005}$	d.f.
1	3.078	6.314	12.706	31.821	63.656	1
2	1.886	2.920	4.303	6.965	9.925	2
3	1.638	2.353	3.182	4.541	5.841	3
4	1.533	2.132	2.776	3.747	4.604	4
5	1.476	2.015	2.571	3.365	4.032	5
6	1.440	1.943	2.447	3.143	3.707	6
7	1.415	1.895	2.365	2.998	3.499	7
8	1.397	1.860	2.306	2.896	3.355	8
9	1.383	1.833	2.262	2.821	3.250	9
10	1.372	1.812	2.228	2.764	3.169	10
11	1.363	1.796	2.201	2.718	3.106	11
12	1.356	1.782	2.179	2.681	3.055	12
13	1.350	1.771	2.160	2.650	3.012	13
14	1.345	1.761	2.145	2.624	2.977	14
15	1.341	1.753	2.131	2.602	2.947	15
16	1.337	1.746	2.120	2.583	2.921	16
17	1.333	1.740	2.110	2.567	2.898	17
18	1.330	1.734	2.101	2.552	2.878	18
19	1.328	1.729	2.093	2.539	2.861	19
20	1.325	1.725	2.086	2.528	2.845	20
21	1.323	1.721	2.080	2.518	2.831	21
22	1.321	1.717	2.074	2.508	2.819	22
23	1.319	1.714	2.069	2.500	2.807	23
24	1.318	1.711	2.064	2.492	2.797	24
25	1.316	1.708	2.060	2.485	2.787	25
26	1.315	1.706	2.056	2.479	2.779	26
27	1.314	1.703	2.052	2.473	2.771	27
28	1.313	1.701	2.048	2.467	2.763	28
29	1.311	1.699	2.045	2.462	2.756	29
∞	1.282	1.645	1.960	2.326	2.576	∞

附錄 D　χ^2 分配臨界值表

卡方 (X²) 分配

自由度	臨界值右邊之面積									
	0.995	0.99	0.975	0.95	0.90	0.10	0.05	0.025	0.01	0.005
1	—	—	0.001	0.004	0.016	2.706	3.841	5.024	6.635	7.879
2	0.010	0.020	0.051	0.103	0.211	4.605	5.991	7.378	9.210	10.597
3	0.072	0.115	0.216	0.352	0.584	6.251	7.815	9.348	11.345	12.838
4	0.207	0.297	0.484	0.711	1.064	7.779	9.488	11.143	13.277	14.860
5	0.412	0.554	0.831	1.145	1.610	9.236	11.071	12.833	15.086	16.750
6	0.676	0.872	1.237	1.635	2.204	10.645	12.592	14.449	16.812	18.548
7	0.989	1.239	1.690	2.167	2.833	12.017	14.067	16.013	18.475	20.278
8	1.344	1.646	2.180	2.733	3.490	13.362	15.507	17.535	20.090	21.955
9	1.735	2.088	2.700	3.325	4.168	14.684	16.919	19.023	21.666	23.589
10	2.156	2.558	3.247	3.940	4.865	15.987	18.307	20.483	23.209	25.188
11	2.603	3.053	3.816	4.575	5.578	17.275	19.675	21.920	24.725	26.757
12	3.074	3.571	4.404	5.226	6.304	18.549	21.026	23.337	26.217	28.299
13	3.565	4.107	5.009	5.892	7.042	19.812	22.362	24.736	27.688	29.819
14	4.075	4.660	5.629	6.571	7.790	21.064	23.685	26.119	29.141	31.319
15	4.601	5.229	6.262	7.261	8.547	22.307	24.996	27.488	30.578	32.801
16	5.142	5.812	6.908	7.962	9.312	23.542	26.296	28.845	32.000	34.267
17	5.697	6.408	7.564	8.672	10.085	24.769	27.587	30.191	33.409	35.718
18	6.265	7.015	8.231	9.390	10.865	25.989	28.869	31.526	34.805	37.156
19	6.844	7.633	8.907	10.117	11.651	27.204	30.144	32.852	36.191	38.582
20	7.434	8.260	9.591	10.851	12.443	28.412	31.410	34.170	37.566	39.997
21	8.034	8.897	10.283	11.591	13.240	29.615	32.671	35.479	38.932	41.401
22	8.643	9.542	10.982	12.338	14.042	30.813	33.924	36.781	40.289	42.796
23	9.260	10.196	11.689	13.091	14.848	32.007	35.172	38.076	41.638	44.181
24	9.886	10.856	12.401	13.848	15.659	33.196	36.415	39.364	42.980	45.559
25	10.520	11.524	13.120	14.611	16.473	34.382	37.652	40.646	44.314	46.928
26	11.160	12.198	13.844	15.379	17.292	35.563	38.885	41.923	45.642	48.290
27	11.808	12.879	14.573	16.151	18.114	36.741	40.113	43.194	46.963	49.645
28	12.461	13.565	15.308	16.928	18.939	37.916	41.337	44.461	48.278	50.993
29	13.121	14.257	16.047	17.708	19.768	39.087	42.557	45.772	49.588	52.336
30	13.787	14.954	16.791	18.493	20.599	40.256	43.773	46.979	50.892	53.672
40	20.707	22.164	24.433	26.509	29.051	51.805	55.758	59.342	63.691	66.766
50	27.991	29.707	32.357	34.764	37.689	63.167	67.505	71.420	76.154	79.490
60	35.534	37.485	40.482	43.188	46.459	74.397	79.082	83.298	88.379	91.952
70	43.275	45.442	48.758	51.739	55.329	85.527	90.531	95.023	100.425	104.215
80	51.172	53.540	57.153	60.391	64.278	96.578	101.879	106.629	112.329	116.321
90	59.196	61.754	65.647	69.126	73.291	107.565	113.145	118.136	124.116	128.299
100	67.328	70.065	74.222	77.929	82.358	118.498	124.342	129.561	135.807	140.169

資料來源：歐文(Donald B. Owen)編，統計附表手冊，美國能源部（愛迪生—衛斯理1962年出版），已獲同意引用。

附錄 E　F 分配臨界值表

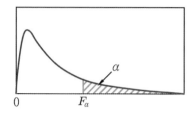

$$P(F > F_\alpha) = \alpha$$

$\nu_2(d.f.)$	$\nu_1(d.f.)$				$\alpha = 0.10$				
	1	2	3	4	5	6	7	8	9
1	39.86	49.50	53.59	55.83	57.24	58.20	58.91	59.44	59.86
2	8.53	9.00	9.16	9.24	9.29	9.33	9.35	9.37	9.38
3	5.54	5.46	5.39	5.34	5.31	5.28	5.27	5.25	5.24
4	4.54	4.32	4.19	4.11	4.05	4.01	3.98	3.95	3.94
5	4.06	3.78	3.62	3.52	3.45	3.40	3.37	3.34	3.32
6	3.78	3.46	3.29	3.18	3.11	3.05	3.01	2.98	2.96
7	3.59	3.26	3.07	2.96	2.88	2.83	2.78	2.75	2.72
8	3.46	3.11	2.92	2.81	2.73	2.67	2.62	2.59	2.56
9	3.36	3.01	2.81	2.69	2.61	2.55	2.51	2.47	2.44
10	3.29	2.92	2.73	2.61	2.52	2.46	2.41	2.38	2.35
11	3.23	2.86	2.66	2.54	2.45	2.39	2.34	2.30	2.27
12	3.18	2.81	2.61	2.48	2.39	2.33	2.28	2.24	2.21
13	3.14	2.76	2.56	2.43	2.35	2.28	2.23	2.20	2.16
14	3.10	2.73	2.52	2.39	2.31	2.24	2.19	2.15	2.12
15	3.07	2.70	2.49	2.36	2.27	2.21	2.16	2.12	2.09
16	3.05	2.67	2.46	2.33	2.24	2.18	2.13	2.09	2.06
17	3.03	2.64	2.44	2.31	2.22	2.15	2.10	2.06	2.03
18	3.01	2.62	2.42	2.29	2.20	2.13	2.08	2.04	2.00
19	2.99	2.61	2.40	2.27	2.18	2.11	2.06	2.02	1.98
20	2.97	2.59	2.38	2.25	2.16	2.09	2.04	2.00	1.96
21	2.96	2.57	2.36	2.23	2.14	2.08	2.02	1.98	1.95
22	2.95	2.56	2.35	2.22	2.13	2.06	2.01	1.97	1.93
23	2.94	2.55	2.34	2.21	2.11	2.05	1.99	1.95	1.92
24	2.93	2.54	2.33	2.19	2.10	2.04	1.98	1.94	1.91
25	2.92	2.53	2.32	2.18	2.09	2.02	1.97	1.93	1.89
26	2.91	2.52	2.31	2.17	2.08	2.01	1.96	1.92	1.88
27	2.90	2.51	2.30	2.17	2.07	2.00	1.95	1.91	1.87
28	2.89	2.50	2.29	2.16	2.06	2.00	1.94	1.90	1.87
29	2.89	2.50	2.28	2.15	2.06	1.99	1.93	1.89	1.86
30	2.88	2.49	2.28	2.14	2.05	1.98	1.93	1.88	1.85
40	2.84	2.44	2.23	2.09	2.00	1.93	1.87	1.83	1.79
60	2.79	2.39	2.18	2.04	1.95	1.87	1.82	1.77	1.74
120	2.75	2.35	2.13	1.99	1.90	1.82	1.77	1.72	1.68
∞	2.71	2.30	2.08	1.94	1.85	1.77	1.72	1.67	1.63

附錄 E　F 分配臨界值表（續）

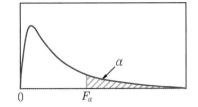

$$P(F > F_\alpha) = \alpha$$

$\nu_1(d.f.)$					$\alpha=0.10$					
10	12	15	20	24	30	40	60	120	∞	$\nu_2(d.f.)$
60.19	60.71	61.22	61.74	62.00	62.26	62.53	62.79	63.06	63.33	1
9.39	9.41	9.42	9.44	9.45	9.46	9.47	9.47	9.48	9.49	2
5.23	5.22	5.20	5.18	5.18	5.17	5.16	5.15	5.14	5.13	3
3.92	3.90	3.87	3.84	3.83	3.82	3.80	3.79	3.78	3.76	4
3.30	3.27	3.24	3.21	3.19	3.17	3.16	3.14	3.12	3.11	5
2.94	2.90	2.87	2.84	2.82	2.80	2.78	2.76	2.74	2.72	6
2.70	2.67	2.63	2.59	2.58	2.56	2.54	2.51	2.49	2.47	7
2.54	2.50	2.46	2.42	2.40	2.38	2.36	2.34	2.32	2.29	8
2.42	2.38	2.34	2.30	2.28	2.25	2.23	2.21	2.18	2.16	9
2.32	2.28	2.24	2.20	2.18	2.16	2.13	2.11	2.08	2.06	10
2.25	2.21	2.17	2.12	2.10	2.08	2.05	2.03	2.00	1.97	11
2.19	2.15	2.10	2.06	2.04	2.01	1.99	1.96	1.93	1.90	12
2.14	2.10	2.05	2.01	1.98	1.96	1.93	1.90	1.88	1.85	13
2.10	2.05	2.01	1.96	1.94	1.91	1.89	1.86	1.83	1.80	14
2.06	2.02	1.97	1.92	1.90	1.87	1.85	1.82	1.79	1.76	15
2.03	1.99	1.94	1.89	1.87	1.84	1.81	1.78	1.75	1.72	16
2.00	1.96	1.91	1.86	1.84	1.81	1.78	1.75	1.72	1.69	17
1.98	1.93	1.89	1.84	1.81	1.78	1.75	1.72	1.69	1.66	18
1.96	1.91	1.86	1.81	1.79	1.76	1.73	1.70	1.67	1.63	19
1.94	1.89	1.84	1.79	1.77	1.74	1.71	1.68	1.64	1.61	20
1.92	1.87	1.83	1.78	1.75	1.72	1.69	1.66	1.62	1.59	21
1.90	1.86	1.81	1.76	1.73	1.70	1.67	1.64	1.60	1.57	22
1.89	1.84	1.80	1.74	1.72	1.69	1.66	1.62	1.59	1.55	23
1.88	1.83	1.78	1.73	1.70	1.67	1.64	1.61	1.57	1.53	24
1.87	1.82	1.77	1.72	1.69	1.66	1.63	1.59	1.56	1.52	25
1.86	1.81	1.76	1.71	1.68	1.65	1.61	1.58	1.54	1.50	26
1.85	1.80	1.75	1.70	1.67	1.64	1.60	1.57	1.53	1.49	27
1.84	1.79	1.74	1.69	1.66	1.63	1.59	1.56	1.52	1.48	28
1.83	1.78	1.73	1.68	1.65	1.62	1.58	1.55	1.51	1.47	29
1.82	1.77	1.72	1.67	1.64	1.61	1.57	1.54	1.50	1.46	30
1.76	1.71	1.66	1.61	1.57	1.54	1.51	1.47	1.42	1.38	40
1.71	1.66	1.60	1.54	1.51	1.48	1.44	1.40	1.35	1.29	60
1.65	1.60	1.55	1.48	1.45	1.41	1.37	1.32	1.26	1.19	120
1.60	1.55	1.49	1.42	1.38	1.34	1.30	1.24	1.17	1.00	∞

附錄 E　F 分配臨界值表（續）

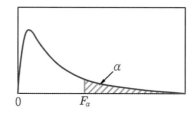

$$P(F > F_\alpha) = \alpha$$

$\nu_2(d.f.)$	$\nu_1(d.f.)$ $\quad\alpha = 0.05$								
	1	2	3	4	5	6	7	8	9
1	161.45	199.50	215.71	224.58	230.16	233.99	236.77	238.88	240.54
2	18.51	19.00	19.16	19.25	19.30	19.33	19.35	19.37	19.38
3	10.13	9.55	9.28	9.12	9.01	8.94	8.89	8.85	8.81
4	7.71	6.94	6.59	6.39	6.26	6.16	6.09	6.04	6.00
5	6.61	5.79	5.41	5.19	5.05	4.95	4.88	4.82	4.77
6	5.99	5.14	4.76	4.53	4.39	4.28	4.21	4.15	4.10
7	5.59	4.74	4.35	4.12	3.97	3.87	3.79	3.73	3.68
8	5.32	4.46	4.07	3.84	3.69	3.58	3.50	3.44	3.39
9	5.12	4.26	3.86	3.63	3.48	3.37	3.29	3.23	3.18
10	4.96	4.10	3.71	3.48	3.33	3.22	3.14	3.07	3.02
11	4.84	3.98	3.59	3.36	3.20	3.09	3.01	2.95	2.90
12	4.75	3.89	3.49	3.26	3.11	3.00	2.91	2.85	2.80
13	4.67	3.81	3.41	3.18	3.03	2.92	2.83	2.77	2.71
14	4.60	3.74	3.34	3.11	2.96	2.85	2.76	2.70	2.65
15	4.54	3.68	3.29	3.06	2.90	2.79	2.71	2.64	2.59
16	4.49	3.63	3.24	3.01	2.85	2.74	2.66	2.59	2.54
17	4.45	3.59	3.20	2.96	2.81	2.70	2.61	2.55	2.49
18	4.41	3.55	3.16	2.93	2.77	2.66	2.58	2.51	2.46
19	4.38	3.52	3.13	2.90	2.74	2.63	2.54	2.48	2.42
20	4.35	3.49	3.10	2.87	2.71	2.60	2.51	2.45	2.39
21	4.32	3.47	3.07	2.84	2.68	2.57	2.49	2.42	2.37
22	4.30	3.44	3.05	2.82	2.66	2.55	2.46	2.40	2.34
23	4.28	3.42	3.03	2.80	2.64	2.53	2.44	2.37	2.32
24	4.26	3.40	3.01	2.78	2.62	2.51	2.42	2.36	2.30
25	4.24	3.39	2.99	2.76	2.60	2.49	2.40	2.34	2.28
26	4.23	3.37	2.98	2.74	2.59	2.47	2.39	2.32	2.27
27	4.21	3.35	2.96	2.73	2.57	2.46	2.37	2.31	2.25
28	4.20	3.34	2.95	2.71	2.56	2.45	2.36	2.29	2.24
29	4.18	3.33	2.93	2.70	2.55	2.43	2.35	2.28	2.22
30	4.17	3.32	2.92	2.69	2.53	2.42	2.33	2.27	2.21
40	4.08	3.23	2.84	2.61	2.45	2.34	2.25	2.18	2.12
60	4.00	3.15	2.76	2.53	2.37	2.25	2.17	2.10	2.04
120	3.92	3.07	2.68	2.45	2.29	2.18	2.09	2.02	1.96
∞	3.84	3.00	2.60	2.37	2.21	2.10	2.01	1.94	1.88

附錄 E　F 分配臨界值表（續）

$$P(F > F_\alpha) = \alpha$$

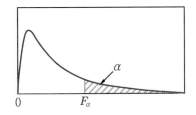

$\nu_1(d.f.)$					$\alpha = 0.05$					
10	12	15	20	24	30	40	60	120	∞	$\nu_2(d.f.)$
241.88	243.90	245.95	248.02	249.05	250.10	251.14	252.20	253.25	254.32	1
19.40	19.41	19.43	19.45	19.45	19.46	19.47	19.48	19.49	19.50	2
8.79	8.74	8.70	8.66	8.64	8.62	8.59	8.57	8.55	8.53	3
5.96	5.91	5.86	5.80	5.77	5.75	5.72	5.69	5.66	5.63	4
4.74	4.68	4.62	4.56	4.53	4.50	4.46	4.43	4.40	4.37	5
4.06	4.00	3.94	3.87	3.84	3.81	3.77	3.74	3.70	3.67	6
3.64	3.57	3.51	3.44	3.41	3.38	3.34	3.30	3.27	3.23	7
3.35	3.28	3.22	3.15	3.12	3.08	3.04	3.01	2.97	2.93	8
3.14	3.07	3.01	2.94	2.90	2.86	2.83	2.79	2.75	2.71	9
2.98	2.91	2.85	2.77	2.74	2.70	2.66	2.62	2.58	2.54	10
2.85	2.79	2.72	2.65	2.61	2.57	2.53	2.49	2.45	2.40	11
2.75	2.69	2.62	2.54	2.51	2.47	2.43	2.38	2.34	2.30	12
2.67	2.60	2.53	2.46	2.42	2.38	2.34	2.30	2.25	2.21	13
2.60	2.53	2.46	2.39	2.35	2.31	2.27	2.22	2.18	2.13	14
2.54	2.48	2.40	2.33	2.29	2.25	2.20	2.16	2.11	2.07	15
2.49	2.42	2.35	2.28	2.24	2.19	2.15	2.11	2.06	2.01	16
2.45	2.38	2.31	2.23	2.19	2.15	2.10	2.06	2.01	1.96	17
2.41	2.34	2.27	2.19	2.15	2.11	2.06	2.02	1.97	1.92	18
2.38	2.31	2.23	2.16	2.11	2.07	2.03	1.98	1.93	1.88	19
2.35	2.28	2.20	2.12	2.08	2.04	1.99	1.95	1.90	1.84	20
2.32	2.25	2.18	2.10	2.05	2.01	1.96	1.92	1.87	1.81	21
2.30	2.23	2.15	2.07	2.03	1.98	1.94	1.89	1.84	1.78	22
2.27	2.20	2.13	2.05	2.01	1.96	1.91	1.86	1.81	1.76	23
2.25	2.18	2.11	2.03	1.98	1.94	1.89	1.84	1.79	1.73	24
2.24	2.16	2.09	2.01	1.96	1.92	1.87	1.82	1.77	1.71	25
2.22	2.15	2.07	1.99	1.95	1.90	1.85	1.80	1.75	1.69	26
2.20	2.13	2.06	1.97	1.93	1.88	1.84	1.79	1.73	1.67	27
2.19	2.12	2.04	1.96	1.91	1.87	1.82	1.77	1.71	1.65	28
2.18	2.10	2.03	1.94	1.90	1.85	1.81	1.75	1.70	1.64	29
2.16	2.09	2.01	1.93	1.89	1.84	1.79	1.74	1.68	1.62	30
2.08	2.00	1.92	1.84	1.79	1.74	1.69	1.64	1.58	1.51	40
1.99	1.92	1.84	1.75	1.70	1.65	1.59	1.53	1.47	1.39	60
1.91	1.83	1.75	1.66	1.61	1.55	1.50	1.43	1.35	1.25	120
1.83	1.75	1.67	1.57	1.52	1.46	1.39	1.32	1.22	1.00	∞

附錄 E │ F 分配臨界值表（續）

$P(F > F_\alpha) = \alpha$

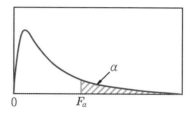

$\nu_2(d.f.)$	$\nu_1(d.f.)$ $\alpha = 0.025$								
	1	2	3	4	5	6	7	8	9
1	647.79	799.48	864.15	899.60	921.83	937.11	948.20	956.64	963.28
2	38.51	39.00	39.17	39.25	39.30	39.33	39.36	39.37	39.39
3	17.44	16.04	15.44	15.10	14.88	14.73	14.62	14.54	14.47
4	12.22	10.65	9.98	9.60	9.36	9.20	9.07	8.98	8.90
5	10.01	8.43	7.76	7.39	7.15	6.98	6.85	6.76	6.68
6	8.81	7.26	6.60	6.23	5.99	5.82	5.70	5.60	5.52
7	8.07	6.54	5.89	5.52	5.29	5.12	4.99	4.90	4.82
8	7.57	6.06	5.42	5.05	4.82	4.65	4.53	4.43	4.36
9	7.21	5.71	5.08	4.72	4.48	4.32	4.20	4.10	4.03
10	6.94	5.46	4.83	4.47	4.24	4.07	3.95	3.85	3.78
11	6.72	5.26	4.63	4.28	4.04	3.88	3.76	3.66	3.59
12	6.55	5.10	4.47	4.12	3.89	3.73	3.61	3.51	3.44
13	6.41	4.97	4.35	4.00	3.77	3.60	3.48	3.39	3.31
14	6.30	4.86	4.24	3.89	3.66	3.50	3.38	3.29	3.21
15	6.20	4.77	4.15	3.80	3.58	3.41	3.29	3.20	3.12
16	6.12	4.69	4.08	3.73	3.50	3.34	3.22	3.12	3.05
17	6.04	4.62	4.01	3.66	3.44	3.28	3.16	3.06	2.98
18	5.98	4.56	3.95	3.61	3.38	3.22	3.10	3.01	2.93
19	5.92	4.51	3.90	3.56	3.33	3.17	3.05	2.96	2.88
20	5.87	4.46	3.86	3.51	3.29	3.13	3.01	2.91	2.84
21	5.83	4.42	3.82	3.48	3.25	3.09	2.97	2.87	2.80
22	5.79	4.38	3.78	3.44	3.22	3.05	2.93	2.84	2.76
23	5.75	4.35	3.75	3.41	3.18	3.02	2.90	2.81	2.73
24	5.72	4.32	3.72	3.38	3.15	2.99	2.87	2.78	2.70
25	5.69	4.29	3.69	3.35	3.13	2.97	2.85	2.75	2.68
26	5.66	4.27	3.67	3.33	3.10	2.94	2.82	2.73	2.65
27	5.63	4.24	3.65	3.31	3.08	2.92	2.80	2.71	2.63
28	5.61	4.22	3.63	3.29	3.06	2.90	2.78	2.69	2.61
29	5.59	4.20	3.61	3.27	3.04	2.88	2.76	2.67	2.59
30	5.57	4.18	3.59	3.25	3.03	2.87	2.75	2.65	2.57
40	5.42	4.05	3.46	3.13	2.90	2.74	2.62	2.53	2.45
60	5.29	3.93	3.34	3.01	2.79	2.63	2.51	2.41	2.33
120	5.15	3.80	3.23	2.89	2.67	2.52	2.39	2.30	2.22
∞	5.02	3.69	3.12	2.79	2.57	2.41	2.29	2.19	2.11

附錄 E　F 分配臨界值表（續）

$P(F > F_\alpha) = \alpha$

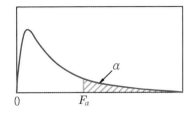

$\nu_1(d.f.)$					$\alpha = 0.025$					
10	12	15	20	24	30	40	60	120	∞	$\nu_2(d.f.)$
968.63	976.72	984.87	993.08	997.27	1001.40	1005.60	1009.79	1014.04	1018.26	1
39.40	39.41	39.43	39.45	39.46	39.46	39.47	39.48	39.49	39.50	2
14.42	14.34	14.25	14.17	14.12	14.08	14.04	13.99	13.95	13.90	3
8.84	8.75	8.66	8.56	8.51	8.46	8.41	8.36	8.31	8.26	4
6.62	6.52	6.43	6.33	6.28	6.23	6.18	6.12	6.07	6.02	5
5.46	5.37	5.27	5.17	5.12	5.07	5.01	4.96	4.90	4.85	6
4.76	4.67	4.57	4.47	4.41	4.36	4.31	4.25	4.20	4.14	7
4.30	4.20	4.10	4.00	3.95	3.89	3.84	3.78	3.73	3.67	8
3.96	3.87	3.77	3.67	3.61	3.56	3.51	3.45	3.39	3.33	9
3.72	3.62	3.52	3.42	3.37	3.31	3.26	3.20	3.14	3.08	10
3.53	3.43	3.33	3.23	3.17	3.12	3.06	3.00	2.94	2.88	11
3.37	3.28	3.18	3.07	3.02	2.96	2.91	2.85	2.79	2.72	12
3.25	3.15	3.05	2.95	2.89	2.84	2.78	2.72	2.66	2.60	13
3.15	3.05	2.95	2.84	2.79	2.73	2.67	2.61	2.55	2.49	14
3.06	2.96	2.86	2.76	2.70	2.64	2.59	2.52	2.46	2.40	15
2.99	2.89	2.79	2.68	2.63	2.57	2.51	2.45	2.38	2.32	16
2.92	2.82	2.72	2.62	2.56	2.50	2.44	2.38	2.32	2.25	17
2.87	2.77	2.67	2.56	2.50	2.44	2.38	2.32	2.26	2.19	18
2.82	2.72	2.62	2.51	2.45	2.39	2.33	2.27	2.20	2.13	19
2.77	2.68	2.57	2.46	2.41	2.35	2.29	2.22	2.16	2.09	20
2.73	2.64	2.53	2.42	2.37	2.31	2.25	2.18	2.11	2.04	21
2.70	2.60	2.50	2.39	2.33	2.27	2.21	2.14	2.08	2.00	22
2.67	2.57	2.47	2.36	2.30	2.24	2.18	2.11	2.04	1.97	23
2.64	2.54	2.44	2.33	2.27	2.21	2.15	2.08	2.01	1.94	24
2.61	2.51	2.41	2.30	2.24	2.18	2.12	2.05	1.98	1.91	25
2.59	2.49	2.39	2.28	2.22	2.16	2.09	2.03	1.95	1.88	26
2.57	2.47	2.36	2.25	2.19	2.13	2.07	2.00	1.93	1.85	27
2.55	2.45	2.34	2.23	2.17	2.11	2.05	1.98	1.91	1.83	28
2.53	2.43	2.32	2.21	2.15	2.09	2.03	1.96	1.89	1.81	29
2.51	2.41	2.31	2.20	2.14	2.07	2.01	1.94	1.87	1.79	30
2.39	2.29	2.18	2.07	2.01	1.94	1.88	1.80	1.72	1.64	40
2.27	2.17	2.06	1.94	1.88	1.82	1.74	1.67	1.58	1.48	60
2.16	2.05	1.94	1.82	1.76	1.69	1.61	1.53	1.43	1.31	120
2.05	1.94	1.83	1.71	1.64	1.57	1.48	1.39	1.27	1.00	∞

附錄 E F分配臨界值表（續）

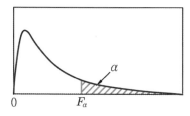

$P(F > F_\alpha) = \alpha$

$\nu_2(d.f.)$	\multicolumn{9}{c}{$\nu_1(d.f.)$ $\alpha = 0.01$}								
	1	2	3	4	5	6	7	8	9
1	4052.2	4999.3	5403.5	5624.3	5764.0	5859.0	5928.3	5981.0	6022.4
2	98.50	99.00	99.16	99.25	99.30	99.33	99.36	99.38	99.39
3	34.12	30.82	29.46	28.71	28.24	27.91	27.67	27.49	27.34
4	21.20	18.00	16.69	15.98	15.52	15.21	14.98	14.80	14.66
5	16.26	13.27	12.06	11.39	10.97	10.67	10.46	10.29	10.16
6	13.75	10.92	9.78	9.15	8.75	8.47	8.26	8.10	7.98
7	12.25	9.55	8.45	7.85	7.46	7.19	6.99	6.84	6.72
8	11.26	8.65	7.59	7.01	6.63	6.37	6.18	6.03	5.91
9	10.56	8.02	6.99	6.42	6.06	5.80	5.61	5.47	5.35
10	10.04	7.56	6.55	5.99	5.64	5.39	5.20	5.06	4.94
11	9.65	7.21	6.22	5.67	5.32	5.07	4.89	4.74	4.63
12	9.33	6.93	5.95	5.41	5.06	4.82	4.64	4.50	4.39
13	9.07	6.70	5.74	5.21	4.86	4.62	4.44	4.30	4.19
14	8.86	6.51	5.56	5.04	4.69	4.46	4.28	4.14	4.03
15	8.68	6.36	5.42	4.89	4.56	4.32	4.14	4.00	3.89
16	8.53	6.23	5.29	4.77	4.44	4.20	4.03	3.89	3.78
17	8.40	6.11	5.19	4.67	4.34	4.10	3.93	3.79	3.68
18	8.29	6.01	5.09	4.58	4.25	4.01	3.84	3.71	3.60
19	8.18	5.93	5.01	4.50	4.17	3.94	3.77	3.63	3.52
20	8.10	5.85	4.94	4.43	4.10	3.87	3.70	3.56	3.46
21	8.02	5.78	4.87	4.37	4.04	3.81	3.64	3.51	3.40
22	7.95	5.72	4.82	4.31	3.99	3.76	3.59	3.45	3.35
23	7.88	5.66	4.76	4.26	3.94	3.71	3.54	3.41	3.30
24	7.82	5.61	4.72	4.22	3.90	3.67	3.50	3.36	3.26
25	7.77	5.57	4.68	4.18	3.85	3.63	3.46	3.32	3.22
26	7.72	5.53	4.64	4.14	3.82	3.59	3.42	3.29	3.18
27	7.68	5.49	4.60	4.11	3.78	3.56	3.39	3.26	3.15
28	7.64	5.45	4.57	4.07	3.75	3.53	3.36	3.23	3.12
29	7.60	5.42	4.54	4.04	3.73	3.50	3.33	3.20	3.09
30	7.56	5.39	4.51	4.02	3.70	3.47	3.30	3.17	3.07
40	7.31	5.18	4.31	3.83	3.51	3.29	3.12	2.99	2.89
60	7.08	4.98	4.13	3.65	3.34	3.12	2.95	2.82	2.72
120	6.85	4.79	3.95	3.48	3.17	2.96	2.79	2.66	2.56
∞	6.63	4.61	3.78	3.32	3.02	2.80	2.64	2.51	2.41

附錄 E　F 分配臨界值表（續）

$$P(F > F_\alpha) = \alpha$$

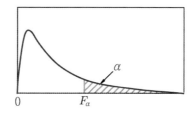

$\nu_1(d.f.)$					$\alpha = 0.01$					
10	*12*	*15*	*20*	*24*	*30*	*40*	*60*	*120*	*∞*	$\nu_2(d.f.)$
6055.9	6106.7	6157.0	6208.7	6234.3	6260.4	6286.4	6313.0	6339.5	6365.6	*1*
99.40	99.42	99.43	99.45	99.46	99.47	99.48	99.48	99.49	99.50	*2*
27.23	27.05	26.87	26.69	26.60	26.50	26.41	26.32	26.22	26.13	*3*
14.55	14.37	14.20	14.02	13.93	13.84	13.75	13.65	13.56	13.46	*4*
10.05	9.89	9.72	9.55	9.47	9.38	9.29	9.20	9.11	9.02	*5*
7.87	7.72	7.56	7.40	7.31	7.23	7.14	7.06	6.97	6.88	*6*
6.62	6.47	6.31	6.16	6.07	5.99	5.91	5.82	5.74	5.65	*7*
5.81	5.67	5.52	5.36	5.28	5.20	5.12	5.03	4.95	4.86	*8*
5.26	5.11	4.96	4.81	4.73	4.65	4.57	4.48	4.40	4.31	*9*
4.85	4.71	4.56	4.41	4.33	4.25	4.17	4.08	4.00	3.91	*10*
4.54	4.40	4.25	4.10	4.02	3.94	3.86	3.78	3.69	3.60	*11*
4.30	4.16	4.01	3.86	3.78	3.70	3.62	3.54	3.45	3.36	*12*
4.10	3.96	3.82	3.66	3.59	3.51	3.43	3.34	3.25	3.17	*13*
3.94	3.80	3.66	3.51	3.43	3.35	3.27	3.18	3.09	3.00	*14*
3.80	3.67	3.52	3.37	3.29	3.21	3.13	3.05	2.96	2.87	*15*
3.69	3.55	3.41	3.26	3.18	3.10	3.02	2.93	2.84	2.75	*16*
3.59	3.46	3.31	3.16	3.08	3.00	2.92	2.83	2.75	2.65	*17*
3.51	3.37	3.23	3.08	3.00	2.92	2.84	2.75	2.66	2.57	*18*
3.43	3.30	3.15	3.00	2.92	2.84	2.76	2.67	2.58	2.49	*19*
3.37	3.23	3.09	2.94	2.86	2.78	2.69	2.61	2.52	2.42	*20*
3.31	3.17	3.03	2.88	2.80	2.72	2.64	2.55	2.46	2.36	*21*
3.26	3.12	2.98	2.83	2.75	2.67	2.58	2.50	2.40	2.31	*22*
3.21	3.07	2.93	2.78	2.70	2.62	2.54	2.45	2.35	2.26	*23*
3.17	3.03	2.89	2.74	2.66	2.58	2.49	2.40	2.31	2.21	*24*
3.13	2.99	2.85	2.70	2.62	2.54	2.45	2.36	2.27	2.17	*25*
3.09	2.96	2.81	2.66	2.58	2.50	2.42	2.33	2.23	2.13	*26*
3.06	2.93	2.78	2.63	2.55	2.47	2.38	2.29	2.20	2.10	*27*
3.03	2.90	2.75	2.60	2.52	2.44	2.35	2.26	2.17	2.06	*28*
3.00	2.87	2.73	2.57	2.49	2.41	2.33	2.23	2.14	2.03	*29*
2.98	2.84	2.70	2.55	2.47	2.39	2.30	2.21	2.11	2.01	*30*
2.80	2.66	2.52	2.37	2.29	2.20	2.11	2.02	1.92	1.80	*40*
2.63	2.50	2.35	2.20	2.12	2.03	1.94	1.84	1.73	1.60	*60*
2.47	2.34	2.19	2.03	1.95	1.86	1.76	1.66	1.53	1.38	*120*
2.32	2.18	2.04	1.88	1.79	1.70	1.59	1.47	1.32	1.00	*∞*

附錄 E ｜ F 分配臨界值表（續）

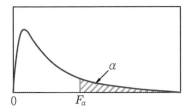

$$P(F > F_a) = \alpha$$

$\nu_2(d.f.)$	$\nu_1(d.f.)$ $\alpha = 0.005$								
	1	2	3	4	5	6	7	8	9
1	16212.5	19997.4	21614.1	22500.8	23055.8	23439.5	23715.2	23923.8	24091.5
2	198.50	199.01	199.16	199.24	199.30	199.33	199.36	199.38	199.39
3	55.55	49.80	47.47	46.20	45.39	44.84	44.43	44.13	43.88
4	31.33	26.28	24.26	23.15	22.46	21.98	21.62	21.35	21.14
5	22.78	18.31	16.53	15.56	14.94	14.51	14.20	13.96	13.77
6	18.63	14.54	12.92	12.03	11.46	11.07	10.79	10.57	10.39
7	16.24	12.40	10.88	10.05	9.52	9.16	8.89	8.68	8.51
8	14.69	11.04	9.60	8.81	8.30	7.95	7.69	7.50	7.34
9	13.61	10.11	8.72	7.96	7.47	7.13	6.88	6.69	6.54
10	12.83	9.43	8.08	7.34	6.87	6.54	6.30	6.12	5.97
11	12.23	8.91	7.60	6.88	6.42	6.10	5.86	5.68	5.54
12	11.75	8.51	7.23	6.52	6.07	5.76	5.52	5.35	5.20
13	11.37	8.19	6.93	6.23	5.79	5.48	5.25	5.08	4.94
14	11.06	7.92	6.68	6.00	5.56	5.26	5.03	4.86	4.72
15	10.80	7.70	6.48	5.80	5.37	5.07	4.85	4.67	4.54
16	10.58	7.51	6.30	5.64	5.21	4.91	4.69	4.52	4.38
17	10.38	7.35	6.16	5.50	5.07	4.78	4.56	4.39	4.25
18	10.22	7.21	6.03	5.37	4.96	4.66	4.44	4.28	4.14
19	10.07	7.09	5.92	5.27	4.85	4.56	4.34	4.18	4.04
20	9.94	6.99	5.82	5.17	4.76	4.47	4.26	4.09	3.96
21	9.83	6.89	5.73	5.09	4.68	4.39	4.18	4.01	3.88
22	9.73	6.81	5.65	5.02	4.61	4.32	4.11	3.94	3.81
23	9.63	6.73	5.58	4.95	4.54	4.26	4.05	3.88	3.75
24	9.55	6.66	5.52	4.89	4.49	4.20	3.99	3.83	3.69
25	9.48	6.60	5.46	4.84	4.43	4.15	3.94	3.78	3.64
26	9.41	6.54	5.41	4.79	4.38	4.10	3.89	3.73	3.60
27	9.34	6.49	5.36	4.74	4.34	4.06	3.85	3.69	3.56
28	9.28	6.44	5.32	4.70	4.30	4.02	3.81	3.65	3.52
29	9.23	6.40	5.28	4.66	4.26	3.98	3.77	3.61	3.48
30	9.18	6.35	5.24	4.62	4.23	3.95	3.74	3.58	3.45
40	8.83	6.07	4.98	4.37	3.99	3.71	3.51	3.35	3.22
60	8.49	5.79	4.73	4.14	3.76	3.49	3.29	3.13	3.01
120	8.18	5.54	4.50	3.92	3.55	3.28	3.09	2.93	2.81
∞	7.88	5.30	4.28	3.72	3.35	3.09	2.90	2.74	2.62

附錄 E　F分配臨界值表（續）

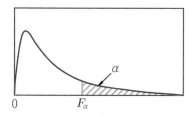

$$P(F > F_\alpha) = \alpha$$

ν_1(d.f.)					$\alpha = 0.005$					
10	12	15	20	24	30	40	60	120	∞	ν_2(d.f.)
24221.8	24426.7	24631.6	24836.5	24937.1	25041.4	25145.7	25253.7	25358.1	25466.1	1.0
199.39	199.42	199.43	199.45	199.45	199.48	199.48	199.48	199.49	199.51	2
43.68	43.39	43.08	42.78	42.62	42.47	42.31	42.15	41.99	41.83	3
20.97	20.70	20.44	20.17	20.03	19.89	19.75	19.61	19.47	19.32	4
13.62	13.38	13.15	12.90	12.78	12.66	12.53	12.40	12.27	12.14	5
10.25	10.03	9.81	9.59	9.47	9.36	9.24	9.12	9.00	8.88	6
8.38	8.18	7.97	7.75	7.64	7.53	7.42	7.31	7.19	7.08	7
7.21	7.01	6.81	6.61	6.50	6.40	6.29	6.18	6.06	5.95	8
6.42	6.23	6.03	5.83	5.73	5.62	5.52	5.41	5.30	5.19	9
5.85	5.66	5.47	5.27	5.17	5.07	4.97	4.86	4.75	4.64	10
5.42	5.24	5.05	4.86	4.76	4.65	4.55	4.45	4.34	4.23	11
5.09	4.91	4.72	4.53	4.43	4.33	4.23	4.12	4.01	3.90	12
4.82	4.64	4.46	4.27	4.17	4.07	3.97	3.87	3.76	3.65	13
4.60	4.43	4.25	4.06	3.96	3.86	3.76	3.66	3.55	3.44	14
4.42	4.25	4.07	3.88	3.79	3.69	3.59	3.48	3.37	3.26	15
4.27	4.10	3.92	3.73	3.64	3.54	3.44	3.33	3.22	3.11	16
4.14	3.97	3.79	3.61	3.51	3.41	3.31	3.21	3.10	2.98	17
4.03	3.86	3.68	3.50	3.40	3.30	3.20	3.10	2.99	2.87	18
3.93	3.76	3.59	3.40	3.31	3.21	3.11	3.00	2.89	2.78	19
3.85	3.68	3.50	3.32	3.22	3.12	3.02	2.92	2.81	2.69	20
3.77	3.60	3.43	3.24	3.15	3.05	2.95	2.84	2.73	2.61	21
3.70	3.54	3.36	3.18	3.08	2.98	2.88	2.77	2.66	2.55	22
3.64	3.47	3.30	3.12	3.02	2.92	2.82	2.71	2.60	2.48	23
3.59	3.42	3.25	3.06	2.97	2.87	2.77	2.66	2.55	2.43	24
3.54	3.37	3.20	3.01	2.92	2.82	2.72	2.61	2.50	2.38	25
3.49	3.33	3.15	2.97	2.87	2.77	2.67	2.56	2.45	2.33	26
3.45	3.28	3.11	2.93	2.83	2.73	2.63	2.52	2.41	2.29	27
3.41	3.25	3.07	2.89	2.79	2.69	2.59	2.48	2.37	2.25	28
3.38	3.21	3.04	2.86	2.76	2.66	2.56	2.45	2.33	2.21	29
3.34	3.18	3.01	2.82	2.73	2.63	2.52	2.42	2.30	2.18	30
3.12	2.95	2.78	2.60	2.50	2.40	2.30	2.18	2.06	1.93	40
2.90	2.74	2.57	2.39	2.29	2.19	2.08	1.96	1.83	1.69	60
2.71	2.54	2.37	2.19	2.09	1.98	1.87	1.75	1.61	1.43	120
2.52	2.36	2.19	2.00	1.90	1.79	1.67	1.53	1.36	1.00	∞

附錄 F ┊ 二項分配機率值表

$$P(X = x) = C_x^n p^x (1 - p)^{n-x}$$

n	x	.01	.05	.10	.20	.30	.40	.50	.60	.70	.80	.90	.95	.99
								p						
2	0	.9801	.9025	.8100	.6400	.4900	.3600	.2500	.1600	.0900	.0400	.0100	.0025	.0001
	1	.0198	.0950	.1800	.3200	.4200	.4800	.5000	.4800	.4200	.3200	.1800	.0950	.0198
	2	.0001	.0025	.0100	.0400	.0900	.1600	.2500	.3600	.4900	.6400	.8100	.9025	.9801
3	0	.9703	.8574	.7290	.5120	.3430	.2160	.1250	.0640	.0270	.0080	.0010	.0001	.0000
	1	.0294	.1354	.2430	.3840	.4410	.4320	.3750	.2880	.1890	.0960	.0270	.0071	.0003
	2	.0003	.0071	.0270	.0960	.1890	.2880	.3750	.4320	.4410	.3840	.2430	.1354	.0294
	3	.0000	.0001	.0010	.0080	.0270	.0640	.1250	.2160	.3430	.5120	.7290	.8574	.9703
4	0	.9606	.8145	.6561	.4096	.2401	.1296	.0625	.0256	.0081	.0016	.0001	.0000	.0000
	1	.0388	.1715	.2916	.4096	.4116	.3456	.2500	.1536	.0756	.0256	.0036	.0005	.0000
	2	.0006	.0135	.0486	.1536	.2646	.3456	.3750	.3456	.2646	.1536	.0486	.0135	.0006
	3	.0000	.0005	.0036	.0256	.0756	.1536	.2500	.3456	.4116	.4096	.2916	.1715	.0388
	4	.0000	.0000	.0001	.0016	.0081	.0256	.0625	.1296	.2401	.4096	.6561	.8145	.9606
5	0	.9510	.7738	.5905	.3277	.1681	.0778	.0313	.0102	.0024	.0003	.0000	.0000	.0000
	1	.0480	.2036	.3281	.4096	.3602	.2592	.1563	.0768	.0284	.0064	.0005	.0000	.0000
	2	.0010	.0214	.0729	.2048	.3087	.3456	.3125	.2304	.1323	.0512	.0081	.0011	.0000
	3	.0000	.0011	.0081	.0512	.1323	.2304	.3125	.3456	.3087	.2048	.0729	.0214	.0010
	4	.0000	.0000	.0005	.0064	.0284	.0768	.1563	.2592	.3602	.4096	.3281	.2036	.0480
	5	.0000	.0000	.0000	.0003	.0024	.0102	.0313	.0778	.1681	.3277	.5905	.7738	.9510
6	0	.9415	.7351	.5314	.2621	.1176	.0467	.0156	.0041	.0007	.0001	.0000	.0000	.0000
	1	.0571	.2321	.3543	.3932	.3025	.1866	.0938	.0369	.0102	.0015	.0001	.0000	.0000
	2	.0014	.0305	.0984	.2458	.3241	.3110	.2344	.1382	.0595	.0154	.0012	.0001	.0000
	3	.0000	.0021	.0146	.0819	.1852	.2765	.3125	.2765	.1852	.0819	.0146	.0021	.0000
	4	.0000	.0001	.0012	.0154	.0595	.1382	.2344	.3110	.3241	.2458	.0984	.0305	.0014
	5	.0000	.0000	.0001	.0015	.0102	.0369	.0938	.1866	.3025	.3932	.3543	.2321	.0571
	6	.0000	.0000	.0000	.0001	.0007	.0041	.0156	.0467	.1176	.2621	.5314	.7351	.9415
7	0	.9321	.6983	.4783	.2097	.0824	.0280	.0078	.0016	.0002	.0000	.0000	.0000	.0000
	1	.0659	.2573	.3720	.3670	.2471	.1306	.0547	.0172	.0036	.0004	.0000	.0000	.0000
	2	.0020	.0406	.1240	.2753	.3177	.2613	.1641	.0774	.0250	.0043	.0002	.0000	.0000
	3	.0000	.0036	.0230	.1147	.2269	.2903	.2734	.1935	.0972	.0287	.0026	.0002	.0000
	4	.0000	.0002	.0026	.0287	.0972	.1935	.2734	.2903	.2269	.1147	.0230	.0036	.0000
	5	.0000	.0000	.0002	.0043	.0250	.0774	.1641	.2613	.3177	.2753	.1240	.0406	.0020
	6	.0000	.0000	.0000	.0004	.0036	.0172	.0547	.1306	.2471	.3670	.3720	.2573	.0659
	7	.0000	.0000	.0000	.0000	.0002	.0016	.0078	.0280	.0824	.2097	.4783	.6983	.9321

附錄 F │ 二項分配機率值表（續）

$$P(X = x) = C_x^n p^x (1-p)^{n-x}$$

n	x	.01	.05	.10	.20	.30	.40	.50	.60	.70	.80	.90	.95	.99
								p						
8	0	.9227	.6634	.4305	.1678	.0576	.0168	.0039	.0007	.0001	.0000	.0000	.0000	.0000
	1	.0746	.2793	.3826	.3355	.1977	.0896	.0313	.0079	.0012	.0001	.0000	.0000	.0000
	2	.0026	.0515	.1488	.2936	.2965	.2090	.1094	.0413	.0100	.0011	.0000	.0000	.0000
	3	.0001	.0054	.0331	.1468	.2541	.2787	.2188	.1239	.0467	.0092	.0004	.0000	.0000
	4	.0000	.0004	.0046	.0459	.1361	.2322	.2734	.2322	.1361	.0459	.0046	.0004	.0000
	5	.0000	.0000	.0004	.0092	.0467	.1239	.2188	.2787	.2541	.1468	.0331	.0054	.0001
	6	.0000	.0000	.0000	.0011	.0100	.0413	.1094	.2090	.2965	.2936	.1488	.0515	.0026
	7	.0000	.0000	.0000	.0001	.0012	.0079	.0313	.0896	.1977	.3355	.3826	.2793	.0746
	8	.0000	.0000	.0000	.0000	.0001	.0007	.0039	.0168	.0576	.1678	.4305	.6634	.9227
10	0	.9044	.5987	.3487	.1074	.0282	.0060	.0010	.0001	.0000	.0000	.0000	.0000	.0000
	1	.0914	.3151	.3874	.2684	.1211	.0403	.0098	.0016	.0001	.0000	.0000	.0000	.0000
	2	.0042	.0746	.1937	.3020	.2335	.1209	.0439	.0106	.0014	.0001	.0000	.0000	.0000
	3	.0001	.0105	.0574	.2013	.2668	.2150	.1172	.0425	.0090	.0008	.0000	.0000	.0000
	4	.0000	.0010	.0112	.0881	.2001	.2508	.2051	.1115	.0368	.0055	.0001	.0000	.0000
	5	.0000	.0001	.0015	.0264	.1029	.2007	.2461	.2007	.1029	.0264	.0015	.0001	.0000
	6	.0000	.0000	.0001	.0055	.0368	.1115	.2051	.2508	.2001	.0881	.0112	.0010	.0000
	7	.0000	.0000	.0000	.0008	.0090	.0425	.1172	.2150	.2668	.2013	.0574	.0105	.0001
	8	.0000	.0000	.0000	.0001	.0014	.0106	.0439	.1209	.2335	.3020	.1937	.0746	.0042
	9	.0000	.0000	.0000	.0000	.0001	.0016	.0098	.0403	.1211	.2684	.3874	.3151	.0914
	10	.0000	.0000	.0000	.0000	.0000	.0001	.0010	.0060	.0282	.1074	.3487	.5987	.9044
15	0	.8601	.4633	.2059	.0352	.0047	.0005	.0000	.0000	.0000	.0000	.0000	.0000	.0000
	1	.1303	.3658	.3432	.1319	.0305	.0047	.0005	.0000	.0000	.0000	.0000	.0000	.0000
	2	.0092	.1348	.2669	.2309	.0916	.0219	.0032	.0003	.0000	.0000	.0000	.0000	.0000
	3	.0004	.0307	.1285	.2501	.1700	.0634	.0139	.0016	.0001	.0000	.0000	.0000	.0000
	4	.0000	.0049	.0428	.1876	.2186	.1268	.0417	.0074	.0006	.0000	.0000	.0000	.0000
	5	.0000	.0006	.0105	.1032	.2061	.1859	.0916	.0245	.0030	.0001	.0000	.0000	.0000
	6	.0000	.0000	.0019	.0430	.1472	.2066	.1527	.0612	.0116	.0007	.0000	.0000	.0000
	7	.0000	.0000	.0003	.0138	.0811	.1771	.1964	.1181	.0348	.0035	.0000	.0000	.0000
	8	.0000	.0000	.0000	.0035	.0348	.1181	.1964	.1771	.0811	.0138	.0003	.0000	.0000
	9	.0000	.0000	.0000	.0007	.0116	.0612	.1527	.2066	.1472	.0430	.0019	.0000	.0000
	10	.0000	.0000	.0000	.0001	.0030	.0245	.0916	.1859	.2061	.1032	.0105	.0006	.0000
	11	.0000	.0000	.0000	.0000	.0006	.0074	.0417	.1268	.2186	.1876	.0428	.0049	.0000
	12	.0000	.0000	.0000	.0000	.0001	.0016	.0139	.0634	.1700	.2501	.1285	.0307	.0004
	13	.0000	.0000	.0000	.0000	.0000	.0003	.0032	.0219	.0916	.2309	.2669	.1348	.0092
	14	.0000	.0000	.0000	.0000	.0000	.0000	.0005	.0047	.0305	.1319	.3432	.3658	.1303
	15	.0000	.0000	.0000	.0000	.0000	.0000	.0000	.0005	.0047	.0352	.2059	.4633	.8601

附錄 F 二項分配機率值表（續）

$$P(X = x) = C_x^n p^x (1-p)^{n-x}$$

n	x	.01	.05	.10	.20	.30	.40	.50	.60	.70	.80	.90	.95	.99
20	0	.8179	.3585	.1216	.0115	.0008	.0000	.0000	.0000	.0000	.0000	.0000	.0000	.0000
	1	.1652	.3774	.2702	.0576	.0068	.0005	.0000	.0000	.0000	.0000	.0000	.0000	.0000
	2	.0159	.1887	.2852	.1369	.0278	.0031	.0002	.0000	.0000	.0000	.0000	.0000	.0000
	3	.0010	.0596	.1901	.2054	.0716	.0123	.0011	.0000	.0000	.0000	.0000	.0000	.0000
	4	.0000	.0133	.0898	.2182	.1304	.0350	.0046	.0003	.0000	.0000	.0000	.0000	.0000
	5	.0000	.0022	.0319	.1746	.1789	.0746	.0148	.0013	.0000	.0000	.0000	.0000	.0000
	6	.0000	.0003	.0089	.1091	.1916	.1244	.0370	.0049	.0002	.0000	.0000	.0000	.0000
	7	.0000	.0000	.0020	.0545	.1643	.1659	.0739	.0146	.0010	.0000	.0000	.0000	.0000
	8	.0000	.0000	.0004	.0222	.1144	.1797	.1201	.0355	.0039	.0001	.0000	.0000	.0000
	9	.0000	.0000	.0001	.0074	.0654	.1597	.1602	.0710	.0120	.0005	.0000	.0000	.0000
	10	.0000	.0000	.0000	.0020	.0308	.1171	.1762	.1171	.0308	.0020	.0000	.0000	.0000
	11	.0000	.0000	.0000	.0005	.0120	.0710	.1602	.1597	.0654	.0074	.0001	.0000	.0000
	12	.0000	.0000	.0000	.0001	.0039	.0355	.1201	.1797	.1144	.0222	.0004	.0000	.0000
	13	.0000	.0000	.0000	.0000	.0010	.0146	.0739	.1659	.1643	.0545	.0020	.0000	.0000
	14	.0000	.0000	.0000	.0000	.0002	.0049	.0370	.1244	.1916	.1091	.0089	.0003	.0000
	15	.0000	.0000	.0000	.0000	.0000	.0013	.0148	.0746	.1789	.1746	.0319	.0022	.0000
	16	.0000	.0000	.0000	.0000	.0000	.0003	.0046	.0350	.1304	.2182	.0898	.0133	.0000
	17	.0000	.0000	.0000	.0000	.0000	.0000	.0011	.0123	.0716	.2054	.1901	.0596	.0010
	18	.0000	.0000	.0000	.0000	.0000	.0000	.0002	.0031	.0278	.1369	.2852	.1887	.0159
	19	.0000	.0000	.0000	.0000	.0000	.0000	.0000	.0005	.0068	.0576	.2702	.3774	.1652
	20	.0000	.0000	.0000	.0000	.0000	.0000	.0000	.0000	.0008	.0115	.1216	.3585	.8179

附錄 G │ 常用對數表

N	0	1	2	3	4	5	6	7	8	9
10	0000	0043	0086	0128	0170	0212	0253	0294	0334	0374
11	0414	0453	0492	0531	0569	0607	0645	0682	0719	0755
12	0792	0828	0864	0899	0934	0969	1004	1038	1072	1106
13	1139	1173	1206	1239	1271	1303	1335	1367	1399	1430
14	1461	1492	1523	1553	1584	1614	1644	1673	1703	1732
15	1761	1790	1818	1847	1875	1903	1931	1959	1987	2014
16	2041	2068	2095	2122	2148	2175	2201	2227	2253	2279
17	2304	2330	2355	2380	2405	2430	2455	2480	2504	2529
18	2553	2577	2601	2625	2648	2672	2695	2718	2742	2765
19	2788	2810	2833	2856	2878	2900	2923	2945	2967	2989
20	3010	3032	3054	3075	3086	3118	3139	3160	3181	3201
21	3222	3243	3263	3284	3304	3324	3345	3365	3385	3404
22	3424	3444	3464	3483	3502	3522	3541	3560	3579	3598
23	3617	3636	3655	3674	3692	3711	3829	3747	3766	3784
24	3802	3820	3838	3856	3874	3892	3909	3927	3945	3962
25	3979	3997	4014	4031	4048	4065	4082	4099	4116	4133
26	4150	4166	4183	4200	4216	4232	4249	4265	4281	4298
27	4314	4330	4346	4362	4378	4393	4409	4425	4440	4456
28	4472	4487	4502	4518	4533	4548	4564	4579	4594	4609
29	4624	4639	4654	4669	4683	4968	4713	4728	4742	4757
30	4771	4786	4800	4814	4829	4846	4857	4871	4886	4900
31	4914	4928	4942	4955	4969	4983	4997	5011	5027	5038
32	5051	5065	5079	5092	5105	5119	5132	5145	5159	5172
33	5185	5198	5211	5224	5237	5250	5263	5276	5289	5302
34	5315	5328	5340	5353	5366	5378	5391	5403	5416	5428
35	5441	5453	5465	5478	5490	5502	5514	5527	5539	5551
36	5563	5575	5587	5599	5611	5623	5635	5647	5658	5670
37	5682	5694	5705	5717	5729	5740	5752	5763	5775	5786
38	5798	5809	5821	5832	5843	5855	5866	5877	5888	5899
39	5911	5922	5933	5944	5944	5966	5977	5988	5999	6010
N	0	1	2	3	4	5	6	7	8	9

附錄 G 常用對數表（續）

N	0	1	2	3	4	5	6	7	8	9
40	6021	6031	6042	6053	6053	6075	6085	6096	6107	6117
41	6128	6138	6149	6160	6160	9180	6191	6201	6212	6222
42	6232	6243	6253	6263	6263	6284	9294	6304	6314	6325
43	6335	6345	6355	6365	6365	6385	6395	6405	6415	6425
44	6435	6444	6454	6464	6464	6484	6493	6503	6513	6522
45	6532	6542	6551	6561	6561	6580	6590	6599	6609	6618
46	6628	6637	6646	6656	6656	6675	6684	6693	6702	6712
47	6721	6730	6739	6749	6749	6767	6776	6785	6794	6803
48	6812	6821	6830	6839	6839	6857	6866	6875	6884	6893
49	6902	6911	6920	6928	6928	6946	6955	6964	6972	6981
50	6990	6998	7007	7016	7016	7033	7042	7050	7059	7067
51	7076	7084	7093	7101	7101	7118	7126	7135	7143	7152
52	7160	7168	7177	7185	7185	7202	7210	7218	7226	7235
53	7243	7251	7259	7267	7267	7284	7292	7300	7308	7316
54	7324	7332	7340	7348	7348	7364	7372	7380	7388	7396
55	7404	7412	7419	7427	7435	7443	7451	7459	7466	7474
56	7482	7490	7497	7505	7513	7520	7528	7536	7543	7551
57	7559	7566	7574	7582	7589	7597	7604	7612	7619	7627
58	7634	7642	7649	7657	7664	7672	7679	7686	7694	7701
59	7709	7716	7723	7731	7738	7745	7752	7760	7767	7774
60	7782	7789	7796	7803	7810	7818	7825	7832	7839	7846
61	7853	7860	7868	7875	7882	7889	7896	7903	7910	7917
62	7924	7931	7938	7945	7952	7959	7966	7973	7980	7984
63	7993	8000	8007	8014	8021	8028	8035	8041	8048	8055
64	8062	8069	8075	8082	8089	8096	8102	8109	8116	8122
65	8129	8136	8142	8149	8156	8162	8169	8176	8182	8189
66	8195	8202	8209	8215	8222	8228	8235	8241	8248	8254
67	8261	8267	8274	8280	8287	9293	8299	8306	8312	8319
68	8325	8331	8338	8344	8351	8357	8363	8370	8376	8382
69	8388	8395	8401	8407	8414	8420	8426	8432	8439	8445
N	0	1	2	3	4	5	6	7	8	9

附錄 G │ 常用對數表（續）

N	0	1	2	3	4	5	6	7	8	9
70	8451	9457	8463	8470	8476	8482	8488	8494	8500	8506
71	8513	8519	8525	8531	8537	8543	8549	8555	8561	8567
72	8573	5879	8585	8591	8597	8603	8609	8615	8621	8627
73	8633	5639	8645	8651	8657	8663	8669	8675	8681	8686
74	8692	8698	8704	8710	9716	8722	8727	8733	8739	8745
75	8751	8756	8762	8768	8774	8779	8785	8791	8797	8802
76	8808	8814	8820	8825	8831	8837	8842	8848	8854	8859
77	8865	8871	8876	8882	8887	8893	8899	8904	8710	8915
78	8921	8927	8932	8938	8943	8949	8954	8960	8965	8971
79	8976	8982	8987	8993	8998	9004	9009	9015	9020	9025
80	9031	9036	9042	9047	9053	9058	9063	9069	9074	9079
81	9085	9090	9096	9101	9106	9112	9117	9122	9128	9133
82	9138	9143	9149	9154	9159	9165	9170	9175	9180	9186
83	9191	9196	9201	9206	9212	9217	9222	9227	9232	9238
84	9243	9248	9253	9258	9263	9269	9274	9279	9284	9287
85	9294	9299	9304	9309	9315	9320	9325	9330	9335	9340
86	9345	9350	9355	9360	9365	9370	9275	9380	9385	9390
87	9395	9400	9405	9410	9415	9420	9425	9430	9435	9440
88	9445	9450	9455	9460	9465	9469	9474	9479	9484	9489
89	9494	9499	9504	9509	9513	9518	9523	9528	9533	9538
90	9542	9547	9552	9557	9562	9566	9571	9576	9581	9586
91	9590	9595	9600	9605	9609	9614	9619	9624	9628	9633
92	9638	9643	9647	9652	9657	9661	9666	9671	9675	9680
93	9685	9689	9694	9699	9703	9708	9713	9717	9722	9727
94	9731	9736	9741	9745	9750	9754	9759	9763	9768	9773
95	9777	9782	9786	9791	9795	9800	9805	9809	9814	9818
96	9823	9827	9832	9836	9841	9745	9850	9854	9859	9863
97	9868	9872	9877	9881	9886	9890	9894	9899	9903	9908
98	9912	9917	9921	9926	9930	9934	9939	9943	9948	9952
99	9956	9961	9965	9969	9974	9978	9983	9987	9991	9996
N	0	1	2	3	4	5	6	7	8	9

附錄 H ｜ 習題解答

CH01

1. 試分別寫出兩種連續變數及間斷變數數。

解：連續變數：身高，體重；間斷變數：人口數，球員號碼。

2. 試分別寫出兩種名義、次序、等距及比率變數。

解：(1)身分證字號，血型　(2)等第(A、B、C)，軍階。　(3)智商，溫度　(4)身高，年齡。

3. 試指出表 1-8 的(1)組距，(2)組中點，(3)組界，及(4)累積次數表。

表 1-8

體　　重	人　　數
80～87	16
88～95	37
96～103	50
104～111	29
112～119	17

解：(1) 8　(2)83.5, 91.5, 99.5, 107.5, 115.5,

(3) 79.5, 87.5, 95.5, 103.5, 111.5, 119.5,

(4)

體　　重	以下累積次數	以上累積次數
79.5～87.5	16	149
87.5～95.5	53	133
95.5～103.5	103	96
103.5～111.5	132	46
111.5～119.5	149	47

4. 某棟大廈 31 戶住戶，去年夏季各戶的打電話次數如下所示：

128	174	259	282	191	131	238	262	280	231
159	174	232	216	260	256	187	115	152	178
229	192	308	114	239	152	234	218	235	151
237

試建立一個有 6 組的次數分配表。

解：

	戶　數
100～134	4
135～169	4
170～204	6
205～239	10
240～274	4
275～309	3

5. 試將題 4.的分配表，畫成(1)直方圖，(2)次數多邊圖，及(3)累積次數多邊圖。

解：如圖 1-9 所示。

(1)   (2)

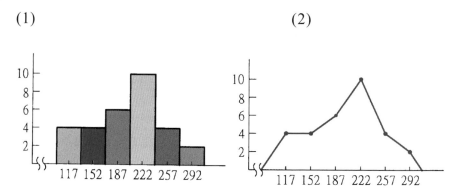

(3)

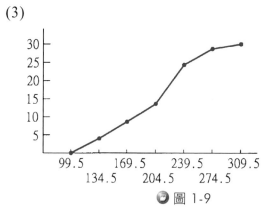

图 1-9

CH02

1. 一家公司某日 10 通電話的通話時間（以分計）如下：

$$4, 11, 2, 1, 15, 2, 13, 16, 6, 7$$

試求其平均數，中位數，眾數及第三四分位數。

解：$1, 2, 2, 4, 6, 7, 11, 13, 15, 16$

平均數 $\dfrac{77}{10} = 7.7$ ，   中位數 $\dfrac{6+7}{2} = 6.5$ ，   眾數=2

因 $O(Q_3) = 3 \times \dfrac{10+1}{4} = 8.25$，故 $Q_3 = 13 + (15-13) \cdot 0.25 = 13.5$

2. 一家已成立五年之公司，其員工在職月數如表 2-7 所示：

表 2-7

在職月數	人　數
49～60	7
37～48	10
25～36	15
13～24	5
1～12	3

試求平均數，中位數，Q_1 及 P_{70}。

解：

組距	f	組中點	d	fd	累積次數
49～60	7	54.5	2	14	40
37～48	10	42.5	1	10	33
25～36	15	30.5	0	0	23
13～24	5	18.5	−1	−5	8
1～12	3	6.5	−2	−6	3
				13	

$$\overline{X} = 30.5 + \frac{13}{40} \times 12 = 34.4$$

$$Me = 24.5 + \left(\frac{40}{2} - 8\right) \times \frac{12}{15} = 34.1$$

$$Q_1 = 24.5 + \left(\frac{25}{100} \times 40 - 8\right) \times \frac{12}{15} = 26.1$$

$$P_{70} = 36.5 + \left(\frac{70}{100} \times 40 - 23\right) \times \frac{12}{10} = 42.5$$

3. 本校球隊中，甲、乙兩位是打小前鋒的選手，以下為兩位選手在打完十場比賽，每場比賽的個人得分：

	一	二	三	四	五	六	七	八	九	十
選手甲：	21	21	7	19	20	22	19	18	23	6
選手乙：	17	19	19	18	20	17	18	15	20	22

(1) 下一場比賽應先讓那一位選手上場比賽？

(2) 如果選手甲在第三與第十場是因為感冒之故，才使得得分降低，那麼下一場比賽應讓誰先上場？

解：(1) 應讓選手乙先上場比賽，因為選手乙的平均得分比較高，因乙平均得分 18.5 高於甲的 17.6。

(2) 應讓選手甲先上場比賽，因為在除去感冒的兩次比賽後，八次平均得分選手甲(20.375)比選手乙(18)高。

4. 某家公司 10 位員工薪水的平均數為 35,400 元，中位數為 34,200 元，眾數為 33,000 元。若這個月每人加薪 3,000 元，試問平均數，中位數及眾數各變為多少？若只有薪水最高的總經理加薪 5,000 元，則變化又如何？

解：(1) $\bar{X} = 35,400 + 300 = 38,400$ （元）

$Me = 34,200 + 3,000 = 37,200$ （元）

$Mo = 33,000 + 3,000 = 36,000$ （元）

(2) $\bar{X} = 35,400 + \dfrac{5,000}{10} = 35,900$ （元）

$Me = 34,200$ （元），不變

$Mo = 33,000$ （元），不變

CH03

1. 隨機抽查台中某個街道路從 1 號到 30 號的人家中，每戶擁有汽車與機車的總個數如表 3-6 所示，試求該樣本的標準差及變異數。

表 3-6

1 號	3	11 號	5	21 號	2
2 號	4	12 號	4	22 號	3
3 號	2	13 號	4	23 號	2
4 號	3	14 號	2	24 號	5
5 號	5	15 號	2	25 號	2
6 號	2	16 號	3	26 號	4
7 號	3	17 號	5	27 號	1
8 號	2	18 號	2	28 號	4
9 號	1	19 號	3	29 號	3
10 號	3	20 號	1	30 號	3

解：因平均數為 3.81，代公式後可得

標準差：1.20

變異數：1.44

2. 高速公路上隨機抽查駕駛人的年齡如習題 3-2 所示，試其求標準差及變異數。

表 3-7

年　　齡	人　　數
11～20	38
21～29	110
30～39	122
40～49	91
50～59	71
60～69	82

解：

	f	d	fd	fd^2
11～20	38	−2	−76	152
21～29	110	−1	−110	110
30～39	122	0	0	0
40～49	91	1	91	91
50～59	71	2	142	284
60～69	82	3	246	737
總計	514		293	1375

$$\overline{X} = 34.5 + \frac{293}{514} \times 10 = 40.2$$

$$S = \sqrt{\frac{1375}{514} - \left(\frac{293}{514}\right)^2} \times 10 = 15.36$$

$$\text{Var} = 15.36^2 = 236$$

3. 某家銀行 10 位信用卡樣本的帳戶餘額平均數為 157,800 元，標準差為 8,320 元。若本月份這些用戶

   (1) 均提款 10,000 元，則平均數與標準差變化如何？

   (2) 若每人存款增加至原來的兩倍金額，則平均數與標準差變化如何？

解：(1) $\overline{X} = 157,800 - 10,000 = 147,800$（元）

   $S = 8,320$（元），不變

   (2) $157,800 \times 2 = 31,560\,0$（元）

   $S = 8,320 \times 2 = 16,640$（元）

CH04

1. 甲產牌電視零件的良品率為 70%，今隨機抽取 10 件為樣本，若 X 表示 10 件中的良品數，試求：

(1) 其平均數及變異數。

(2) 10 件中有 8 件是良品的機率。

(3) 至少有 8 件是良品的機率。

解：(1)　$E(X) = np = 10 \times 0.7 = 7$

　　　　　$V(X) = npq = 10 \times 0.7 \times 0.3 = 2.1$

(2)　$C_8^{10} (0.7)^8 (0.3)^2 = 0.233$

(3)　$1 - P_r(x < 8) = 1 - 0.851 = 0.149$

2. 若晚會上摸彩中獎的機率為 1%，則張三抽中獎品的機率為多大？而他中獎的期望值及變異數為多少？

解：因 $p = 0.01$

　　　故 $P(X = 1) = p^1 \ q^0 = 0.01$

　　　$E(X) = 0.01$，$V(X) = 0.01 \times 0.99 = 0.0099$

3. 已知三月份南部某經銷商 12 位的新車買主中，有 5 位為女性，現在欲從中抽出 5 位買主來作問卷，試問包括 2 位女性買主的機率為何？

解：$\dfrac{\dbinom{5}{2}\dbinom{7}{3}}{\dbinom{12}{5}} = 0.442$

4. 假設台灣地區 1 年中發生颱風經過的平均次數為 5 次，試求台灣地區 1 年中發生颱風經過 7 次的機率？

解：$P_r(X=7) = \dfrac{5^7}{7!}e^{-5} = 0.104$

5. 若高速公路上抓到駕駛人超速的機率有 23%。試問在高速公路上，交通警察攔截第 10 部汽車，駕駛人恰是第 3 個超速的機率是多少？

解：$P_r(X=3) = C_2^9 (0.23)^3 (0.77)^{10} = 0.07$

6. 若一隨機分配滿足 B(15,0.5)，試求其平均數及變異數，並求其機率直方圖及其相對曲線圖。

解：$n=15 \qquad p=0.5$

$E(X) = 15 \times 0.5 = 7.5$

$V(X) = 15 \times 0.5 \times 0.5 = 3.75$

機率直方圖及相對曲線圖如圖 4-4 所示。

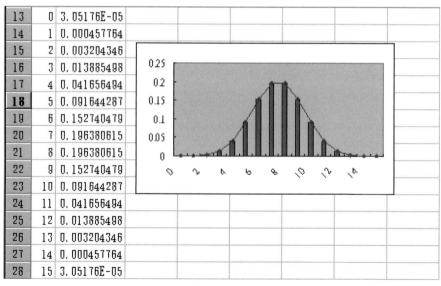

圖 4-4

7. 試說明波氏分配為一機率分配。

解：因 $\mu > 0$，故 $P_r(X = x) = \dfrac{\mu^x}{x!} e^{-\mu} \geq 0$，且各變量發生機率總和為 1，故其亦為一機率分配。

CH05

1. 假設每日光臨可口餐廳的人數為一常態隨機變數，且已知平日的平均數為 40 人，標準差為 11 人。試求某日至少會有 50 人光顧此餐廳的機率。

解：
$$P_r(X \geq 50) = P_r(Z \geq \frac{50-40}{11}) = P_r(Z \geq 0.91)$$
$$= 0.5 - P_r(0 < Z < 0.91)$$
$$= 0.5 - 0.3186$$
$$= 0.1814$$

2. 假設北市超級市場的每日平均營業額是以 12.3 萬元為平均數，1.4 萬元為標準差的常態分配，試計算營業金額在：(1)10.9 萬和 15.1 萬之間，及(2)少於 10 萬元的機率。

解：(1) $Z_1 = \dfrac{10.9-12.3}{1.4} = -1$ ， $Z_2 = \dfrac{15.1-12.3}{1.4} = 2$

故 $P_r(10.9 < X < 15.1) = P_r(-1 < Z < 2)$
$$= 0.341 + 0.477 = 0.818$$

(2) $Z_3 = \dfrac{10-12.3}{1.4} = -1.64$

故 $P_r(X < 10) = P_r(Z < -1.64) = 0.5 - 0.4495 = 0.0505$

3. 假設某校期末考之統計成績是平均數 64 分及標準差 7 分的常態分配。現在若規定學生成績最差的 $\frac{1}{4}$ 要參加暑期輔導，試問成績多少分以下的同學必須參加？

解： 因 $P_r(Z < -0.675) = 0.25$， 而 $-0.675 = \dfrac{X - 64}{7}$

故 $X = 59.3$

即成績 59 分以下的同學必須參加輔導。

4. 某段時間抽查高速公路上 10 輛汽車的車速如下（以公里計）：

97, 92, 94, 88, 87, 83, 82, 87, 98, 72

試問該資料為何種峰度及偏態的分配？

解： 因 $\bar{X} = 88$， $S = 7.83$，故

$$\beta_2 = \frac{\frac{1}{9} \times 85572}{7.83^4} = 2.53 \quad , \quad \gamma_2 = 2.53 - 3 = -0.47$$

故有低闊峰趨勢。

$$\beta_1 = \frac{\frac{1}{9} \times (-2430)}{7.83^3} = -0.56$$

故為左偏分配。

CH06

1. 習題 6-1 為小新分別用不同重量的保齡球各打 5 局所得的分數，試問保齡球的重量和分數會有相關性嗎？

表 6-6

	第1局	第2局	第3局	第4局	第5局
12 磅	234	212	226	228	215
15 磅	183	167	180	171	169

解：

第幾局數	X	Y	$X-\bar{X}$	$Y-\bar{Y}$	$(X-\bar{X})^2$	$(Y-\bar{Y})^2$	$(X-\bar{X})(Y-\bar{Y})$
1	234	183	11	9	121	81	99
2	212	167	−11	−7	121	49	77
3	226	180	3	6	9	36	18
4	228	171	5	−3	25	9	−15
5	215	169	−8	−5	64	25	40
	$\bar{X}=223$	$\bar{X}=174$			340	200	219

故 $r = \dfrac{219}{\sqrt{340} \times \sqrt{200}} = 0.84$（高度相關）

2. 習題 6-2 為櫻木花道在 5 局籃球比賽中所獲得的個人分數(X)和全隊得分(Y)，試問當他在某一局內拿了 25 分時，全場大約可拿多少總分？

表 6-7

	1	2	3	4	5
X	23	20	27	18	22
Y	94	88	107	105	96

解：

	X	Y	$X-\bar{X}$	$Y-\bar{Y}$	$(X-\bar{X})^2$	$(Y-\bar{Y})^2$	$(X-\bar{X})(Y-\bar{Y})$
1	23	94	1	−4	1	16	−4
2	20	88	−1	−10	4	100	20
3	27	107	5	9	25	81	45
4	18	105	−4	7	16	49	−28
5	22	96	0	−2	0	4	0
	$\bar{X}=22$	$\bar{X}=98$			46	250	33

$$\beta = \frac{33}{46} = 0.72 \text{，} \alpha = 98 - 0.72 \times 22 = 82.16$$

故 $\hat{Y} = 0.72X + 82.16$

當 $X=25$，$\hat{Y} = 0.72 \times 25 + 82.16 = 100.16$，約 100 分。

3. 試以上一題檢驗 $\beta = \beta_{XY} = r \times \dfrac{S_Y}{S_X}$ 的關係。

解：因 $r = \dfrac{33}{\sqrt{46} \times \sqrt{250}}$

$S_Y = \sqrt{\dfrac{250}{5}}$，$S_X = \sqrt{\dfrac{46}{5}}$

故 $r \times \dfrac{S_Y}{S_X} = \dfrac{33}{\sqrt{46}\sqrt{250}} \times \dfrac{\sqrt{250/5}}{\sqrt{46/5}} = \dfrac{33}{46} = \beta$

4. 一家公司各電器品廣告費用(X)及其相對銷售額(Y)如表 6-8 所示，其中 X 以百萬元計，Y 以百台計。

📊 表 6-8

X	2	3	4	7	6	2
Y	5	4	6	8	4	3

試求 S_{XY}，SST，SSE，SSR，及 R^2。

解：$\bar{X} = 4$ ，$\bar{Y} = 5$ ，$S_{YX} = \sqrt{1 - r^2}\, S_Y = \sqrt{1 - 0.64^2} \times \sqrt{\dfrac{8}{3}} = 1.257$

SST $= 16$，SSE $= 9.45$，SSR $= 6.55$，$R^2 = 0.41$

CH07

1. 假設某量販店顧客排隊等候結帳之時間為平均數 9.2 分，標準差 2.1 分的常態分配。若隨機抽取顧客 49 位，則他們平均等候時間大於 10 分的機率是多少？

   解：因 $n = 49 > 30$，故可利用中央極限定理

   $$\mu_{\bar{X}} = \mu = 9.2$$
   $$\sigma_{\bar{X}} = \frac{2.1}{\sqrt{49}} = 0.3$$

   因 $Z = \dfrac{\bar{X} - \mu_{\bar{X}}}{\sigma_{\bar{X}}} = \dfrac{10 - 9.2}{0.3} = 2.67$

   查表得 $P_r(0 < Z < 2.67) = 0.496$

   故 $0.5 - 0.496 = 0.004 = 0.4\%$

2. 若某家連鎖超市的日營業額為一常態分配，其平均數為 10.8 萬元，標準差為 3.8 萬元。試問：

   (1) 從這些連鎖超市中隨機抽一家，其日營業額少於 5 萬元的機率為多少？

   (2) 若隨機抽取 10 家為樣本，則這些樣本的日營業額平均數介在 8 萬及 12 萬之間的機率為多少？

   解：(1) $P_r(X < 5) = P_r(Z < \dfrac{5 - 10.8}{3.8}) = P_r(Z < -1.53)$

   $\qquad\qquad = 0.5 - 0.437 = 0.063$

(2) 因 $\sigma_{\bar{X}} = \dfrac{\sigma}{\sqrt{n}} = \dfrac{3.8}{\sqrt{10}} = 1.2$

故 $P_r(8 < X < 12) = P_r(\dfrac{8-10.8}{1.2} < Z < \dfrac{12-10.8}{1.2})$

$\qquad\qquad\qquad\quad = P_r(-2.33 < Z < 1) = 0.49 + 0.34 = 0.83$

3. 當自由度為 41 時，求卡方值大於 50 的機率。

解：因 $df > 30$，故接近常態

$Z = \sqrt{2\chi^2} - \sqrt{2df-1} = \sqrt{100} - \sqrt{81} = 1$

$P_r(Z > 1) = 0.5 - 0.34 = 0.16$

4. 假設食品業及美容業員工的薪資是常態分配，且兩者的變異數各為 1.5 萬及 2 萬元。現在隨機抽取食品業員工 20 人，美容業員工 18 人，計算他們薪資變異數，試問食品業的變異數是美容業變異數兩倍以上的機率是否小於 0.01？

解：因 $F = \dfrac{(n_1-1)S_1^2 / \sigma_1^2}{(n_2-1)S_1^2 / \sigma_1^2} = \dfrac{(19 \times S_1^2)/1.5}{(17 \times S_2^2)/2} = 1.49 \times 2 = 2.98$（設 $\dfrac{S_1^2}{S_2^2} = 2$）

且 $F_{0.01(19,\ 17)} = 3.16$

由於 $2.98 < 3.16$，故其機率大於 0.01。

5. 若 A 產牌汽車的使用年限為平均數 10.5 年的常態分配，但標準差未知。現在隨機抽出該產牌 25 輛汽車，計算其標準差為 3.5 年，則這些車輛的使用年限不足 8.75 年的機率有多少？

解：$\dfrac{\bar{X} - \mu}{S / \sqrt{n}} \sim t(24)$

故 $P_r(\bar{X} < 8.75) = P_r(T < \dfrac{8.75-10.5}{3.5 / \sqrt{25}}) = P_r(T < -2.5)$

$\qquad\qquad\qquad = 0.01$

CH08

1. 隨機抽樣 50 位公立圖書館的常客，發現他們每月借書的平均數目為 3.5 本(σ=2)。試求該圖書館常客借書數目的 95% 信賴區間。

　　解：$\left[3.5 - 1.96 \times \dfrac{2}{\sqrt{50}} \quad , \quad 3.5 + 1.96 \times \dfrac{2}{\sqrt{50}} \right]$

　　　　即　[2.95，4.05]

2. 隨機抽取其行業員工 25 名，發現他們每天中午在外的伙食費平均為 140 元，標準差 30 元。試求該行業員工每日中午在外伙食費 99%的信賴區間。

　　解：$df = 24$，$\alpha = 0.01$，查表可得 $t = 2.797$

　　　　故 $\left[140 - 2.797 \times \dfrac{30}{\sqrt{25}} \quad , \quad 140 + 2.797 \times \dfrac{30}{\sqrt{25}} \right]$

　　　　即　[123.4，156.6]

3. 某大公司有員工 300 人，今隨機抽取 100 人為樣本，發現曾經出國旅遊的有 68 人，試據此推論該公司員工曾經出國旅遊的 95% 信賴區間。

　　解：$p = \dfrac{68}{100}$，$q = \dfrac{32}{100}$

　　　　故 $\left[\dfrac{68}{100} - 1.96 \dfrac{\sqrt{\dfrac{68}{100} \times \dfrac{32}{100}}}{\sqrt{100}} \quad , \quad \dfrac{68}{100} + 1.96 \dfrac{\sqrt{\dfrac{68}{100}} \times \sqrt{\dfrac{32}{100}}}{\sqrt{100}} \right]$

　　　　即　[0.59，0.77]

4. 抽取某家公司的三合一麥片包裝 10 包，其內淨重（以公克計）如下：

　　　　300, 292, 278, 275, 274, 280, 290, 293, 297, 276

　　若該包裝標示的淨重為 280 公克，試利用此資料，求母體標準差 σ 的 95% 信賴區間。

解：$\bar{X} = 285.5$，$S = 9.89$，$df = 9$

$\sigma = 0.05$，$\dfrac{\sigma}{2} = 0.025$ 及 $1 - \sigma = 0.975$

查表可得 $\chi^2_{0.025} = 19.023$ 　　$\chi^2_{0.975} = 2.7$

因此

$$\frac{9 \times (9.89)^2}{19.023} < \sigma^2 < \frac{9 \times (9.89)^2}{2.7}$$

即 $46.28 < \sigma^2 < 326.04$

故　$6.8 < \sigma < 18.1$

CH09

1. 某學院宣稱其每班平均只有 40 位學生，標準差 5 位。現在隨機抽取 50 班，發現平均有 42 位學生，試在顯著水準 0.05 下，檢定其宣稱的人數是否過低。

   解：因 $Z = \dfrac{42 - 40}{\dfrac{5}{\sqrt{50}}} = 2\sqrt{2} > 1.645$，

   故拒絕 H_0，即該學院宣稱的人數過低。

2. 隨機抽樣某公司標示 500c.c.容量牛奶 16 瓶，發現其平均容量為 497c.c.，標準差為 6c.c.。在顯著水準 0.01 下，檢定這些牛奶瓶是否未裝滿。

   解：$Z = \dfrac{497 - 500}{\dfrac{6}{\sqrt{16}}} = -2 > -2.602$ 　　$df = 15$

   故接受 H_0，即沒有充分證據指出該牛奶的容量低於 500c.c.。

3. 從某校隨機抽取男生 81 名，女生 100 名，實施智力測驗（已知 $\sigma = 14$），結果男生平均智商 105，女生平均智商 107。在 $\alpha = 0.05$ 之下，試問男、女生智商是否有顯著差異。

解：$z = \dfrac{105-107}{\sqrt{\dfrac{14^2}{81}+\dfrac{14^2}{100}}} = \dfrac{-2}{2.09} = -0.956 > -1.96$

故保留 H_0，即男女智商無顯著差異。

4. A、B 兩家公司皆宣稱他們製造的電池壽命較長。今自 A、B 兩家隨機各抽取 16 個電池，測試後發現其平均壽命各為 37 個月、39 個月，標準差各為 2、2.5 個月。在 $\alpha=0.05$ 下，檢定 A、B 兩家公司製造的電池平均壽命是否有顯著差異。

解：假設 $\sigma_1 = \sigma_2$

$t = \dfrac{37-39}{\sqrt{\dfrac{(16-1)2^2+(16-1)2.5^2}{16+16-2} \times (\dfrac{1}{16}+\dfrac{1}{16})}} = \dfrac{-2}{0.8}$

$= -2.5 < -1.96 = t_{0.05}(30)$

故拒絕 H_0，即兩家公司的電池達 0.05 顯著差異。

5. 調查工科、商科學生平均每週上網時數，隨機抽樣資料如表 9-6 所示。

📍 表 9-6

工　　科	商　　科
$\overline{X}_1 = 10.8$	$\overline{X}_2 = 9.3$
$S_1^2 = 10$	$S_2^2 = 40$
$n_1 = 10$	$n_2 = 15$

試檢定在 0.05 顯著水準下：

(1)兩科變異數是否達到顯著差異？

(2)兩科上網時數是否達顯著差異？

解：(1) $F = \dfrac{40}{10} = 4$，$F_{0.05}(14,9) = 3.02$，故 $*p < 0.05$

(2) $t = \dfrac{10.8-9.3}{\sqrt{\dfrac{10}{10}+\dfrac{40}{15}}} = \dfrac{1.5}{1.92} = 0.78$

$$df = \frac{\left(\frac{10}{10}+\frac{40}{15}\right)^2}{\left(\frac{10}{10}\right)^2 \Big/ 9 + \left(\frac{40}{15}\right)^2 \Big/ 9} = \frac{13.47}{0.62} = 21.72 \approx 22$$

因 $t=0.78<2.074=t_{0.05}(22)$，故保留 H_0，即兩科學生每週上網時數未達顯著差異。

6. 欲了解兩種教學法對 10 位學生實驗後的結果，若實驗後，測得成績如表 9-7 所示，則兩種教學法在 $\alpha=0.01$ 下是否有顯著差異？

表 9-7

方法 1	19	25	14	23	19	18	15	25	22	21
方法 2	17	19	15	21	12	15	16	19	20	18

解：關聯樣本 t 檢定，$df=9$，雙尾檢定

$$t = \frac{2.9}{\sqrt{\dfrac{153-(29)^2/10}{10\times 9}}} = 3.31 > 3.250 = t_{0.01}(9)$$

故推翻 H_0，即兩種教學法已達顯著差異($**p<0.01$)。

CH10

1. 某政黨宣稱 A 市選民有 41% 支持他們的候選人，於今隨機抽樣 500 位選民，其中有 195 位支持該位候選人。試在 0.05 顯著水準下，檢定該政黨的宣稱是否正確。

解：$p=\dfrac{195}{500}=0.39$，由於

$n\pi=500\times 0.41=205>5$，且 $n(1-\pi)=500\times 0.59=295>5$ 故樣本比例的分配近似常態。

$$Z = \frac{0.39-0.41}{\sqrt{\dfrac{0.41(1-0.41)}{500}}} = \frac{-0.02}{0.022} = -0.91 > -1.96 \quad (\text{雙尾檢定})$$

因此接受 H_0，即該政黨宣稱正確。

2. 隨機抽查甲城市及乙鄉村兩地區夫妻離婚的比率結果如下：城市中 100 對夫妻有 25 對離異，鄉村 80 對夫妻中有 10 對離異。在 0.05 的顯著水準下，試問城市夫妻離異的比率是否較高。

解： $p_1 = \dfrac{25}{100} = 0.25$ ， $p_2 = \dfrac{10}{80} = 0.13$ ， $p = \dfrac{25+10}{100+80} = 0.19$

$$Z = \frac{0.25 - 0.13}{\sqrt{0.19 \times 0.81\left(\dfrac{1}{100} + \dfrac{1}{80}\right)}} = \frac{0.12}{\sqrt{0.0034}} = 2.03 > 1.64 \text{（單尾檢定）}$$

故推翻 H_0，即城市夫妻離異的比率較高。

3. 從某學院內隨機抽取 350 位學生為樣本，在上統計課程前後，檢查學生對該科目的喜好是否，其人數如表 10-3 所示。試在 0.05 顯著水準下，檢定學生在上課前後對該科目喜好的比率是否有差異。

表 10-3

（上課後）

	喜好	不喜好
（上課前）喜好	70	135
（上課前）不喜好	90	55

解： $Z = \dfrac{70 - 55}{\sqrt{70 + 55}} = 1.34 < 1.96$ ，即學生在上課前後對統計喜好的比率，並無顯著差異 $(p > 0.05)$ 。

4. 隨機抽取甲學院學生 32 人，求得上課全勤與獲取獎學金的相關係數為 0.3，試問上課全勤與獎學金的獲取是否有相關？ $(\alpha = 0.01)$

解： $t = \dfrac{0.3}{\sqrt{(1 - 0.3^2)/(32 - 2)}} = 1.72 < 2.75 \quad (df = 30)$

故接受 H_0，即上課全勤與獎學金的獲取未達顯著相關($\alpha = 0.01$)

5. 欲調查商、工二科畢業生與工作起薪的相關是否有差異。今隨機抽取商科 123 名，工科 142 名，發現這些畢業生與起薪的相關係數，商科為 0.59，工科為 0.40。試問分別在 $\alpha = 0.05$ 與 $\alpha = 0.01$ 之顯著水準下，商、工科畢業生與工作起薪的相關是否有顯著差異？

解：$r=0.59 \rightarrow Z_r=0.678$

$r=0.40 \rightarrow Z_r=0.424$

$Z = \dfrac{0.678 - 0.424}{\sqrt{\dfrac{1}{123-3} + \dfrac{1}{142-3}}} = 2.04 < 2.58$，即未達 0.01 的顯著差異($p > 0.01$)；但 $Z = 2.04 > 1.96$，即達 0.05 的顯著差異($^*p < 0.05$)。

6. 自國中畢業班中隨機抽取 35 位學生，實施甲、乙兩種智力測驗，並求此兩種測驗與學力測驗成績之相關。結果甲、乙兩種智力測驗與學力測驗成績相關分別為 0.74 與 0.80，且甲、乙兩種測驗之相關為 0.69。試問在 0.01 的顯著水準下，甲智力測驗與學力測驗成績之相關是否較乙種智力測驗與學力測驗成績之相關為低。

解：

$$t = \frac{(0.74 - 0.80)\sqrt{(35-3)(1+0.69)}}{\sqrt{2(1 - 0.74^2 - 0.80^2 - 0.69^2 + 2 \times 0.74 \times 0.80 \times 0.69)}}$$

$$= \frac{-0.441}{0.554} = -0.797 > -2.457 = t_{0.01}(32)$$

故，接受 H_0，即沒有較低。

CH11

1. 某大公司週一至週五請假的人數如表 11-7 所示。試在顯著水準 0.05 下，檢定該公司員工週一至週五請假的人數是否有顯著差異？

● 表 11-7

週	一	二	三	四	五
人	15	7	9	10	24

解：

$$\chi^2 = \frac{(15-13)^2}{13} + \frac{(7-13)^2}{13} + \frac{(9-13)^2}{13} + \frac{(10-13)^2}{13} + \frac{(24-13)^2}{13}$$
$$= 14.30 > 9.488 = \chi^2_{0.05(4)}$$

故拒絕 H_0：$p_i = \dfrac{1}{5}$，$i = 1, 2, 3, 4, 5$，即有顯著差異。

2. 調查 A 城市 300 位在職人士每個月的薪資（以仟元計），如表 11-8 所示。在 0.05 顯著水準下，檢定該城市在職人士的月薪是否呈常態分配？

● 表 11-8

月薪	90～99	80～89	70～79	60～69	50～59	40～49	30～39	20～29	10～19	0～9
人數	11	21	33	40	55	45	38	30	17	10

解：解法如例 2 所示，即

月　薪	機　率
90～99	0.0409
80～89	0.0576
70～79	0.992
60～69	0.1469
50～59	0.1753
40～49	0.1716
30～39	0.1374
20～29	0.903
10～19	0.0479
0～9	0.0329

(1) 先將每一組上下限化為 Z 值。

(2) 查附錄 A，計算各組相對的機率。

(3) 300 乘以各組機率，即為各組的理論次數。

(4) $\chi^2 = \sum \dfrac{(f_o - f_e)^2}{f_e} = 3.63 < 14.067$

$= \chi^2_{0.05(7)}$

故接受 H_0，即該城市在職人士月薪為常態分配

3. 調查台中市之工、商、教三個行業對週休二日的態度，結果如表 11-9 所示。

表 11-9

	同　意	沒意見	不同意
工	55	10	35
商	48	12	30
教	60	5	15

在 0.05 顯著水準下，檢定不同行業對週休二日的態度有無差異？

解：

期待次數	同　意	沒意見	不同意
工	60.4	10	29.6
商	54.3	9	26.7
教	48.3	8	23.7

因 $\chi^2 = 10.76 > 9.48 = \chi^2_{0.05(4)}$

故拒絕虛無假設，即工、商、教三個行業對週休二日的態度有顯著差異。(*$p<0.05$)

CH12

1. 自 A、B 兩校（已知為變異數相同的常態分配）隨機抽取學生實施性向測驗，資料如表 12-18 所示。試以兩樣本 t 檢定及變異數分析法檢定 A、B 兩校學生的性向是否有顯著差異$(\alpha = 0.01)$。並驗證 t 及 F 的關係。

表 12-18

A	B
$\overline{X}_1 = 78.6$	$\overline{X}_2 = 80.2$
$S_1^2 = 51.8$	$S_2^2 = 48.3$
$n_1 = 50$	$n_2 = 40$

解：

(1) $$t = \frac{78.6 - 80.2}{\sqrt{\dfrac{49 \times 51.8 + 39 \times 48.3}{50 + 40 - 2}\left(\dfrac{1}{50} + \dfrac{1}{40}\right)}} = -1.06 > -2.632$$

$= t_{0.01}(88)$

故接受 H_0：$\mu_1 = \mu_2$，未達顯著差異

(2) $$\overline{X} = \frac{50 \times 78.6 + 40 \times 80.2}{50 + 40} = 79.3$$

$$\text{SS}_b = 50 \times (78.6 - 79.3)^2 + 40 \times (80.2 - 79.3) = 56.9$$

$$\text{MS}_b = \frac{56.9}{2 - 1} = 56.9$$

$$\text{SS}_w = 49 \times 51.8 + 39 \times 48.3 = 4421.9$$

$$\text{MS}_w = \frac{4421.9}{90 - 2} = 50.2$$

故 $F = \dfrac{56.9}{50.2} = 1.13 < 6.93 = F_{0.08}(1,88)$

故接受 H_0，未達顯著差異

(3) $t^2 = (-1.06)^2 \approx 1.13 = F$ ，且

$[t(88)]^2 = (-2.632)^2 = 6.91 \approx 6.93 = F(1,88)$

2. 表 12-19 為某位教授分別在甲、乙及丙三班採用不同三種教學法的抽樣成績，試檢定三種教學法的成績是否達顯著差異。(α=0.05)

表 12-19

甲	乙	丙
79	71	82
86	77	68
74	81	70
89	83	76

解：

	平方和	自由度	均方	F 值	顯著性
組　　間	128.00	2	64.00	1.684	0.239
組　　內	342.00	9	38.00		
總　　和	470.00	11			

因 1.684 < 4.26 = $F(2,9)$，或 0.239>0.05，故三種教學法的成績差不多。

3. 從 A、B、C 與 D 四家電池製造業中各選出 5 顆電池，分別測試它們的壽命，資料如表 12-20 所示，假設樣本來自常態母體，變異數相同。試在 0.05 顯著水準下，檢定該四家電池製造業所生產的電池壽命是否達顯著差異。

表 12-20

A	B	C	D
25	32	24	28
23	33	24	31
20	30	23	27
27	28	27	28
20	32	22	26

解：

	平方和	自由度	均方	F 值	顯著性
組　　間	205	3	68.33	$F=13.33^*$	0.000
組　　內	82	16	5.125		
總　　和	287	19			

因 $13.33>3.24=F(3,16)$，或 $0.000<0.05$，故四家電池製造業所生產電池壽命已達顯著差別。當繼續使用事後比較法（Scheffe 法），則可得下列結果，即 A 顯著低於 B 及 D，卻與 C 差不多；B 顯著高於 C，卻與 D 差不多，如下圖所示

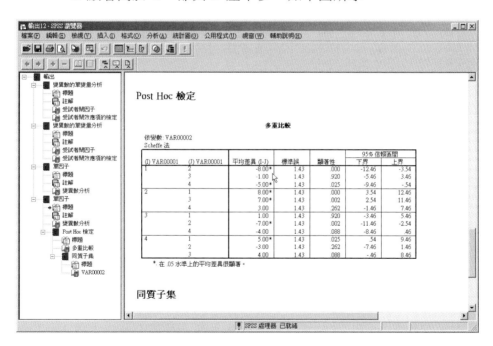

4. 當在進行獨立樣本單因子變異數分析時，若變數分成三組，且抽樣人數為 $n_1=8$，$n_2=6$，$n_3=9$。試問 F 值要多少以上，才會達到 0.05 顯著水準。

解： $F_{0.05}(2,20)=3.49$

5. 某大公司調查 20～29 歲，30～39 歲，40～49 歲三個年紀層的員工每個月在食、衣、住、行四方面的花費，如表 12-21 所示。試檢定主效果是否有顯著差異及年紀層與日常生活花費是否有交互作用。($\alpha=0.01$)

● 表 12-21

	食	衣	住	行
20～29	13000	10000	5000	1500
	15400	9000	3000	2500
	11000	8500	6800	4000
30～39	11500	12300	5600	5000
	14000	10000	7800	4500
	15600	9800	4500	3600
40～49	10000	15000	8000	1400
	11200	13200	7600	2200
	13000	14000	11000	3100

解： 解法如本章例 3 所示。

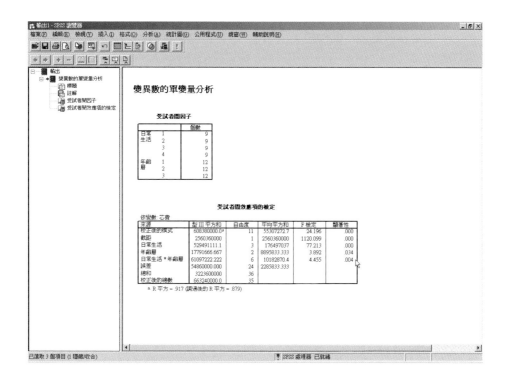

　　由上圖可知日常生活花費與年齡層有交互作用，故須繼續進行單純因子檢定即檢定 20～29 歲的員工的食、衣、住、行四方面的花費是否達顯著差異？其採用 one-way ANOVA；同理檢定 30～39 歲或 40～49 歲員工的花費是否達顯著差異？方法亦同。

　　分析結果可知，每一個年齡層員工的日常生活花費均達顯著差異。

　　至於在檢定食的花費，20～29 歲，30～39 歲及 40～49 歲的三個年齡層是否達顯著差異？其也採用 one-way ANOVA；同理在檢定衣、住、或行的花費，三個年齡層是否達顯著差異？其方法亦同。分析結果可知，只有在衣的花費上；三個年齡層員工達顯著差異，其他在食、衣、行之花費則均差不多。

附錄I 索 引

英漢名詞索引

D

E

F

G

H

名詞索引

Memo

Memo

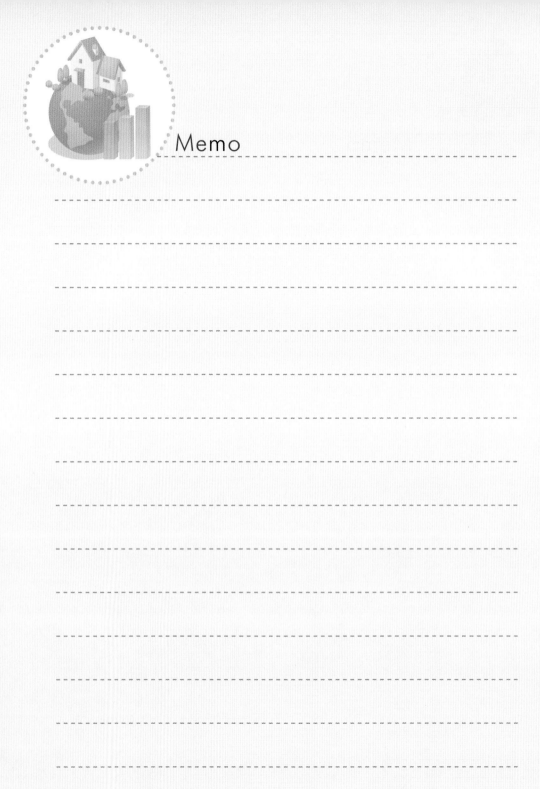

Memo

Memo

Memo

_____系　　學號：_____姓名：_____

1. 一般變數分那四種類型？其中那一種變數只能求眾數，卻不能求平均數？為什麼？

2. 試分別寫出以上每一種變數之一種例子。

3. 何謂樣本(sample)？何謂母群體或母體(population)？請簡述之。試各舉一例說明。

4. 下列何者屬於敘述統計？何者屬於推論統計？
   (1) 今年八月份的新屋銷售率較去年同期下降了 1.3%。
   (2) 由於颱風過境造成重大損害，我們預期未來一個月內菜價將居高不下。
   (3) 台灣今年上半年的犯罪率較去年同期減少 5.6%。
   (4) 電信費率調整之後，預估每戶每年可少繳 750 元的電話費。

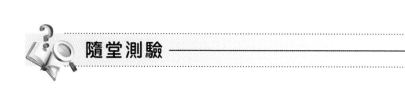

_____系　　學號：_____　姓名：_____

1. 以下那些為「集中量數」？(1)幾何平均數(2)中位數(3)全距(4)標準差(5)變異數(6)百分位數

2. 抽查某賣場週一至週六的營業額分別為：85, 65, 57, 60, 65, 74（萬元），求週一至週六營業額的平均數、中位數、眾數、全距各為多少？

3. 某家公司 20 位員工薪水的平均數為 35,400 元，中位數為 34,200 元，眾數為 34,000 元。這個月：

(1) 若每人加薪 3,000 元，試問平均數、中位數及眾數各變為多少？

(2) 若只有薪水最高的一位總經理加薪 5,000 元，則平均數、中位數及眾數各變為多少？

(3) 若每人薪水變為原來的 1.5 倍，則平均數、中位數及眾數各變為多少？

4. 右表為已歸類的資料(N=48)，試求：平均數、中位數、眾數（皮爾生經驗公式）。

分數	人數
90～94	1
85～89	3
80～84	6
75～79	15
70～74	12
65～69	8
60～64	3

_____系　　學號：_____　姓名：_____

1. 以下那些為「變異量數」？(1)幾何平均數(2)中位數(3)全距(4)標準差(5)變異數(6)百分位數。

2. 由於做麵包的原料漲價，某麵包店的老闆欲調整其麵包的售價，他可採取下列兩種措施。措施 A：每個麵包都漲價 10 元。措施 B：每個麵包都上漲其原售價的 50%。試問措施 A 及措施 B 對原售價的平均數、標準差及變異數各有何影響？請分別回答。

3. 試求母體 12，13，18，19，24，28 六個數值的標準差及變異數。

4. 某家公司員工 60 人，分為甲、乙兩組，甲組 20 人之平均年收入為 76 萬，標準差為 8 萬，乙組 40 人之平均年收入為 70 萬，標準差為 10 萬，試求該家公司 60 人的年收入平均數與標準差。

5. 某科系有 100 人，其中男生 40 人平均身高為 165 公分，標準差為 20 公分；女生 60 人平均體重為 56 公斤，標準差為 7 公斤。試問男生的身高或女生的體重何者較一致？

6. 若某市醫生和律師去年全年所得的分配情形如下（以萬元為單位）：

職業	人數	平均所得	中位數	眾數	標準差
醫　　生	240	200	150	120	50
律　　師	160	150	120	100	50

(1) 計算該市從事這二種職業的人（400 人）的總平均所得。
(2) 由變異係數可知哪一種職業的所得差異較大？
(3) 由（皮爾生）偏態係數可知兩種職業所得之分配呈現何種型態？

7. 右表為已歸類的資料(N=48)，試求：平均數、標準差、Q_3、P_{90} 及四分差 Q

分數	人數
90～94	1
85～89	3
80～84	6
75～79	15
70～74	12
65～69	8
60～64	3

_____系　　學號：_____姓名：_____

1. 從 6 個大人，4 個小孩中，選出 7 人來晤談。試問 7 人中包括 4 個大人的機率為多少？期望值又為多少？

2. 若某廠牌音響零件的損壞率為 2.5%，則(1)每一位購買者買到該牌音響零件的損壞機率有多大？(2)期望值及變異數又各為多少？

3. 從 6 枝不同顏色的彩色筆中選出 3 枝，有幾種選法？

4. 若高速公路上抓到駕駛人超速的機率有 0.18。試問在高速公路上，交通警察攔截第 15 部汽車，駕駛人恰是第 4 個超速的機率是多少？

5. 試求投擲一公正骰子 6 次，恰出現 3 次點數小於 4 的機率。而 6 次中至多出現 3 次點數小於 4 的機率又為何？

_____系　　學號：_____姓名：_____

1. 以下有關標準常態分配的敘述，何者正確？

   (1) Pr(Z < 1.96)=0.05　　　　　(2) Pr(Z > 1.96)=0.05

   (3) Pr(−1.96 < Z < 1.96)= 0.95　(4) Pr(0 < Z < 1.96)= 0.95

2. 若美容店的營業額為每月平均數 10.5 萬的常態分配，但標準差未知。現在隨機抽出 25 家美容店，計算其標準差為 3.5 萬，則這些美容店的營業額不足 8.75 萬的機率有多少？

3. 假設甲公司員工的考績是一個平均數 75 分及標準差 10 分的常態分配。(1)現在若公司打算對考績最差的 25%裁員，試問考績多少分以下的員工必須有被裁員的心理準備？(2)若公司打算對考績最好的 25%加薪，試問考績多少分以上的員工能被加薪？

4. 假設某班統計成績是一個 $\mu = 85$ 分，$\sigma = 16$ 分的常態分配（成績可大於 100 分）。若老師打算對成績最好的前百分之一的學生獎勵，則該班學生能被獎勵的最低成績為多少？

5. （複選，四選二）當次數分配曲線的高峰偏向於變量較大之一方時，則(1)偏態係數為負。(2)離差偏態為左偏或負偏分配。(3)偏態係數為正。(4)離差偏態為右偏或正偏分配。

6. 接上題，則該次數分配(1)平均數<中位數<眾數。(2)眾數<中位數<平均數。(3)中位數<眾數<平均數。(4)眾數<平均數<中位數。

_____系　　學號：_____姓名：_____

1. 何謂「母數或參數(parameter)」？何謂「統計量(statistic)」？試各舉一例說明。

2. 已知 A 班學生智商(X)與統計成績(Y)平均分數各為 100 與 75，標準差各為 12 與 10，智商與統計成績的相關係數為 0.6。(1)試求統計成績對智商的直線迴歸方程式。(2)若甲生的智商為 110，試預測他的統計成績。

3. 下表為甲球員在 5 局籃球比賽中所獲得的個人分數(X)和全隊得分 (Y)，試求
   (1) 甲球員個人分數(X)的標準差？
   (2) 甲球員個人分數(X)和全隊得分(Y)之 Pearson 相關係數？（答案可以不簡化）
   (3) 甲球員個人分數(X)和全隊得分(Y)的迴歸直線方程式 $\hat{Y} = \beta X + \alpha$？
   (4) 當他在某一局內拿了 25 分時，全場大約可拿多少總分？

	1	2	3	4	5
X	23	20	27	18	22
Y	94	88	107	105	96

_____系   學號：_____姓名：_____

1. 機率抽樣又稱為什麼抽樣？其又有數種不同之類型，請任意寫出較常用的四個類型。

2. 以下有關 t 分配的敘述，那些是正確的？(1)t 分配為負偏分配。(2)t 分配為母體變異數未知且小樣本時適用。(3)t 分配之值可為正或負任意值。(4)無論自由度為多少，所有 t 分配固定只有一條曲線。

3. 某校若想調查 10,000 學生（10,000 學生編號如 1~10,000）中 200 位學生對學校餐廳的看法。當採取系統抽樣法，且第一組選出的是 30 號學生，則第二組選出的是幾號學生？最後一組選出的是幾號學生？

4. 採用分層隨機抽樣中的比例定分法，在 5,000 位專科生（1,998 位男生、3,002 位女生）的母體中，若欲從中抽出 10 位做實驗，則男、女生各需抽出幾位？(1)2，3 (2) 5，5 (3) 4，6。

5. 假設 A 餐廳顧客排隊等候入座之時間為平均數 7.2 分，標準差 2.4 分的常態分配。若隨機抽取顧客 64 位，則他們平均等候時間大於 8 分的機率是多少？

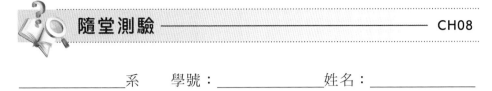

_____系　　學號：_____姓名：_____

1. 某大學有教職員工 530 人，今隨機抽取 200 人為樣本，發現結婚的有 136 人，試據此推論該大學教職員工結婚的 99% 信賴區間。則該大學教職員工已經結婚的最多人數是多少？

2. 隨機抽取某公司 25 位員工，調查他們每週看電視時數，得出其平均數為 15 小時，標準差為 5 小時。(1)試求該公司員工看電視平均時數的 95%信賴區間。(2)該公司有 95%的員工每週看電視時數約在 a 至 b 小時之間，則 a+b 之值為何？

3. 抽取某家進口食品並測得其內淨重（以公克計）如下：
   280 , 293 , 278 , 276 , 292 , 275 , 300 , 274 , 290 , 297,
   若該包裝標示的淨重為 282 公克，試利用此資料，求母體標準差σ 的
   99% 信賴區間。

_____系　　學號：_____姓名：_____

1. 以下有關信賴係數的敘述，那些是正確的？(1)0.95 的信賴係數犯錯之機率大於 0.99 的信賴係數犯錯之機率。(2)0.95 的信賴係數之顯著水準為 0.05。(3)0.95 的信賴區間大於 0.99 的信賴區間。(4)信賴係數常用 α 表示。

2. 若 A 廠牌汽車的使用年限為平均數 10.5 年的常態分配，但標準差未知。現在隨機抽出該廠牌 25 輛汽車，計算其標準差為 3.5 年，則這些車輛的使用年限不足 8.75 年的機率有多少？

3. 已知甲、乙兩校分別抽取 62、60 名學生參加學力測驗，其平均分數各為 92、84，標準差各為 21、23。假設母體變異數不相等，試在 0.05 的顯著水準下，檢定甲、乙兩校測驗的分數是否有顯著差異？

_____系　　學號：_____姓名：_____

1. 若在 df=10 及 0.05 的顯著水準下，查表之 t 值為 1.812，則其表示
   (1)Pr(t < 1.812)=0.05。(2)Pr(t > 1.812)=0.05。(3)Pr(t >0.05)= 1.812。
   (4) Pr(0 <t < 0.05)= 1.812。

2. 有關 t 分配的敘述，以下那些正確？(1)t 分配之離差偏態為右偏分
   配。(2)當 df=20 時，其平均數為 20。(3)t 分配之值可為正或負任意
   值。(4)t 分配表可分單、雙尾檢定。

3. 隨機抽取某公司員工 30 人，求得上班全勤與已婚的相關係數為
   0.4，試問上班全勤與已婚是否有相關？(α = 0.01)
   提示：採用 t 分配臨界值表

4. 甲超商宣稱某市有 30% 市民選用他們的日用產品，今隨機抽樣 100 位市民，其中有 32 位選用他們的日用產品。試在 0.05 顯著水準下，檢定該超商的宣稱是否正確。(1)列出虛無假設、對立假設。(2)檢定之值為何？(3)該超商的宣稱是否正確？

5. 從某學院內隨機抽取 30 位學生為樣本，在上課一學年前後，檢查學生對該學院的滿意與否，其人數如右表所示。試在 0.05 顯著水準下，檢定學生在上課前後對該學院的滿意比率是否有差異。(1)檢定之值為何？(2)學生在上課前後對該學院的滿意比率是否有差異？

_____系　　學號：_____姓名：_____

1. 以下有關卡方分配的敘述，那些正確？(1)卡方分配之離差偏態為右偏分配。(2)當 df=20 時，其平均數為 20。(3)卡方值可為正或負任意值。(4)卡方分配表可分單、雙尾檢定。

2. 一家婚紗業者在去年四季接獲新人拍照的人數如下所示，在顯著水準 0.01 下，檢定該婚紗業者在去年四季接獲新人拍照的人數比率是否有差異。(1)列出虛無假設、對立假設。(2)檢定之值為何？(3)該婚紗業者在去年四季接獲新人拍照的人數比率是否有差異？

季	春	夏	秋	冬
人數	30	39	22	25

3. 今隨機抽取 90 人，以男、女不同性別，將其結婚狀況分成結婚、未婚兩類，結果如右表所示。試在 $\alpha = 5\%$ 下，檢定性別與結婚狀況是否有關？

	結婚	未婚
男	23	17
女	28	22

(1)列出虛無假設？ (2)卡方檢定之值為何？

(3)接受或拒絕虛無假設？ (4)即性別與結婚狀況是否有關？

_____ 系　　學號：_____　姓名：_____

1. 有關 F 分配的敘述，以下那些正確？(1)F 分配之離差偏態為右偏分配。(2)每一 F 分配曲線是由兩個自由度所決定。(3)F 分配之值可為正或負任意值。(4)F 分配表可分單、雙尾檢定。

2. 若研究三種減肥方式對男女性別的影響，則以下那些正確？本研究 (1)有兩個主要效果。(2)有兩個交互作用。(3)有三個虛無假設。(4)若第一種減肥方式對男生較佳，而第三種減肥方式對女生較佳，則性別與減肥方式有交互作用。

3. 調查甲、乙兩校學生畢業後月薪，如下表所示。假設樣本資料來自於常態母體，且具有相同的變異數。在顯著水準 0.05 下，試以 ANOVA 及 t 檢定法去檢定甲、乙兩校畢業生平均月薪是否相同。(1)ANOVA 檢定之值（即 F 值）為何？(2)$F_{0.05}(1, 118)$ 之值為何？(3)甲、乙兩校畢業生平均月薪是否相同？(4)t 檢定法檢定之值為何？(5)以上 F 值及 t 值二者關係為何？

甲校	$\overline{X_1} = 90$，$S_1^2 = 70$，$n_1 = 68$
乙校	$\overline{X_2} = 88$，$S_2^2 = 65$，$n_1 = 52$

4. 某一公司隨機分派三組員工（每組各 4 人）參加 A、B、C 三種在職訓練。試在顯著水準 0.01 下，檢定三種在職訓練後之測驗成績有無顯著差異？

(1)試寫出虛無假設、對立假設。(2)若已知組間平方和(SS_b)、組內平方和(SS_w)各為 128、342，則由 F 檢定計算的值為多少？(3)組內自由度為多少？(4)關鍵值為多少？(5)三種在職訓練之測驗成績是否相同。(6)此分析的因子為何？(7)其因子水準為何？

5. 調查甲、乙、丙三種行業員工各五人，其年薪（以萬元計）如左下表所示。試求右下表空格內的答案。

	甲	乙	丙
1	55	60	58
2	53	62	59
3	58	59	62
4	60	56	60
5	50	53	54

變異來源	SS	自由度	MS	F
組間	(1)	(4)		(6)
組內	(2)	(5)		
總和	(3)			